Е.Р. Ласкарев



# ПРОГУЛКИ ПО РУССКОЙ ЛЕКСИКЕ

5-е издание

Санкт-Петербург
«Златоуст»

2016

УДК 811.161.1

**Ласкарева, Е.Р.**

Прогулки по русской лексике. — 5-е изд. — СПб. : Златоуст, 2016. — 224 с.

**Lascareva, E.R.**

Walks through the Russian vocabulary — 5th ed. — St. Petersburg : Zlatoust, 2016. — 224 p.

Рецензент:

Доцент кафедры русского языка для иностранных учащихся филологического факультета МГУ имени М.В. Ломоносова к. филол. н. *И.В. Ружицкий*

*Рекомендовано Учёным советом СПбГУ в качестве учебного пособия для иностранных учащихся*

Зав. редакцией: *А.В. Голубева*

Редактор: *М.М. Скоморох*

Корректор: *Ю.А. Карчина*

Вёрстка: *Л.О. Пащук*

Обложка: *С.В. Соколов*

Автор предлагает оригинальную систему упражнений по лексической стилистике для курса русского языка как иностранного.

В книге представлены наиболее актуальные для иностранцев темы: состав слова, антонимы, синонимы, заимствования, стилистические пласты лексики, сочетаемость слов и др.

Упражнения даны по принципу нарастающей сложности, что делает пособие незаменимым в разноуровневых группах. Имеются ориентировочные ключи. Методические рекомендации помогут в практической работе как преподавателям, так и студентам, изучающим русский язык самостоятельно.



ISBN 978-5-86547-628-3

Подготовка оригинал-макета: издательство «Златоуст».

Подписано в печать 17.11.15. Формат 60x90/8. Печ. л. 28. Печать офсетная. Тираж 1000 экз. Заказ № 1511154.

Код продукции: ОК 005-93-953005.

Санитарно-эпидемиологическое заключение на продукцию издательства Государственной СЭС РФ № 78.01.07.953.П.011312.06.10 от 30.06.2010 г.

Издательство «Златоуст»: 197101, Санкт-Петербург, Каменноостровский пр., д. 24, оф. 24.

Тел.: (+7-812) 346-06-68; факс: (+7-812) 703-11-79; e-mail: sales@zlat.spb.ru; http://www.zlat.spb.ru

Отпечатано в типографии ООО «Лесник-Принт».

192007, г. Санкт-Петербург, Лиговский пр., д. 201, лит. А, пом. 3Н.

# Содержание

# К учащемуся

*Иногда мы думаем, что изучать язык — сложнее, чем математику...*

Уважаемые учащиеся!

Это книга по русской лексике. Лексика — это слова. Слов в языке много, целый океан. Что и как надо учить? Умение выбирать информацию — тоже талант! Из слов строятся фразы: универсальные, официальные или разговорные. Вы изучаете иностранный язык. Это сложно — соединить вместе и лексику, и грамматику. Где нужно думать, а где нужно что-то просто учить, как в математике?..

Наше пособие составлено так, что заниматься по нему могут и те, кто хочет изучать русский язык профессионально, и те, для кого русский язык просто хобби.

Мы предлагаем систему упражнений, которая позволит вам набирать и активизировать вашу индивидуальную коллекцию русской лексики. Что значит: *системно изучать лексику*? В нашей системе главное для вас — это:

— изучение новых слов по главам учебника (в логической или грамматической системе);

— темп (скорость): слушать и говорить нужно в нормальном и даже в быстром темпе;

— прослушивание и (или) проговаривание новых слов;

— минимальная лексика (частотная): она будет главной, основной, базовой для вас, из неё можно строить фразы;

— тренинг: повторение и запоминание основной (частотной) лексики;

— использование частотных слов при составлении предложений (фраз);

— контроль минимальной активной лексики;

— расширение вашей лексики (здесь вам нужно учиться выбирать для себя варианты, которые вы сможете использовать);

— тренинг: ситуация и стиль употребления.

В нашей книге три раздела:

1. «Темы для общего владения языком» («Антонимы», «Синонимы», «Степень выраженности признака», «Иностранные слова», «Официальная лексика»).

2. «Состав слова: материал для ознакомления и повышения уровня владения языком».

3. «Темы для изучения при высоком уровне владения русским языком» («Близкие по значению слова», «Паронимы», «Лексическая сочетаемость», «Идиомы», «Пословицы и поговорки», «Просторечная лексика»).

Упражнения в каждой из глав сначала лёгкие, затем более сложные. «Начальные знания» — упражнения для первого этапа изучения русского языка как иностранного. «Средний уровень» — уровень владения языком в объёме Первого сертификационного уровня. «Выше среднего уровня» — уровень владения языком в объёме более Первого сертификационного уровня: Второй, Третий, а в некоторых случаях — Четвёртый, самый высокий. В конце книги есть ориентировочные ключи, которые помогут вам проконтролировать себя.

Мы надеемся, что книга поможет вам:

— выбрать темы, по которым вы хотите изучать лексику;

— выучить минимальную русскую лексику по каждой теме;

— связать вашу русскую лексику с вашей логикой, то есть связать её с вашими ассоциациями;

— соединить изучаемую лексику с ситуациями её активного употребления;

— расширить свой запас лексики: учиться выбирать для себя минимум из предложенного материала;

— активно употреблять выученные слова и варианты в контекстах и ситуациях;

— контролировать стиль употребления слов и фраз (универсальный, официальный или сниженный).

Надеемся, что в результате вашей работы вы сможете получить достаточную свободу и уверенность в употреблении русских слов и конструкций.

А самое главное — вы сможете почувствовать радость, оттого что научились без больших проблем активно использовать изученные варианты не только изолированно, но и во фразах, в речи.

Желаем вам успеха!

## Принятые сокращения

(!) — запомните

— упражнения повышенной сложности

— имеется ключ

* — трудные или редкие случаи употребления

(К) — упражнения на контроль

(Н) — упражнения с минимальной лексикой (начальные знания)

(С) — упражнения с расширенной лексикой (средний уровень)

(П) — упражнения для ознакомления с лексикой на продвинутом уровне владения языком (выше среднего уровня)

# К преподавателю

> *Чтобы говорить на иностранном языке, нужно ещё уметь слушать и понимать фразы на этом языке. Причём и понимать, и говорить нужно в естественном, довольно быстром темпе. И делать это надо сразу — с первого дня изучения иностранного языка!*
>
> *Фундаментом для построения высказывания будут «отрепетированные» единицы из минимума миниморума лексики, затверженные, как таблица умножения.*

Уважаемые коллеги!

Вы согласитесь, очевидно, с тем, что выбирать лексику для обучения иностранному языку — дело специалиста. Учить лексику — это также работа профессиональная.

Безусловно, язык каждого человека индивидуален, неповторим. Однако на начальной стадии обучения иностранному языку целесообразно, по нашему мнению, брать за основу «банальные» и «примитивные» стереотипы — как грамматики, так и лексики. В грамматике это сделать проще: грамматические конструкции каждого языка конечны, просчитать и выучить их возможно за достаточно небольшой промежуток времени. Лексики же в языке неизмеримо больше, чем грамматических конструкций, поэтому изучать её сложнее.

Наша цель — помочь учащимся и преподавателям не утонуть в огромном океане русской лексики, привить учащимся вкус к изучению русского языка и научить их видеть системные явления. Надеемся, что в дальнейшем наши студенты приобретут умение самостоятельно выбирать и классифицировать новые изучаемые ими варианты.

Главное для нас в этой книге — отработка техники овладения русской лексикой. При этом центральными будут два основных аспекта: **скорость** воспроизведения изученных слов и **минимизация** лексики (отработка необходимого минимума).

Овладение лексикой — это тоже тренинг, но тренинг системный! Лёгкость и быстрота — это важные психологические моменты в нашей системе работы. Что значит *повышать уровень владения языком*? Многие студенты думают, что нужно изучать больше материала, то есть больше лексики и грамматики. Но это не совсем так. Главное — научиться набранный материал свободно, активно использовать! Как это сделать? Где нужна логика, а где — математический расчёт?..

В языке иногда приходится выучивать материал так же, как и в математике — таблицу умножения. Так, например, мы уверены, что необходимо активизировать абсолютный минимум ключевой лексики, которая станет основой любого высказывания. Поэтому пусть вас не смущает то, что первые упражнения в каждой из тем обычно рассчитаны на механическое запоминание: в его основу мы положили логику — универсальную, общечеловеческую[1] . Слова в упражнениях объединены логическими связями, это некий «трафарет», удобный для понимания и запоминания информации. Лексику мы выбирали по принципу нарастающей сложности и с учётом употреби-

---

[1] Следует иметь в виду, что заучиваются не списки лексики, а определённые фрагменты какого-либо смыслового пласта — с опорой на ассоциации и контекст (без перевода). Например: *маленький + дом, большой + университет* и т. п. Немаловажным является и то, что вырабатывается навык опознавания и воспроизведения данного фрагмента — использования его в ситуациях, актуальных для коммуникации.

тельности слов, которые мы рекомендуем для изучения. Итак, первый этап работы — заучивание минимального набора лексических единиц и его отработка в упражнениях.

На экзамене по говорению[1] внимание учащихся направлено на умение правильно построить русскую фразу — и тут необходимо быстро выбрать слово для построения минимального контекста, тем более что времени на обдумывание практически нет. Необходим доведённый до автоматизма навык выбора слов и их употребления в соответствующем контексте и ситуации общения. Поэтому учащимся столь важно владеть минимальным запасом активно употребляемой русской лексики и уметь его использовать для построения фраз при коммуникации[2].

Для каждого разумного, думающего человека процесс овладения иностранным языком будет более лёгким в том случае, если изучаемые темы логически и структурно организованы. Опираясь на собственный опыт работы и данные частотных словарей, мы предлагаем «просчитанные» и организованные небольшими группами списки частотной лексики, а также методику работы с определёнными группами слов. Выделенные нами темы дают возможность запоминать слова не изолированно, а с учётом их логических и семантических связей. Кроме того, при чтении предложений и их составлении с определёнными словами учащиеся могут активизировать свой минимальный лексический запас, а затем целенаправленно и системно его расширять.

Основная идея книги: минимум лексики — полезен для всех, её расширение — работа индивидуальная и во многом самостоятельная. Темы первого раздела мы рекомендуем проработать со всеми учащимися (с учётом маркировки упражнений по уровням владения языком[3]). Темы второго раздела будут, на наш взгляд, полезны на любом уровне владения языком, так как учат видеть систему и закономерности в образовании производных русских слов (при этом также нужно учитывать маркировку упражнений по уровням). Темы третьего раздела будут интересны тем иностранным учащимся, кто владеет русским языком на достаточно высоком уровне (в объёме выше Первого сертификационного уровня).

Заключительный этап работы — «экскурсии» («прогулки») по лексике более высокого уровня. Материала в упражнениях для этого достаточно много, но его — при желании — можно сократить. В умении выбирать информацию тоже проявляется вкус и талант — как преподавателя, так и студентов! Преподаватель может помочь учащимся в выборе тех лексических единиц, которые они будут отрабатывать для активного владения языком, и тех, которые нужны для ознакомления с системой русской лексики в виде спокойной и приятной «прогулки» по ней (это, если можно так сказать, лексика «до востребования»). Количество набираемой учащимися лексики индивидуально: в каждом конкретном случае оно связано с той задачей, которую студент ставит перед собой, какого уровня он хочет достичь. (Диапазон широк: от уровня туриста до уровня профессионального переводчика[4]!) Итак, учащиеся должны научиться набирать материал для составления своей индивидуальной «коллекции» русских слов. Кроме того, они должны научиться эти слова правильно использовать, учитывая ситуацию их употребления и стилистическую маркированность (если она есть).

---

[1] Контрольный экзамен (тестирование) по русскому языку как иностранному состоит из пяти частей: «Лексика. Грамматика», «Чтение», «Письмо», «Аудирование» и «Говорение».

[2] Базовая, ключевая лексика позволяет учащемуся адекватно передавать информацию при помощи минимума миниморума лексических средств. Такой подход позволяет интенсифицировать работу именно в части построения фразы, а это является основой для порождения монологического высказывания. Также необходима и слуховая опора, поэтому так важно проговаривание слов и фраз. Не стоит забывать о взаимосвязанности видов речевой деятельности, в первую очередь аудирования и говорения.

[3] Упражнения, маркированные «Средним уровнем», могут быть полезны и для учащихся, знающих язык в объёме Базового уровня, — для пассивного овладения языком.

[4] Списки лексики по каждой теме для переводчиков-профессионалов могут быть расширены.

Упражнения, представленные в каждой теме, построены по принципу нарастающей сложности. Обратите внимание на то, что многие лексические единицы повторяются. Это не случайно и связано с тем, что они логически (или грамматически) могут быть отнесены не к одной, а к нескольким темам сразу. Иными словами, мы отрабатываем запоминание лексических единиц на базе смысловых или формально-смысловых связей и ассоциаций и умение их использовать в продуктивной речевой деятельности.

Задача преподавателя — сделать работу по каждой теме нескучной и полезной, а также контролировать усвоение информации учащимися. Степень активизации изученного минимального материала зависит от индивидуальных способностей — как преподавателя, так и ученика.

Книга во многом рассчитана на самостоятельную работу, поэтому комментарии написаны в форме обращения к учащимся, а в конце пособия даются ориентировочные ключи. Однако работа с преподавателем позволяет учащимся, во-первых, сэкономить время и, во-вторых, воспринимать большее количество информации на слух, что особенно важно, так как эхоическая память (след от услышанного) играет большую роль при запоминании информации. Советуем обратить на это внимание и рекомендовать учащимся при самостоятельной работе также больше заданий выполнять на слух — с проговариванием материала.

## Комментарии по темам

Далее мы покажем принципы и методику работы по каждой из тем, позволяющие учащимся в дальнейшем самостоятельно расширять свой лексический запас до необходимого для них объёма. Упражнения и комментарии к ним отражают нашу методику работы с материалом, поэтому в предисловии ограничимся лишь краткими пояснениями.

### 1. ТЕМЫ ДЛЯ ОБЩЕГО ВЛАДЕНИЯ РУССКИМ ЯЗЫКОМ

Темы, представленные в этом разделе, необходимы как для активного, так и для пассивного усвоения лексики учащимися.

**Антонимы.** Упражнения направлены на систематизацию и активизацию лексического запаса учащихся. Активное владение материалом предполагает, что необходимые антонимы к лексике, данной в упражнениях, подбираются учащимися очень быстро: одна секунда на каждую операцию! Логическое объединение слов по принципу антонимии и отработка лексики в контекстном употреблении способствуют наиболее быстрому запоминанию больших пластов лексики.

Начинать работу по этой теме можно уже на Элементарном уровне владения русским языком как иностранным. Преувеличивать значение этой темы не следует: нами она рассматривается как довольно банальная и стартовая. В то же время она даёт учащимся возможность раскрепоститься и почувствовать вкус к системной работе.

**Синонимы.** Данные упражнения также направлены на систематизацию и активизацию лексического запаса учащихся. Особое внимание советуем обратить на частотность (универсальность употребления слова напрямую связана с его частотностью) и стилистическую принадлежность изучаемых лексических единиц.

Начальную системную работу по этому разделу можно предлагать учащимся на Базовом уровне владения русским языком как иностранным. Тема интересна уже потому, что практически бесконечна: совершенствование умения учащихся подбирать синонимы к различным лексическим единицам может происходить до самого высокого уровня владения языком!

**Степень выраженности признака.** Представленные в этой теме упражнения направлены на дальнейшую систематизацию синонимической лексики. Они помогают уточнить значения ранее известных слов и узнать новые слова. Контекст и комментарии автора помогут учащимся лучше усвоить материал.

Уровень сложности заданий намеренно повышается. Объём набираемой учащимися лексики для активного усвоения индивидуален. В ряде случаев следует обращать внимание на стилистические комментарии.

Начинать работу по этому разделу можно на Базовом уровне владения русским языком как иностранным, а организовать её системно — на Первом уровне (ТРКИ-1).

**Иностранные слова.** Упражнения направлены на отработку и активизацию иноязычной лексики. Такая лексика широко используется в средствах массовой информации, в научной речи и в деловом общении, а также иногда и в обиходно-бытовой сфере общения. В большинстве случаев такие слова имеют русские эквиваленты. Разграничить значение русских слов и синонимичных с ними иноязычных, определить сферы их употребления — задача непростая для всех иностранных учащихся, а для китайцев, корейцев и японцев — чрезвычайно сложная.

Начинать работу по этой теме можно на Базовом уровне владения русским языком как иностранным — для ознакомления с данным пластом лексики. На более высоких уровнях владения языком следует особое внимание обращать на возможную стилевую закреплённость определённых слов и различия в оттенках значений представленных в упражнениях синонимов.

**Официальная лексика.** Обобщённо названная нами «официальная лексика» включает слова, характерные для трёх книжных стилей: научного, публицистического и официально-делового. Для учащихся это «второй русский язык», поскольку до этого они изучали только язык разговорный, характерный для обиходно-бытовой сферы общения.

Упражнения направлены на отработку и активизацию нового для иностранных учащихся пласта лексики, который требует специального изучения. Начинать работу по этому разделу можно уже на Первом уровне владения русским языком как иностранным — с лексики, которая условно названа нами *минимальной универсальной официальной лексикой*[1]. Ознакомление с данным пластом лексики поможет учащимся выработать навыки понимания «официальных» текстов.

Для повышения уровня владения языком советуем учащимся активизировать изученные лексико-грамматические конструкции, составлять собственные монологические высказывания по предлагаемым в данном разделе схемам. Лексика и лексико-грамматические конструкции набираются учащимися индивидуально — по мере необходимости активного их использования.

## 2. СОСТАВ СЛОВА: МАТЕРИАЛ ДЛЯ ОЗНАКОМЛЕНИЯ И ПОВЫШЕНИЯ УРОВНЯ ВЛАДЕНИЯ ЯЗЫКОМ

Упражнения, представленные в этом разделе, необходимы для набора лексики учащимися как для активного («Вводная часть. Начальные знания»), так и для пассивного владения.

В упражнениях представлены русские производные слова. Тема важная и серьёзная для иностранцев, так как позволяет им научиться понимать многие новые для них русские слова в тексте — как устном, так и письменном. Работу по данному разделу можно начинать на Элементарном уровне владения русским языком как иностранным.

Упражнения направлены на отработку навыков анализа русских производных слов, а также на ознакомление с основными законами русского словообразования. Некоторые упражнения предназначены для активизации частотных производных русских слов.

В данном разделе выделены следующие темы:

1. Начальные знания по анализу производных слов
2. Анализ слов, образованных различными способами: суффиксация

[1] Несмотря на то что она в настоящее время не включена в лексический минимум Первого уровня.

3. Анализ слов, образованных различными способами: префиксация

4. Анализ слов, образованных различными способами: префиксация и суффиксация

5. Анализ слов, образованных различными способами: сложные слова

6. Анализ слов, образованных различными способами: субстантивация и аббревиация

Упражнения каждой из тем построены по принципу нарастающей сложности. При необходимости предлагаемый минимум информации может быть расширен учащимися самостоятельно.

В процессе работы над данным разделом учащиеся смогут:

— научиться определять, от каких слов образованы производные слова, в которых есть префиксы (приставки), суффиксы, постфиксы;

— научиться понимать сложные слова (образованные от двух или трёх основ);

— проследить некоторые варианты субстантивации и аббревиации.

Потенциально такая работа даёт учащимся в руки инструмент для понимания большого количества производной лексики (с перспективой повышения индивидуального уровня владения языком). Именно этим обусловлена специфика маркировки упражнений по уровням в данном разделе: во многих случаях представленная лексика отсутствует в лексических минимумах соответствующих уровней (но, тем не менее, она доступна для понимания учащихся, освоивших нашу систему работы). Надеемся, что преподаватели-практики и авторы лексических минимумов будут с нами солидарны в том, что данная система обучения во многих случаях оказывается продуктивной, поскольку позволяет сократить объём лексических минимумов. Отметим также, что обучение умению видеть морфемный состав слова желательно проводить с опорой на минимальный контекст, в котором часто употребляются данные производные слова (с учётом их стилистической маркированности).

Активизация выбранных учащимися производных слов — работа индивидуальная. В ряде случаев упражнения данного раздела целесообразно соотносить с простыми, «банальными» грамматическими темами («Вид глагола» и др.).

### 3. ТЕМЫ ДЛЯ ИЗУЧЕНИЯ ПРИ ВЫСОКОМ УРОВНЕ ВЛАДЕНИЯ РУССКИМ ЯЗЫКОМ

Системно организовать работу по данному разделу можно в том случае, если учащиеся владеют русским языком в объёме Первого сертификационного уровня.

**Близкие по значению слова.** Данные упражнения направлены на систематизацию и активизацию лексического запаса учащихся. В начале темы даны упражнения на контекстное наблюдение и определение различий в значениях предлагаемых слов.

Уровень сложности упражнений сознательно повышается. Существенным мы считаем приобретение учащимися навыка объяснения значений слов и определения различий в их значении и употреблении. Практически это работа, сравнимая с составлением толкового словаря, — очень трудная, но в то же время благородная, полезная для учащихся работа.

**Паронимы.** Упражнения этой темы направлены на отработку и активизацию паронимов, которые являются наиболее употребительными. Знание паронимов требуется для успешного выполнения теста по русскому языку как иностранному.

Начинать активную работу по этому разделу можно на Втором уровне владения русским языком как иностранным, а продолжать и совершенствовать изучаемые варианты можно до бесконечности. Следует разграничивать сферы употребления возможных параллельных вариантов, анализировать разницу в их значениях, чему способствует наблюдение за лексической сочетаемостью предлагаемых в упражнении слов и их контекстным употреблением. Особо сложные задания, отмеченные знаком *, во многих случаях представляют трудность и для носителей языка, что требует от преподавателя довольно высокой квалификации.

Плодотворной работа по данной теме будет в том случае, если учащиеся начнут составлять свои примеры с предлагаемой в упражнениях лексикой.

**Лексическая сочетаемость.** Тема интересная и сложная, требующая специального профессионального изучения и высокой квалификации преподавателя. Она является сквозной для всех других традиционно выделяемых и ранее изученных тем. Так, системные наблюдения за лексической сочетаемостью необходимы при изучении синонимов, иностранных слов, паронимов, приставочных глаголов. Без этого не обойтись и при рассмотрении такой «простой» темы, как падежи, поскольку падежные и предложно-падежные формы существительных также существуют не абстрактно, но имеют определённую сочетаемостную закреплённость — не только синтаксическую, но и лексическую.

Упражнения направлены на отработку и активизацию лексической сочетаемости ограниченного круга лексики, который — по желанию учащихся и преподавателя — может быть в дальнейшем расширен с учётом предлагаемой методики работы по данной теме.

Начинать фрагментарную работу по этому разделу можно на Базовом уровне владения русским языком как иностранным, а организовать её системно — на Первом уровне.

**Идиомы.** Тема для высокого уровня владения языком (приближенного ко Второму сертификационному — ТРКИ-2). Упражнения направлены на ознакомление учащихся с идиомами. При последующей работе возможна активизация некоторых идиом (по выбору учащихся). Особое внимание следует обращать на лексическую сочетаемость! Выбранные варианты необходимо активизировать, а их употребление — контролировать в составляемых учащимися примерах, что в дальнейшем позволит избежать ошибок, а их, как показывает практика, иностранцы допускают чрезвычайно много.

**Пословицы и поговорки.** Упражнения направлены на ознакомление учащихся с некоторыми пословицами и поговорками. Начинать работу над материалом следует в том случае, если уровень студентов приближается ко Второму сертификационному.

Материал интересный и «красивый», но увлекаться им мы не советуем, поскольку его объём явно избыточен для активного усвоения. Поэтому после предварительного ознакомления преподавателям и студентам следует минимизировать количество отбираемых для изучения и закрепления пословиц и поговорок — во избежание ошибок при их употреблении.

**Просторечная лексика.** Тема представляет интерес для тех, кто хочет увидеть образность просторечной русской лексики, то есть сниженной, иногда даже немного грубой. Следовательно, мы можем рекомендовать начинать работу по данному разделу тем студентам, чей уровень владения русским языком выше Второго сертификационного. По желанию преподавателя и студентов работу можно продолжить. Данная тема представляет собой лишь небольшой экскурс по богатой русской лексике.

Уважаемые коллеги! Ещё раз желаем вам успехов в работе и радости от работы!

# 1. ТЕМЫ ДЛЯ ОБЩЕГО ВЛАДЕНИЯ РУССКИМ ЯЗЫКОМ

Стилистика — наука об использовании стилистических средств языка. Таким образом, хорошее владение языковыми средствами — это и наука, и искусство.

Мы будем обращаться к лексической, фразеологической и словообразовательной стилистике.

## АНТОНИМЫ

**Антонимы** — это слова с противоположным значением, например: *хороший — плохой, большой — маленький, много — мало* и так далее.

Мы покажем вам способ работы с лексикой, которую можно систематизировать по принципу антонимии. (В дальнейшем список лексики вы можете расширить, не ограничивая себя только нашими упражнениями.)

Если вы хотите хорошо знать иностранный язык, то сначала вам нужно выучить не очень много слов, но — активно. Активное владение словами предполагает, что вы подбираете необходимое слово в течение секунды, максимум — двух секунд, в противном же случае (три секунды и более) лексика считается пассивной.

Антонимы — это такая тема, которая даёт вам возможность сразу «войти» в русский язык, выучить базовые слова активно, в логической системе. Но — без перевода на родной язык.

Итак, проверьте, насколько хорошо вы знаете лексику, предложенную в упражнениях.

Отметьте одной линией (или «птичкой») те слова, над которыми вы думаете более одной — двух секунд, двумя линиями («птичками») — слова, антонимов к которым вы совсем не знаете (следует перевести такие слова на ваш родной язык, подобрать к ним антонимы и перевести эти антонимы на русский язык).

***Упражнение 1.* Проверьте, активно ли вы знаете лексику. Подберите антонимы к следующим словам (думать — не более секунды).**

да —
хорошо —
много —
большой —
можно —
здесь —
сюда —
давать —
далеко —
слева —
налево —
трудно —
быстро —
старый —

родиться —
начинать —
начало —
громко —
вперёд —
светлый —
часто —
свободен —
войти —
вход —
чистый —
больше —
лучше —
одеться —

открыть — светло —
жарко — надеть —

***Упражнение 2.*** **Найдите антонимы к словам из упражнения 1.**

1. «Нет, я не пойду в кино», — сказала она. 2. Что случилось? Ему плохо? 3. Зимой здесь мало туристов. 4. Здесь нельзя курить. 5. А что там? 6. Это маленький словарь. 7. Я беру книги у друга. 8. Библиотека очень близко, только десять минут пешком. 9. Я туда не пойду. 10. Посмотрите направо: это Казанский собор. 11. Справа от Русского музея Этнографический музей. 12. Это наш новый учебник. 13. Этот преподаватель совсем молодой! 14. Надо закрыть дверь! 15. Это сделать не так легко, как ты думаешь. 16. Надо рисовать медленно. 17. Пушкин умер в 1837 году. 18. Когда ты кончаешь работать? 19. Когда конец урока? 20. Извините, декан занят. 21. Можно выйти? 22. Где здесь выход? 23. Почему ты говоришь так тихо? 24. Иди назад! 25. Как темно! 26. Я редко хожу в театр. 27. Куртка грязная. 28. Больному стало хуже. 29. Наверное, надо работать меньше. 30. В гардеробе можно раздеться. 31. Можно снять куртку. 32. Эта комната тёмная.

***Упражнение 3.*** **Ответьте на вопросы.**

1. Это вход или выход? 2. В общежитии жить хорошо или плохо? 3. Здесь можно или нельзя курить? 4. Твоя собака умная или глупая? 5. Ты идёшь туда или сюда? 6. Секретарь свободен или занят? 7. Ты часто или редко занимаешься в читальном зале? 8.Твоя подруга говорит по-русски лучше или хуже тебя? 9. Ты хочешь больше читать и меньше говорить по-русски или наоборот? 10. Открыть или закрыть дверь? 11.В аудитории жарко или холодно? 12. Чайковский родился или умер в Петербурге? 13. В тринадцать часов у вас начинается или кончается урок? 14. Как лучше записать музыку на магнитофон: громко или тихо? 15. Эта комната в общежитии тёмная или светлая? 16. Мы будем ужинать здесь или там? 17. Десять студентов в группе — это много или мало? 18. Полчаса на автобусе до университета — это далеко или близко? 19. Ты пишешь по-русски быстро или медленно? 20. Это старый или новый словарь? 21. Ваш преподаватель старый или молодой? 22. В коридоре темно или светло? 23. Эти чашки чистые или грязные? 24. Он хочет войти или выйти? 25. Малый оперный театр справа или слева от Русского музея? 26. Выучить за месяц сто русских слов — это трудно или легко? 27. Раздевалка в спортзале нужна, чтобы одеваться или раздеваться? 28. Ты хочешь большую или маленькую порцию мороженого? 29. Ты хочешь надеть или снять очки? 30. Куда надо дальше идти: налево или направо? 31. Дать тебе почитать мою книгу, или ты возьмёшь её в библиотеке? 32. Это место свободно или занято?

***Упражнение 4.*** **Проверьте, что вы запомнили. Закончите предложения, подбирая антонимы к выделенным словам.**

1. Для меня утром заниматься *лучше*, а вечером ... . 2. В гардеробе вы можете и *раздеться*, и ... . 3. Вот *выход* из метро, а там ... . 4. Он *вошёл* в дом, а через полчаса ... . 5. Ты иди *сюда*, а я пойду ... . 6. Один текст *большой*, а второй совсем ... . 7. Одно общежитие *старое*, а другое ... . 8. Один профессор *старый*, а второй ещё ... . 9. Ему учиться трудно, а мне ... . 10. Дверь такая большая, её очень трудно *открывать* и ... . 11. Дома *жарко*, а на улице ... . 12. Мой друг говорит по-русски *хорошо*, а я ещё ... . 13. На уроке мы говорим *много*, а в общежитии ... . 14. Когда я согласен, я говорю *«да»*. Когда не согласен — « ... ». 15. Метро *близко*, а университет — ... . 16. Надо *меньше* есть сладкого и ... есть фруктов. 17. Надо знать, что хорошо, а что плохо, что *можно* и что ... делать. 18. Парк — *там*, а маленький садик — ... . 19. Мы *начинаем* заниматься в 9:30, а в 12:40 — ... .

20. Ты знаешь, когда *начало* урока и когда ... ? 21. А.С. Пушкин *родился* в 1799 году, а в 1837 году он ... . 22. Ты говоришь по-русски *быстро* или ... ? 23. Куда сейчас: *налево* или ... ? 24. Ты *свободен* или ... ? 25. Он *редко* ходит в театр, а я ... . 26. Эта комната совсем *тёмная*, а моя ... . 27. Когда я не уверен, я говорю *тихо*, когда уверен — ... . 28. *Возьми* мою ручку, а мне ... свою! 29. Пройди пять метров *вперёд*, а потом пять метров ... . 30. Если холодно, надо *надеть* куртку, а если жарко — ... . 31. Я не помню, Этнографический музей *слева* или ... от Русского музея. 32. Только что было на улице *светло*, а сейчас уже ... — это осень в Петербурге!

***Упражнение 5.* Подберите антонимы к следующим словам.** C

| | |
|---|---|
| вверх — | живой — |
| всегда — | одетый — |
| любить — | трудолюбивый — |
| первый — | сухой — |
| сильный — | смеяться — |
| весёлый — | вместе — |
| дорогой — | умный — |
| дорого — | встречать — |
| дороже — | уснуть — |
| вспомнить — | выиграть — |
| старший — | тяжёлый — |
| ругать — | мягкий — |
| друг — | крупный — |
| правда — | специально — |
| ссориться — | разрешать — |
| продавать — | повышаться — |

***Упражнение 6.* Ответьте на вопросы.** C

1. Это его старший брат или младший? 2. На рынке фрукты дешевле, чем в магазине, или дороже? 3. Туфли стоят сто долларов, это дорого или дёшево? 4. Он трудолюбивый человек или ленивый? 5. Детей надо больше хвалить или ругать? 6. Николай Второй — это первый или последний русский царь? 7. Это твой друг или враг? 8. Этот клоун весёлый или грустный? 9. Сумка тяжёлая или лёгкая? 10. Что хочет этот человек: продать или купить товар? 11. Какую обувь лучше покупать: дорогую или дешёвую? 12. Что вы любите больше: встречать или провожать друзей? 13. Какие яблоки лучше — крупные или мелкие? 14. Лошадь умная или глупая? 15. Ваша команда вчера выиграла или проиграла? 16. Эту книгу ты купил специально или случайно? 17. Фильмы ужасов надо разрешить или запретить? 18. Что лучше: уснуть в пять часов утра или проснуться? 19. Они вчера поссорились или помирились? 20. Курс доллара повысился или понизился? 21. Этот металл мягкий или твёрдый? 22. Это правда или ложь? 23. Ты это стихотворение забыл или снова вспомнил? 24. Корабль плывёт по реке вверх или вниз? 25. Эта пчела живая или мёртвая? 26. На пляже больше одетых или раздетых людей? 27. Твоя подруга любит математику или ненавидит? 28. Какое слово ты говоришь чаще: «всегда» или «никогда»? 29. Вы хотите в гостинице жить вместе или отдельно? 30. Он смеётся или плачет? 31. У тебя ботинки сухие или мокрые? 32. Он сильный человек или слабый, как ты думаешь?

***Упражнение 7.* Проверьте, что вы запомнили. Закончите предложения, подбирая антонимы к выделенным словам.**

1. Куда вы едете на лифте: *вверх* или ... ? 2. Я тебя *никогда* не забуду, я буду любить тебя ... ! 3. Я очень *люблю* мороженое, а кипячёное молоко просто ... ! 4. Я *первый* в очереди, а ты ... ! 5. Ты занимаешься спортом, поэтому ты *сильный*, а я ... ! 6. Он недавно женился, мне казалось, что он должен быть *весёлым*, а он ходит ... . 7. Эта куртка *дорогая* и не такая хорошая, а та — неплохая и довольно ... . 8. Сто рублей за учебник — это *дорого* или ... ? 9. В соседнем магазине продукты *дороже* или ... ? 10. Я *вспомнил* его номер телефона, а потом ... . 11. Это твоя *старшая* сестра или ... ? 12. Вчера отец тебя *ругал* или ... ? 13. Он мне не *друг* и не ... . 14. Это *правда*? Нет, это ... ! 15. Пожалуйста, *помиритесь*, не надо ... ! 16. Где выгоднее работать: в фирме, которая *продаёт* что-либо или ... ? 17. Этот солдат ещё *живой* или уже ... ? 18. На пляже все люди очень легко *одеты* или совсем ... . 19. Она очень *трудолюбива*, а её брат очень ... . 20. Ты не промок под дождём? Ноги у тебя *сухие* или ... ? 21. Надо чаще *смеяться*, но иногда полезно и ... . 22. Кофе, коньяк и лимон — ты будешь всё это *вместе* или ... ? 23. Он очень *умный*, а его сестра совсем ... . 24. Скоро приедут гости, мы поедем в аэропорт их *встречать*, а через два дня — ... . 25. Я очень плохо сплю в последнее время: вечером не могу *уснуть*, а утром — ... . 26. Вчера ты у меня в шахматы *выиграл*, а сегодня ты мне ... ! 27. Этот портфель не *тяжёлый*, он совсем ... ! 28. Подушка *мягкая*, а камень — ... . 29. Зачем ты купил такую *крупную* картошку? Надо было купить ... ! 30. Извини, я это сделал не *специально*, а совершенно ... ! 31. Ты хочешь, чтобы декан *разрешил* курить в университете? Я считаю, это правильно, что он ... курить в университете. 32. Температура у больного *повысилась* или ... ?

***Упражнение 8.* Подберите антонимы к следующим словам (к слову *сладкий* можно дать два антонима).**

хороший —
рано —
подорожать —
наверху —
будущее —
высоко —
голодный —
впереди —
смелый —

длинный —
сладкий —
толстый —
широкий —
счастье —
вслух —
за (*голосовать*) —
полезно —
женатый —

***Упражнение 9.* Прочитайте предложения. Найдите антонимы к словам из упражнения 8.**

1. Почему ты каждый день встаёшь так поздно? 2. Это плохой учебник. 3. Нитка очень короткая, трудно шить. 4. Это яблоко очень кислое. 5. Этот перец страшно горький. 6. Карандаш такой тонкий! 7. Брюки очень узкие. 8. Продукты подешевели. 9. В поезде ты будешь спать внизу, на нижней полке. 10. Мы часто думаем о прошлом. 11. Птица летит очень низко. 12. Все сыты(е). 13. Этот ребёнок — просто беда. 14. Читай, пожалуйста, про себя! 15. Я буду голосовать против этого человека. 16. Вредно много читать. 17. Он холост(ой)? 18. Мы пойдём сзади. 19. Он очень трусливый.

*Упражнение 10.* **Проверьте, что вы запомнили. К выделенным словам подберите антонимы.**

1. Он совсем не *смелый*, а очень ... ! 2. Вы пойдёте *впереди* или ... ? 3. «Ты *голоден*?» — «Нет, я ... ». 4. Самолёт летит на средней высоте: не *высоко* и не ... . 5. Иногда полезно задуматься о *будущем*. 6. Он *женат* или ... ? 7. Как ты думаешь: это *полезно* — выпить перед обедом рюмочку? 8. На собрании я буду голосовать не *за*, а ... этого предложения. 9. Читай, пожалуйста, *вслух*! 10. Ты самый *хороший* человек на свете! 11. Это просто *счастье* — любить этого человека! 12. Почему ты так *рано* ложишься спать? 13. Зимой фрукты сильно *подорожали*. 14. Наши соседи *наверху* очень хорошие. 15. Брюки слишком *длинные*. 16. Соус очень *сладкий*. 17. Какое *толстое* дерево! 18. Юбка не очень *широкая*.

*Упражнение 11.* **Подберите антонимы к следующим словам.**

научиться —
уверен —
привыкнуть —
приучить —
появиться —
вдоль —
понизить —
расходы —
наименее —
специалист —
пьяный —
внутри —
постепенно —
обвинять —
согласиться —
встретиться —
союзник —
позитивный —
положительный —
поднять —
спуститься —
соблюдать —
застегнуть —
завернуть —
сходство —
скромный —
жадный —
понравиться —
победа —
здороваться —

*Упражнение 12.* **Ответьте на вопросы. Найдите антонимы к словам из упражнения 11.**

1. Он в этом уверен или сомневается? 2. Это наиболее или наименее интересная часть оперы? 3. Вы поздоровались с ней или попрощались? 4. Он жадный или щедрый? 5. Надо понизить или повысить вам зарплату? 6. Он в этой области специалист или любитель? 7. Что у этой фирмы больше: расходы или доходы? 8. Редиска красная внутри или снаружи? 9. Как лучше пить лекарство: постепенно или сразу? 10. Когда вы делаете вдох, руки лучше поднять или опустить? 11. Вы согласитесь со мной или захотите мне возразить? 12. Между братьями больше сходства или различий? 13. Как вы думаете: в транспорте больше скромных или нахальных людей? 14. К чему надо быть морально готовым: к победе или к поражению в этом матче? 15. Он пришёл пьяный или трезвый? 16. Он завернул цветы в бумагу или развернул? 17. Как лучше плыть: вдоль или поперёк реки? 18. Не понимаю: вы говорите, что в Китае вы научились или разучились ездить на велосипеде? 19. Вы привыкли или отвыкли курить за то время, что мы не виделись? 20. Отец приучил сына работать ночами или отучил от этого? 21. Когда жарко, куртку лучше застегнуть или расстегнуть? 22. Хороший водитель должен соблюдать или нарушать правила дорожного движения? 23. На лифте лучше подниматься или спускаться? 24. Адвокат должен обвинять или защищать подсудимого? 25. Эти страны — союзники или противники? 26. В этом городе они встретились или расстались? 27. Каких качеств у него больше: положительных или отрицательных? 28. О чём бы вы хотели поговорить: о позитивных или негативных сторонах жиз-

ни в России? 29. Ты говоришь, что тебе понравилось или разонравилось жить в общежитии? 30. Солнце появилось или опять исчезло?

***Упражнение 13.*** **Проверьте, что вы запомнили. К выделенным словам подберите антонимы.**

1. Я *уверен* в этом, я в этом совершенно не ... . 2. Они *встретились*, но уже через несколько дней должны были ... . 3. Он *отвык* курить, но ... каждое утро пить по несколько чашек кофе. 4. Родители не смогли *приучить* взрослых детей плавать в проруби, но смогли ... их курить. 5. Он *научился* водить мотоцикл и автомобиль, но совсем ... ходить пешком. 6. Делаем гимнастику: руки надо сначала *поднять*, а затем ... . 7. Бросать курить лучше не *постепенно*, а ... . 8. Вы *соглашаетесь* со мной или вы хотите мне ... ? 9. Наша команда одержала *победу* в этой игре, а ваша — потерпела ... . 10.Мы даже не успели *поздороваться*, а сейчас мы уже должны ... . 11. Вам надо сначала *спуститься* вниз на первый этаж, оформить документы, а потом ... к нам на третий этаж. 12. Солнце *появилось* буквально на полчаса, а потом опять ... . 13. Эта сторона вопроса *наименее* интересна, мы же поговорим о том, что будет вам ... полезно. 14. У этой фирмы слишком большие *расходы* и слишком маленькие ... . 15. Малыша надо *развернуть*, переодеть, а затем снова ... . 16. Зачем ты *застегнул* куртку? ... её! 17. Обычно русские люди не *жадные*, а наоборот, ... . 18Арбуз *внутри* красный, а ... зелёный, а не наоборот! 19. Хорошо, когда человек *скромный*, а не ... ! 20. Мы выпили довольно много, но мы совсем не *пьяные*, мы абсолютно ... . 21. Он *специалист* по компьютерам или просто ... ? 22. Я не собираюсь тебя ни в чём *обвинять*, также не собираюсь и ... . 23.Мы не *союзники*, но и не ... в этом споре. 24. Сразу можно заметить ваше *позитивное* отношение к этому человеку, почему же у многих оно ... ? 25. Он человек во всех смыслах *положительный* несмотря на ваше ... к нему отношение. 26. Я не хочу *соблюдать* правила, я привык их ... ! 27На этих двух картинках надо найти *сходства* и ... . 28. Мне *понравилось* купаться в озере ночью, а купаться днём — ... . 29. Следует *снизить* налоги, вместо того чтобы их ... . 30. Собака легла *вдоль* кровати, а вчера она лежала ... .

***Упражнение 14.*** **Подберите антонимы к следующим словам (к некоторым словам может быть не один, а два антонима — в разных значениях).**

радость —
молодость —
грязь —
смелость —
трудолюбие —
спуск —
соблюдение —
согласие —
холод —
любовь —
жизнь —
сила —
голод —
появление —
продажа —
ссора —
отказ —

мягкость —
встреча —
лёгкость —
верх —
сладость —
польза —
ум —
скромность —
жадность —
выигрыш —
разрешение —
похвала —
смех —
нападение —
свет —
пьянство —
позитивно —

***Упражнение 15.* Прочитайте предложения. Найдите антонимы к словам из упражнения 14.**

1. Дома повсюду такая чистота! 2. Не хочется думать о старости. 3. Меня охватила лёгкая грусть. 4. Надо проявить твёрдость характера. 5. Расставание, разлука — грустные слова! 6. Не понять, где у этой коробки низ. 7. Трусость не лучшее человеческое качество. 8. Безделье и лень также не украшают человека. 9. Подъём в гору занимает много времени. 10. Нарушение правил дорожного движения ни к чему хорошему не приведёт. 11. Он сделал очень большую глупость, когда бросил университет. 12. Мы проиграли и до сих пор ещё чувствуем горечь поражения. 13. От сигарет — один вред! 14. На его предложение она ответила отказом. 15. Мне нужно ваше согласие. 16. Это просто нахальство — не уступать место в транспорте пожилым людям! 17. Мне представилась возможность оценить необычайную щедрость его души. 18. Давайте приготовим безалкогольные коктейли! Я — за трезвость! 19. Какая темнота на улице! Где же луна? 20. Он перекусил, но сытости совсем не почувствовал. 21. Погибнуть в авиакатастрофе — какая трагическая смерть! 22. Это не деньги, а слёзы! 23. Этот футболист замечательно играет в обороне. 24. Не обижайся, что я тебя иногда ругаю за то, что ты слишком застенчив, я говорю тебе совсем не в осуждение. 25. Покупка квартиры — дело серьёзное. 26. Он часто где-то пропадал, и его очередное исчезновение никого не удивило. 27. Супруги иногда ругались, но после каждого скандала следовало быстрое примирение. 28. Плюс тридцать в июле — ужасная жара! 29. Он вдруг почувствовал такую ненависть к этому человеку, какой до сих пор никогда не испытывал. 30. Всегда неприятно быть в проигрыше. 31. Ребёнок негативно реагирует на все запреты. 32. Запрещение ядерного оружия — главная проблема современности. 33. Очевидно, вчера за ужином он переел, так как всю ночь чувствовал неприятную тяжесть в желудке. 34. У каждого человека есть свои слабости.

***Упражнение 16.* Придумайте предложения со следующими парами слов.**

1. молодость — старость. 2. грязь — чистота. 3. жизнь — смерть. 4. холод — жара. 5. сила — слабость. 6. разрешение — запрещение (запрет). 7. встреча — расставание (разлука). 8. ум — глупость. 9. смех — слёзы. 10. польза — вред. 11. продажа — покупка. 12. радость — грусть (печаль). 13. свет — темнота (тьма). 14. согласие — отказ (возражение).

***Упражнение 17.* Подберите антонимы к следующим словам.**

| | |
|---|---|
| достоинство — | черновик — |
| рай — | чистить — |
| усилить — | густой — |
| отсутствовать — | в тени — |
| соединять — | солнечный (день) — |
| наступать — | красавец — |
| внешний — | простой (карандаш) — |

***Упражнение 18.* Ответьте на вопросы. Найдите антонимы к словам из упражнения 17.**

1. Трусость — это достоинство или недостаток? 2. Где человеку лучше оказаться: в аду или в раю? 3. Во время проведения опыта надо было усилить или ослабить электрическое напряжение? 4. Сколько человек присутствовало и отсутствовало на прошлой лекции? 5. Надо соединить или разъединить эти части? 6. Армия должна наступать или отступать? 7. Какие факторы воздействуют на человека сильнее: внешние или внутренние? 8. Когда вы пишете сочинение,

вы пишете сначала черновик или сразу чистовик? 9. Что дети делают с удовольствием: чистят или пачкают обувь? 10. У него густые или редкие волосы? 11. Суп густой или жидкий? 12. Где лучше находиться летом: в тени или на солнце? 13. Сегодня день солнечный или дождливый? 14. Вчера был день солнечный или пасмурный? 15. Он красавец или урод? 16. Какие у тебя карандаши: простые или цветные?

***Упражнение 19.*** **Придумайте предложения со следующими парами слов.**

1. солнечно — пасмурно. 2. простой — цветной. 3. в тени — на солнце. 4. достоинства — недостатки. 5. черновик — чистовик. 6. присутствовать — отсутствовать. 7. пачкать — чистить (стирать, мыть, убирать). 8. густой — редкий. 9. густой — жидкий. 10. наступать — отступать.

***Упражнение 20.*** **Подберите антонимы к следующим словам.**

отсутствие —
опровергать (мнение) —
благодарность (на работе) —
прямо —
государственный —
заочно —
нарочно (специально) —
холодное (оружие) —
строптивый —
мутный —

***Упражнение 21.*** **Прочитайте предложения. Подберите антонимы к выделенным словам, учитывая контекст.**

1. Чем вы можете объяснить ваше *отсутствие* на прошлом уроке? 2. *Отсутствие* печати на документе делает его недействительным. 3. Я хочу *опровергнуть* вашу точку зрения. 4. Это меня *прямо* касается. 5. Этот институт *государственный*? 6. Он учится *заочно*. 7. Мы с ним знакомы только заочно. 8. Ты думаешь, что я *нарочно* наступил тебе на ногу? 9. Меч — это *холодное* оружие. 10. Ну почему у неё такой *строптивый* характер? 11. Этот раствор *мутный*.

***Упражнение 22.*** **Прочитайте предложения. Подберите антонимы к словам из упражнений 20 и 21.**

1. Моё присутствие на этом семинаре обязательно? 2. На границе пограничники проверяют у всех наличие паспорта и визы. 3. Вода в Байкале совсем прозрачная. 4. Характер у неё замечательный, очень покладистый. 5. Извини, пожалуйста, я нечаянно разбил твою кружку. 6. Я разделяю, я поддерживаю вашу точку зрения. 7. Это частная клиника. 8. Конечно, лучше учиться очно, на очном отделении. 9. С этим министром я знаком лично. 10. Это меня коснулось только косвенно. 11. Он всегда боялся огнестрельного оружия.

***Упражнение 23.*** **Подберите условные антонимы к следующим словам (по модели *брат — сестра*).**

мужчина —
парень —
мальчик —
дедушка —
сын —
отец —
внук —
дядя —
племянник —
тёща —
свекровь —
муж —
жених —

*Упражнение 24.* **Ответьте на вопросы.**

1. Кто сильнее: мужчина или женщина? 2. Кто носит длинные волосы: парень или девушка? 3. У кого коса: у мальчика или у девочки? 4. Кому больше лет: бабушке или дедушке? 5. С кем можно поговорить: с сыном или с дочерью? 6. На кого ты больше похож: на отца или на мать? 7. У профессора есть внук или внучка? 8. Кого ты больше любишь: дядю или тётю? 9. У тебя есть племянник или племянница? 10. Кто добрее: тёща или свекровь? 11. Кто приготовит ужин: муж или жена? 12. Жених и невеста: кто на свадьбе в белом, а кто — в чёрном?

*Упражнение 25.* **Подберите условные антонимы к следующим словам.**

север — | белый —
восток — | начальник —
слуга — | военный —

*Упражнение 26.* **Ответьте на вопросы.**

1. Куда течёт река Волга: на север или на юг? 2. Куда ты поедешь: на запад или на восток? 3. Может ли хороший слуга стать и хорошим хозяином (господином)? 4. Уголь белый или чёрный? 5. Кем лучше быть: начальником или подчинённым? 6. Он военный или штатский?

Этот список лексики можно продолжить. Мы показали вам принцип и эффективную методику работы с лексикой. В дальнейшем вы сможете сами выбирать новые для вас слова и подбирать к ним антонимы. Повторяем: эта система работы помогает очень быстро систематизировать и активизировать лексику.

# СИНОНИМЫ

**Синонимы** — это слова, близкие или тождественные по своему значению, выражающие одно и то же понятие, но различающиеся или оттенками значения, или стилистической окраской, или и тем и другим, например: *отличный — прекрасный — замечательный; неприятный — противный — отвратительный* и так далее.

Эта тема более сложная, чем предыдущая, так как вы будете расширять свои знания, давать варианты слов. Значит, ваш запас слов станет больше, лексика — богаче и интереснее.

Мы покажем вам способ работы с лексикой, которую очень удобно систематизировать по принципу синонимии. В дальнейшем список слов можно расширять, не ограничивая себя только нашими упражнениями.

Сначала, как и раньше, проверьте, хорошо ли вы знаете лексику, предложенную в упражнениях. Активное владение лексикой предполагает, что вы подбираете необходимый синоним в течение одной секунды, максимум — двух секунд. Отмечайте слова, над которыми вы думаете более одной — двух секунд, одной линией (или «птичкой»), а слова, синонимов к которым совсем не знаете, — двумя линиями (или «птичками»).

*Упражнение 1.* **Проверьте, активно ли вы знаете лексику.**
**Подберите синонимы к следующим словам.**

труд — | волноваться —
умница — | юноша —

столетие —
фотографировать —
извините —
отличный —
ужасный —
немножко —
секрет —

скучно —
весёлый —
грустный —
обратно —
опять —
конь —
опубликовать —

***Упражнение 2.*** **Найдите синонимы к словам из упражнения 1.**

1. Он любит работу. 2. Ты просто молодец, Дима! 3. Мы живём в двадцать первом веке. 4. Вот фотоаппарат, снимите нас вместе около этого памятника! 5. Простите, пожалуйста, где здесь выход? 6. Это замечательная, прекрасная работа! 7. Настроение у меня кошмарное, просто отвратительное. 8. Надо чуть-чуть отдохнуть. 9. Этого я тебе не скажу, это не моя тайна. 10. Не беспокойся, всё будет хорошо! 11. У Анны есть друг — замечательный молодой человек, очень современный парень. 12. Дома сидеть мне очень скучно и на лекции тоже неинтересно. 13. Вид у него очень радостный. 14. Почему ты такой печальный в последнее время? 15. На работу я еду на маршрутке, а назад иду пешком. 16. Ты снова задаёшь мне глупые вопросы! 17. «Медный всадник» — это знаменитый памятник в Санкт-Петербурге: Пётр Первый верхом на лошади. 18. В университетской газете напечатали мою статью, ура!

***Упражнение 3.*** **Проверьте, что вы запомнили. Подберите синонимы к выделенным словам. Обратите внимание на то, что грамматически предложения могут измениться.**

1. В девятнадцатом *столетии* жили многие известные русские писатели. 2. *Извините*, пожалуйста, я опоздал! 3. Дима, ты такой *умница*, что купил цветы! 4. Хочу *немножко* полежать после работы. 5. *Опять* пришла соседка! 6. *Труд* украшает человека. 7. Хочу *опубликовать* свои стихи в газете или журнале. 8. Зачем так *волноваться*? 9. Моя машина — это мой железный *конь*! 10. Когда болеешь, очень *скучно* сидеть всё время дома. 11. Хорошая вечеринка у вас, но как мы поедем *обратно*, если мосты разведут? 12. Талантливый *юноша* этот Андрей! 13. Почему ты мне ничего не рассказываешь? Это *секрет*? 14. *Сфотографируйте* нас вместе, пожалуйста! 15. Погода *отличная*, настроение *отличное*! 16. Какие *ужасные* фотографии! 17. Почему он сегодня такой *грустный*? 18. Не знаю, почему мы всё время смеёмся, наверное, сегодня у всех настроение *весёлое*!

***Упражнение 4.*** **Подберите синонимы к следующим словам (иногда может быть два синонима или больше).**

беседа —
дурацкий —
оценка —
заметить —
спешить —
всякий —
выиграть —
разыскать (отыскать) —
благодарю —

мокрый, мокро —
прекратить —
смелый —
абсолютно —
знаменитый —
вернуть —
необходимо (нужно) —
беда —
праздновать —

***Упражнение 5.*** **Прочитайте предложения. Найдите синонимы к словам из упражнения 4. Обратите внимание на контекст: всегда ли эти слова являются синонимами?**

1. У нас был серьёзный разговор. 2. С кем ты будешь отмечать Новый год? 3. Девушки, перестаньте, кончайте наконец разговаривать! 4. Чехов — очень известный писатель. 5. Ваше предложение надо обдумать. 6. Когда ты отдашь мне мою книгу? 7. Извини, не смогу с тобой сейчас поговорить, я очень тороплюсь. 8. Большое вам спасибо! 9. Какой глупый вопрос! 10. Такой был сильный дождь, что мои ботинки и носки все сырые. 11. Он совсем, он совершенно ничего не понимает в политике! 12. В школе у меня всегда были хорошие отметки. 13. Мой друг очень храбрый, очень бесстрашный и мужественный человек! 14. В моём сочинении преподаватель не увидел одной ошибки. 15. Каждый гражданин должен соблюдать конституцию. 16. Кто победил во вчерашнем матче? 17. Никак не могу найти свою записную книжку. 18. У него умер дедушка, это большое несчастье, большое горе.

***Упражнение 6.*** **Проверьте, что вы запомнили. Подберите синонимы к выделенным словам. Обратите внимание на то, что грамматически предложения могут измениться.**

1. Тебе *необходимо* отдохнуть и развлечься. 2. *Благодарю* вас за всё! 3. Это была непродолжительная *беседа*. 4. Какой у тебя *дурацкий* вид в этом костюме! 5. Извини, я тебя в темноте *не заметил*. 6. Ты вернул ему деньги? 7. Давай *отпразднуем* твой день рождения в ресторане! 8. Наконец-то он *разыскал* в библиотеке нужную книгу. 9. Это и есть тот самый *знаменитый* российский режиссёр? 10. Мы не ели весь день, но я *абсолютно* не проголодался. 11. На этих соревнованиях наша команда обязательно должна *выиграть*. 12. Она хорошо учится, но *оценки* её не особенно интересуют. 13. Если у друга *беда* — надо ему помочь. 14. Кто-то пролил воду, и на полу *мокро*. 15. Это был воистину *смелый* поступок. 16. *Всякий* человек ищет свой путь в жизни. 17. *Не спеши*! 18. Наконец-то он *прекратил* свистеть.

***Упражнение 7.*** **Придумайте предложения со следующими парами слов.**

М о д е л ь: прекрасный — замечательный.
Погода *прекрасная*, просто *замечательная*!

1. ужасный — отвратительный. 2. молодец — умница. 3. лошадь — конь. 4. совсем — совершенно. 5. выиграть — победить. 6. нужно (надо) — необходимо. 7. глупый — дурацкий. 8. храбрый — бесстрашный. 9. несчастье — горе. 10. отпраздновать — отметить. 11. известный — знаменитый. 12. спешить — торопиться.

> (!) Обратите внимание на стиль высказывания. Стиль может быть сниженным, разговорным или даже просторечным, например: *дурацкий*.

***Упражнение 8.*** **Подберите синонимы к следующим словам.**

| | |
|---|---|
| прогуливать (занятия) — | возможно — |
| внезапно — | вероятно — |
| (от)ремонтировать — | разумеется — |
| лентяй — | применять — |
| твёрдый — | предпочитать — |
| (по)думать — | различные — |
| (по)ссориться — | тратить — |
| сердиться — | умереть — |

временами — обманывать —
базар — ишак —

Обратите внимание на стиль высказывания. Стиль может быть официальным, например: *вероятно, предпочитать, применять*.

***Упражнение 9.*** **Прочитайте предложения, найдите синонимы к словам из упражнения 8. Попробуйте определить, какой из синонимов более официальный, а какой — более разговорный.**

1. Зачем он пропускает занятия? 2. Не лги мне! 3. Может быть, будет дождь. 4. Он, наверное, не придёт сегодня. 5. Вдруг налетел ветер. 6. Конечно, я тебе сочувствую. 7. Эти часы ещё можно починить? 8. Мой сосед очень способный, но иногда он ленится. 9. Ты знаешь, он такой бездельник, настоящий лодырь! 10. Этот металл очень прочный, очень крепкий. 11. Пожалуйста, не злись на меня! 12. Вчера скончался известный актёр. 13. Я больше люблю красное сухое вино, а не водку. 14. Иногда полезно поразмышлять на досуге. 15. На этом предприятии используют новые технологии. 16. На конференции надо рассмотреть разные вопросы. 17. Вчера мы с ним поругались. 18. Буду стараться экономно расходовать деньги. 19. Откуда в театре осёл? 20. Надо сходить на рынок.

***Упражнение 10.*** **Проверьте, что вы запомнили. К выделенным словам подберите синонимы, внося в предложения необходимые изменения.
Попробуйте определить, изменится ли стиль: станет ли он более официальным или более разговорным.**

1. Давай не будем *ссориться*! 2. Ты настоящий *лентяй*! 3. Люблю *думать* о жизни. 4. Когда *умер* М. Булгаков? 5. Не люблю, когда ты *обманываешь* меня! 6. Пожалуйста, *не прогуливай* лекции, ладно? 7. За что ты *сердишься* на меня? 8. Он *внезапно* почувствовал слабость во всём теле. 9. Хочу *отремонтировать* старую машину. 10. Собака не может разгрызть кость, кость очень *твёрдая*. 11. *Вероятно*, ты помнишь своё обещание? 12. *Разумеется*, помню. 13. Она, *возможно*, не захочет с тобой встречаться. 14. Мы *применили* новый метод исследования. 15. Он *предпочитает* уединение. 16. Журналисты задавали премьер-министру *различные* вопросы. 17. Сегодня ожидается солнечная погода, *временами* — кратковременный дождь. 18. Сколько сил мы *потратили* на то, чтобы выучить эти слова! 19. Тащу так много вещей — как будто я *ишак*! 20. Совсем рядом — небольшой *базар*.

***Упражнение 11.*** **Придумайте предложения со следующими словами, обратите внимание на новые для вас синонимические варианты. Какие из этих вариантов вы хотели бы в дальнейшем активно использовать?**

1. (по)тратить — (из)расходовать — выбросить на ветер. 2. разумеется — конечно — безусловно. 3. наверное — вероятно — очевидно. 4. обманывать — лгать — врать — говорить неправду. 5. твёрдый — крепкий — прочный — жёсткий. 6. отремонтировать — починить — исправить. 7. бездельница — лентяйка — лодырь. 8. думать — размышлять — философствовать. 9. сердиться — злиться. 10. временами — иногда — время от времени. 11. различные — разные — всевозможные. 12. умереть — скончаться — сдохнуть. 13. рынок — базар.

**Комментарий.** В русском языке почти нет абсолютных синонимов. Различаются: 1) идеографические синонимы (т. е. синонимы с разными оттенками значения); 2) контекстуальные синонимы; 3) стилистические синонимы.

Первый вид синонимов — главный для нас на данном этапе. Все синонимы не абсолютны. Во-первых, нужно обратить внимание на разницу в значении, например, что больше, сильнее: *лентяй* или *бездельник*? *Лентяй* — больше, сильнее, чем *бездельник*, а *лодырь* — это ещё выразительнее. Во-вторых, близкие по значению слова только на первый взгляд одинаковы, как, например, *горячий* и *жаркий*. Однако в речи они различны по сочетаемости (то есть по соединению с другими словами): *горячий суп*, но *жаркое лето*. В-третьих, большую роль играет также употребительность, т. е. частотность употребления синонимов в ту или иную эпоху, период времени, например: что мы сейчас говорим чаще: Он *грустный* или Он *печальный*? Наверное, всё же: Он *грустный*.

Все эти проблемы позднее мы рассмотрим более подробно. А на данном этапе работы мы просто будем иметь их в виду.

Второй вид синонимов — контекстуальные синонимы — больших трудностей не представляет. Пожалуйста, рассматривайте их в конкретном контексте, например: *весёлый, добродушный смех*. О таких синонимах мы поговорим позже.

Третий вид синонимов — стилистические синонимы — встречают и знают многие иностранные учащиеся, но часто студенты не догадываются, что такие слова, как *вероятно, безусловно, предпочитать* и др. имеют официальную стилистическую окраску и у них есть либо общеупотребительные, либо разговорные синонимы. Таким образом, нам надо наблюдать за ситуацией употребления, то есть анализировать новую лексику — либо она универсальная для любых стилей, либо разговорная, либо официальная (то есть книжная).

(Иногда выделяется ещё и четвёртый вид синонимов — синонимы *однокоренные*, например: *жильё* и *жилище*, *экономный* и *экономический*. Такие слова мы будем рассматривать в главе «Паронимы».)

***Упражнение 12.*** **Подберите синонимы к следующим словам.** П

бросить —
не женат —
выздоравливай —
возникнуть —
битва —
ерунда —
мелочи —
позитивный —
негативный —

красть —
скрываться —
неаккуратный —
защищаться —
отечество —
восторгаться —
восторг —
страдать —
различие —

***Упражнение 13.*** **Прочитайте предложения, найдите синонимы к словам из упражнения 12. Есть ли какие-либо различия между этими синонимами?** П

1. Кинь мне мяч! 2. Какая разница между сладким перцем и горьким? 3. Игра этого артиста всегда вызывает восхищение. 4. Воровать нехорошо! 5. Милиция не знает, где прячется этот преступник. 6. Ему тридцать лет, но он всё ещё холост. 7. Хватит болеть, поправляйся быстрее! 8. Ничего страшного, что вы забыли про мой день рождения, это такие пустяки! 9. Во время войны там был настоящий бой, целое сражение. 10. Каждый патриот любит свою родину. 11. Этот малыш очень неопрятный, просто неряшливый мальчик. 12. Наша футбольная ко-

манда в этом матче должна больше обороняться, чем нападать. 13. Вы знаете, когда на Земле появилась жизнь? 14. Я восхищаюсь твоим мужеством. 15. Ты говоришь, что я заболею, если съем ещё парочку мороженых? Чепуха! Глупости! Не заболею. 16. У этого парня сломана рука, и он очень мучается от боли. 17. Положительные черты характера: доброта, честность, общительность. 18. Отрицательные черты характера: жадность, трусость, жестокость.

***Упражнение 14.* Проверьте, что вы запомнили. К выделенным словам подберите синонимы. Понаблюдайте, изменится ли смысл или стиль. Какой вариант вам нравится больше? Следите за синтаксисом!** П

1. Не надо *бросать* мусор в костёр! 2. Какие *различия* существуют между расами? 3. Мы пришли в *восторг* от этого фильма. 4. Нельзя *красть* яблоки из чужого сада. 5.Солнце *скрылось* за тучу. 6. Он *не женат*. 7. *Выздоравливай*! 8. Десять рублей — это для меня *пустяки*! 9. Пётр Первый участвовал в Полтавском *бою*. 10. Пушкин любил своё *Отечество*. 11. Какой он *неаккуратный*! 12. Вот тебе шпага — *защищайся*! 13. У меня *возникли* непредвиденные проблемы. 14. Экскурсанты долго ходили по музею и *восторгались* экспонатами. 15. По телевизору сегодня такая *ерунда*! 16. Любовь — это одни *страдания*, не хочу страдать от любви. 17. Он человек *позитивный*. 18. В этом деле есть и *негативная* сторона.

**Частотность.** А сейчас попробуем понаблюдать за частотностью употребления слов. Какой из синонимов употребляется чаще? В каком контексте и с какими словами? Думали ли вы когда-нибудь об этом?

Также обратите внимание ещё на один момент: какие из синонимов более универсальные, употребляются шире, а какие связаны только с определёнными словами и определённым стилем?

***Упражнение 15.* Частотность и стиль. Выберите вариант, который вам больше нравится. Как вам кажется, какой из синонимов русские употребляют чаще? Проверьте себя по поисковой системе yandex.ru.** Н

1. Я ошибся номером, ... ! (простите — извините) 2. Компьютеры появились ещё в прошлом ... . (веке — столетии) 3. Какой ты ... ! (молодец — умница) 4. У этой девушки есть ... . (молодой человек — парень) 5. Я тебе всё расскажу, это не ... . (тайна — секрет) 6. Этого никто не знает, это государственная ... . (тайна — секрет) 7. Мама, пожалуйста, не ... , мы скоро вернёмся. (волнуйся — беспокойся) 8. У вас ... дети! (отличные — прекрасные — замечательные) 9. Откуда здесь ... ? (конь — лошадь) 10. Дождь, ветер — погода просто ... ! (ужасная — кошмарная — отвратительная) 11. Не хочу сдавать этот ... экзамен! (ужасный — кошмарный — отвратительный) 12. Давно уже мы не видели его таким ... . (грустным — печальным)

***Упражнение 16.* Частотность и стиль. Выберите вариант, который вам больше нравится. Какой из синонимов употребляется чаще? Проверьте себя по поисковой системе yandex.ru.** С

1. Он очень ... человек. (смелый — храбрый — отважный) 2. Скоро урок, надо ... . (спешить — торопиться) 3. Мы рады, что участвовали в соревнованиях, хотя мы и не ... . (выиграли — победили) 4. Ты лучше меня играешь в шахматы, я думаю, что ты ... . (выиграешь — победишь) 5. Он до сих пор не ... мне долг. (вернул — отдал) 6. Надо ... книги в библиотеку не позднее пятого числа. (вернуть — отдать) 7. Тише, пожалуйста, ... разговаривать на уроке! (кончи-

те — прекратите — перестаньте) 8. У тебя болит горло, ... выпить лекарство. (надо — необходимо — нужно) 9. У вас в стране ... Восьмое марта? (празднуют — отмечают) 10. Кто пролил чай на тетрадь? Теперь тетрадь вся ... . (мокрая — сырая) 11. Лето в этом году очень ... . (мокрое — сырое) 12. У него ... : дедушка умер. (беда — горе — несчастье) 13. Это не ... , что ты не сделал домашнее задание. (беда — горе — несчастье) 14. Это наш самый ... эстрадный певец. (знаменитый — известный — популярный)

***Упражнение 17.* Частотность и стиль. Выберите вариант, который вам больше нравится. Сформулируйте разницу в значении.**

1. Люблю ... деньги на сувениры! (тратить — расходовать) 2. Не люблю, когда ... . (лгут — обманывают — говорят неправду — врут) 3. Надо ... компьютер. (починить — отремонтировать) 4. Пожалуйста, не ... ! (ссорьтесь — ругайтесь) 5. Почему ты так ... на меня? (рассердилась — разозлилась) 6. Хлеб очень ... . (твёрдый — крепкий — прочный — жёсткий) 7. Существуют ... способы решения этой проблемы. (различные — разные) 8. Ты весь день просидел дома и ничего не делал? Ты просто ... ! (бездельница — лентяйка — лодырь) 9. ... я езжу за город на природу. (Временами — Иногда — Время от времени) 10. ... , я вас понимаю. (Конечно — Разумеется — Безусловно) 11. ... , уровень жизни населения повысится. (Вероятно — Наверное) 12. При ответе на вопрос необходимо ... новые слова. (применять — использовать)

***Упражнение 18.* Частотность и стиль. Выберите вариант, который вам больше нравится. Когда синонимы взаимозаменяемы, а когда нет? Проверьте себя по поисковой системе yandex.ru.**

1. Когда ... жизнь на нашей планете? (возникла — появилась) 2. Он куда-то исчез, но недавно снова ... в нашей компании. (возник — появился) 3. ... при Бородино — известное событие в войне с Наполеоном. (Битва — Бой — Сражение) 4. Он ... мяч в корзину, но не попал. (бросил — кинул) 5. Парень ... девушку. (бросил — кинул) 6. Глупости! Это не так! Какую ... ты говоришь! (ерунду — чепуху) 7. По телевизору показывали такую ... весь вечер! (ерунду — чепуху) 8. Николай Иванович, ... скорее! (выздоравливайте — поправляйтесь) 9. Люблю собирать грибы: всегда интересно, где же ... очередной белый гриб! (скрывается — прячется) 10. В анкете он написал: ... . (не женат — холост) 11. Надо любить ... . (Отечество — Родину) 12. Кто не ... — тот не любил. (страдал — мучился)

**Комментарий.** Как мы видим, частотность связана с универсальностью употребления: чем универсальнее употребление слова, тем оно употребляется чаще, и наоборот. Если для вас русский язык — иностранный язык, то прежде всего следует выучить универсальные, самые частотные варианты.

Позднее, когда вы наберёте достаточный запас «примитивных» вариантов и научитесь их активно и правильно использовать — тогда уже можно с удовольствием читать художественную литературу на русском языке. (В художественной литературе много оригинальных, авторских вариантов употребления слов и словосочетаний.)

Из упражнений выбирайте для себя новые слова, которые вы хотите в дальнейшем использовать. Выбирайте только те варианты, которые сможете использовать активно!

***Упражнение 19.*** **Подберите синонимы к следующим словам.**

истина —
мощный —
ощущать —
нечто —
хранить (сохранять) —
пытаться —
бодрый —
шалить —
крепкий —
отнять —
передник —
поражаться —
мертвец —
всевозможные —
убавить —
жадный —
старательный —
трудолюбивый —

***Упражнение 20.*** **Прочитайте предложения. Подберите синонимы к словам из упражнения 19. Как и раньше, не забывайте, пожалуйста, что к одному слову может быть два синонима — в разных контекстах и значениях.**

1. Правда не всегда побеждает. 2. Отец отобрал у ребёнка палку. 3. Этот двигатель очень сильный. 4. Если ты хочешь помочь мне готовить, надень фартук. 5. Он не чувствовал боли. 6. Дети часто балуются. 7. Его сын — прилежный ученик. 8. Этот парень не слишком работящий. 9. Мой друг не очень высок ростом, но очень сильный. 10. Эта нитка очень прочная. 11. Мальчик не испугался, он был просто очень удивлён. 12. Моя подруга любит готовить, по субботам она готовит разные блюда. 13. На кладбище хоронят покойников. 14. Твой подарок я буду беречь. 15. Мы постараемся выполнить эту программу. 16. В космосе имеется что-то, что некоторые учёные называют высшим разумом. 17. Мой дядя слишком скупой. 18. Уменьши газ на кухне, пожалуйста! 19. Несмотря на восьмидесятилетний возраст, этот старичок довольно энергичный.

***Упражнение 21.*** **Проверьте, что вы запомнили. К выделенным словам подберите синонимы. Понаблюдайте, изменится ли смысл, изменится ли стиль.**

1. Большая собака *отняла* у щенка кусочек колбасы. 2. В этой семье все очень *трудолюбивые*. 3. Ученик очень *старательный*, скоро станет отличником. 4. У Пушкина есть трагедия, она называется, кажется, «*Жадный* рыцарь». 5. Не выключай плиту, просто немного *убавь* газ. 6. Из-за границы я привожу *всевозможные* сувениры. 7. Дети боятся *мертвецов*. 8. Я *поражаюсь* её терпению! 9. Давай подарим бабушке на Восьмое марта *передник*! 10. Парень очень *крепкий*, легко перенесёт операцию. 11. Эта верёвка не такая уж и *крепкая*, вряд ли мы сможем вытащить машину. 12. Дети *расшалились* и расшумелись так сильно, что родители еле их успокоили. 13. Вечеринка продолжалась всю ночь, но студенты утром, как всегда *бодрые* и весёлые, пошли на занятия. 14. Я *пыталась* помочь ему. 15. Здоровье надо *хранить*, *сохранять* всегда. 16. Я не *ощущаю* голода. 17. Это абсолютная *истина*. 18. Доброта — это *нечто* абстрактное, пока люди только говорят об этом, но ничего конкретно не делают. 19. Какая у тебя *мощная* мускулатура! Ты давно занимаешься в тренажёрном зале?

***Упражнение 22.*** **Составьте предложения с некоторыми из этих слов.**

1. отнять — отобрать. 2. поражаться — удивляться. 3. крепкий — сильный — мощный. 4. крепкий — твёрдый — прочный. 5. шалить — баловаться. 6. истина — правда. 7. ощущать — чувствовать. 8. старательный — прилежный. 9. скупой — жадный.

***Упражнение 23.*** **Подберите синонимы к выделенным словам.**

оглавление —
эпоха —
чудо —
спелый —
очевидец —
навестить —
произойти —
щадить —
оглянуться —
чародей —
изображать —
популярность —
государь —
хлебосольный —
лакей —
разрешать —
остерегаться —
искоренить —
похитить —
отпирать —

***Упражнение 24.*** **Прочитайте предложения. Подберите синонимы к словам из упражнения 23. Не забывайте, что к одному слову иногда можно подобрать не один синоним, а два или три.**

1. В новой книге я всегда сначала смотрю аннотацию, а потом содержание. 2. Полёты в космос — это совершенно новый период, новая эра в развитии науки и техники. 3. Это яблоко ещё недостаточно зрелое. 4. Вы свидетель дорожной аварии. 5. Надо зайти проведать больного друга. 6. В романе «Евгений Онегин» Пушкин показывает реальные картины русской жизни. 7. Этот артист не гонится за славой, известностью. 8. О великий царь! Не вели казнить, вели слово молвить! 9. Наша семья всегда была очень гостеприимной. 10. Я не слуга! 11. Не позволяй обижать себя! 12. Следует опасаться завистников. 13. Я не маг и не волшебник! 14. Обернись! 15. Этот театральный критик в своих статьях не щадил никого: ни актёров, ни режиссёров. 16. Зло надо уничтожить. 17. В Петербурге было три революции. 18. Он открыл дверь ключом. 19. Бандиты украли из банка миллион. 20. Что случилось? 21. Это просто магия, волшебство! 22. Ребёнок — просто прелесть!

***Упражнение 25.*** **Проверьте, что вы запомнили. К выделенным словам подберите синонимы.**

1. Очень милый малыш, он *чудо*! 2. *Оглавление* обычно помещают в начале книги или в конце? 3. Я не верю в *чудеса*. 4. Почему ты плачешь? Расскажи мне, что *произошло*. 5. *Произошла* катастрофа. 6. Чарли Чаплин — целая *эпоха* в развитии кинематографа. 7. Я люблю *недоспелые* бананы. 8. Кого *изобразил* Лермонтов в романе «Герой нашего времени»? 9. Многие артисты говорят, что им надоела их *популярность*. 10. *Позвольте*, я закурю? 11. В школьном спектакле он играл роль *слуги*. 12. На этой реке следует *остерегаться* крокодилов. 13. Надо *навестить* больного друга. 14. В сказках царя называют «*государь*-батюшка». 15. У Чайковского есть опера «*Чародейка*». 16. Не *оглядывайся*! 17. *Пожалейте* меня! 18. Верите ли вы, что можно *искоренить* человеческие пороки и недостатки? 19. У одного бизнесмена *похитили* ребёнка. 20. Он *отпер* дверь. 21. Вы были *очевидцем* дорожно-транспортного происшествия. 22. Какие замечательные и *хлебосольные* люди!

***Упражнение 26.*** **Придумайте предложения с некоторыми из этих слов.**

1. похитить — украсть. 2. популярность — слава — известность. 3. лакей — слуга. 4. оглянуться — обернуться — посмотреть назад. 5. отпереть — открыть. 6. чародей — маг — волшебник. 7. изображать — показывать. 8. позволять — разрешать. 9. навестить — проведать.

***Упражнение 27.*** **Подберите синонимы к следующим словам.**

запереть —
бодрствовать —
пища —
откровенно —
предугадать —
творец —
отвинтить —
наклониться —
благополучно —
перебинтовать —
меткий, метко —
упрёк —
слишком —
шиш —
веснушки —
инопланетянин —

***Упражнение 28.*** **Прочитайте предложения. Найдите синонимы к словам из упражнения 27.**

1. Не закрывай дверь! 2. Он всю ночь не спал. 3. Мы смотрели фильм про пришельцев. 4. У неё на лице маленькие пигментные пятнышки. 5. Он показал мне фигу. 6. Ну, это уже чересчур! 7. Трудно предвидеть будущее. 8. Хлеб — это единственная наша еда на острове. 9. Это был очень точный выстрел. 10. Мы доехали хорошо. 11. Не хочу слушать твои укоры. 12. Поговори со мной честно, открыто. 13. Пожилому человеку трудно нагибаться. 14. Пожалуйста, перевяжи мне руку! 15. Надо открутить гайку. 16. Слава создателю, слава богу!

***Упражнение 29.*** **Проверьте, что вы запомнили. К выделенным словам подберите синонимы.**

1. Почему ты не *заперла* дверь? 2. Это *упрёк*? 3. Да, это так, это вы *метко* подметили. 4. Я порезал палец, надо его *перебинтовать*. 5. Операция прошла *благополучно*. 6. Всю ночь *бодрствовать* — это не для нас. 7. При желудочных заболеваниях нельзя есть острую *пищу*. 8. Давай поговорим *откровенно*. 9. В газетах много пишут об *инопланетянах*. 10. У него *веснушки* на носу. 11. Она *слишком* худая. 12. Человеку не дано *предугадать*, что с ним произойдёт. 13. Каждый человек — *творец* своего счастья. 14. На этой работе он *ни шиша* не получает. 15. *Отвинтить*, что ли, эту гайку? 16. *Наклонись* и подними ручку.

***Упражнение 30.*** **Составьте предложения с некоторыми из этих слов.**

1. запереть — закрыть. 2. упреки — укоры. 3. откровенно — прямо — открыто — чистосердечно. 4. творец — создатель — автор — бог. 5. перевязать — перебинтовать. 6. отвинтить — открутить. 7. слишком — чересчур. 8. пища — еда — съестное. 9. наклониться — нагнуться.

***Упражнение 31.*** **Подберите синонимы к следующим словам.**

хмурый, хмуро —
обнажённый —
предел —
шофёр —
озабочен —
крутить —
крутиться —
(по)гасить —
заурядный —
банкнота —
башмак —
взобраться —
статный —
трость —
новобрачные —
сиять —

***Упражнение 32.* Прочитайте предложения. Подберите синонимы к словам из упражнения 31. Как и раньше, не забывайте о том, что к одному слову может быть два и больше синонимов!**

1. Что ты сегодня такой мрачный? 2. Он сердито посмотрел на меня. 3. Он человек совсем неоригинальный, самый обыкновенный. 4. У неё стройная фигура. 5. А где вторая туфля? 6. Поздравьте молодожёнов! 7. Водитель автобуса сердито посмотрел на нас. 8. Не забудь потушить свет! 9. Он всегда чем-то обеспокоен. 10. Этот старичок всегда ходит с палочкой. 11. Он вертит на пальце ключи от машины. 12. Земля вертится, вращается! 13. Есть ли границы у человеческих возможностей? 14. Мы залезли наконец на эту гору. 15. Художники охотно рисуют голое тело натурщиков. 16. Кто изображён на стодолларовой купюре? 17. Она вся светится от счастья. 18. Как сверкает, как светится этот бриллиант!

***Упражнение 33.* Проверьте, что вы запомнили. К выделенным словам подберите синонимы.**

1. Почему он такой *хмурый* весь день? 2. Художники должны рисовать *обнажённых* людей. 3. Нет *предела* совершенству! 4. Ты хотел бы работать *шофёром*? 5. Она чем-то *озабочена*. 6. Она *крутит* мужем как хочет. 7. *Кручусь* весь день на работе! 8. Не *гаси* свет! 9. Он очень *заурядный* человек. 10. Он нумизмат, собирает *банкноты* и монеты разных стран. 11. У Золушки были хрустальные *башмачки*. 12. Мы *взобрались* на чердак. 13. Какой *статный* парень! 14. У джентльмена должна быть *трость*. 15. Это салон для *новобрачных*. 16. На небе *сияют* звёзды.

***Упражнение 34.* Составьте предложения с некоторыми из этих слов.**

1. крутить — вертеть. 2. крутиться — вертеться — вращаться. 3. хмурый — мрачный — сердитый — невесёлый. 4. гасить — тушить. 5. башмаки — туфли. 6. трость — палка. 7. шофёр — водитель — машинист. 8. взобраться — залезть — подняться. 9. новобрачные — молодожёны — молодые.

***Упражнение 35.* Подберите синонимы к следующим словам.**

сегодняшняя (газета) —
сотовый (телефон) —
ведущий (специалист) —
парадная (в доме) —
набирать (текст на компьютере) —
арена (цирка) —
непреложный (закон) —
изучать (тему) —
подскочила (температура) —
следить (за волосами) —
разгадывать (кроссворд) —
осуществилась (мечта) —
густой (лес) —
поймать (такси) —
высокая (стоимость) —
сломался (компьютер) —

***Упражнение 36.* Прочитайте предложения. Подберите синонимы к словам из упражнения 35.**

1. Это свежая газета? 2. У больного резко поднялась температура. 3. Позвони мне на мобильный. 4. За волосами надо тщательно ухаживать. 5. Ты любишь решать кроссворды? 6. Наконец-то сбылись все мои мечты! 7. Компьютер полетел. 8. Ты быстро печатаешь текст на компьютере? 9. Весь вечер на манеже были два клоуна. 10. В нашем подъезде всегда чисто. 11. Я хочу получить должность главного специалиста. 12. Лес дремучий, иногда даже непроходимый. 13. Возь-

ми (останови) такси! 14. Мы ещё не проходили тему «Причастия». 15. Такая большая температура! 16. Спасать утопающих — это обязательный, непререкаемый закон для всех моряков.

***Упражнение 37.*** **Проверьте, что вы запомнили. Подберите синонимы к выделенным словам.**

1. Сейчас почти у всех есть *сотовые* телефоны. 2. Мой дядя — *ведущий* инженер предприятия. 3. Во многих профессиях есть свои *непреложные* неписаные законы. 4. Почему ты не *следишь* за кожей лица? 5. Я надеюсь, моя мечта *осуществится*. 6. В углу сада настоящие *дремучие* заросли. 7. На досуге обожаю *разгадывать* кроссворды. 8. В нашей *парадной* живёт кошка. 9. *Набери* мне этот текст на компьютере! 10. Мы уже *изучили* весь синтаксис! 11. Кофемолка *сломалась*. 12. У больного очень *высокая* температура. 13. Мы долго пытались *поймать* такси. 14. Как *подскочили* цены на бензин! 15. Молоко *сегодняшнее*? 16. На *арене* — бурые медведи!

***Упражнение 38.*** **Составьте предложения с некоторыми из этих слов.**

1. парадная — подъезд. 2. сотовый — мобильный. 3. сломаться — испортиться — не работать. 4. частый — густой. 5. сегодняшний — свежий. 6. ведущий — главный. 7. высокий — большой. 8. следить — ухаживать. 9. изучать — проходить.

***Упражнение 39.***

испытывать (радость) —
одолжить (деньги) —
(работать) в компании —
приветствовать (преподавателя) —
приветствовать (новый закон) —
до нашей эры —
отпустить (бороду) —
миновать *(о зиме)* —

раздувать (экстремизм) —
растительное (масло) —
удалить (зуб) —
занять (деньги) —
лютый (голод) —
лютый (враг) —
законченный (дурак) —
кивать (головой) —

***Упражнение 40.*** **Прочитайте предложения. Подберите синонимы к словам из упражнения 39.**

1. Странно, но я не чувствую никакой радости, оттого что он приехал. 2. Ну что, он с тобой поздоровался? 3. Он полный, круглый идиот! 4. Почему постное масло называют постным? 5. Врач вырвал пациенту больной зуб. 6. У тебя можно взять денег в долг? 7. Ты можешь мне дать денег в долг? 8. Он давно работает в этой фирме. 9. Студенты поздоровались с преподавателем. 10. Мы одобряем политику правящей партии. 11. Не следует разжигать ненависть между людьми разных религий. 12. Вот и лето прошло! 13. В каком веке до рождества Христова жил Александр Македонский? 14. Он хочет отрастить длинные волосы. 15. Это мой заклятый враг. 16. Мы почувствовали сильный, страшный голод.

***Упражнение 41.*** **Проверьте, что вы запомнили. Подберите синонимы к выделенным словам.**

1. Он *испытал* сильнейший страх. 2. Он ничего не отвечал и только молча *кивнул* головой. 3. Она *законченная* дура! 4. Лисицы — *лютые* враги зайцев. 5. В Якутии зимой *лютый* мороз. 6. Зачем он *отпустил* бороду? 7. Я предпочитаю не сливочное, а *растительное* масло. 8. Волосы

можно и отрастить. 9. Наша *компания* — самая лучшая *компания*! 10. Можно у тебя занять денег? 11. Ты *одолжишь* мне денег до зарплаты? 12. Вся жизнь уж *миновала*! 13. «До н. э.» читается как «до *нашей* эры». 14. Нельзя *раздувать* вражду между людьми разных национальностей. 15. Народ *приветствует* своего президента. 16. Наш начальник не *приветствует* новые начинания.

***Упражнение 42.*** **Составьте предложения с некоторыми из этих слов.**

1. законченный — круглый — полный. 2. удалить — вырвать — вырезать — уничтожить. 3. лютый — сильный — страшный. 4. лютый — заклятый. 5. компания — фирма. 6. занять — взять в долг. 7. приветствовать — одобрять. 8. приветствовать — здороваться.

***Упражнение 43.*** **Это небольшая коллекция иностранных слов, которые знают все русские. Подберите к словам иностранного происхождения русские по происхождению синонимы. Обращайтесь к словарям.**

стоматолог —
пресса —
миф —
континент —
хаотично, хаотичный —
орнамент —

монстр —
мораль (в обществе) —
контраст, контрастный —
приз —
территория —
стаж —

***Упражнение 44.*** **Прочитайте предложения. Подберите синонимы к словам из упражнения 43.**

1. Как чаще говорят: «стоматолог» или просто «зубной врач»? 2. Это не ребёнок, это просто чудовище какое-то! 3. Пожилым людям всегда кажется, что нравственность в обществе падает. 4. Мой характер составляет противоположность характеру моей сестры. 5. Мне вручили дорогой подарок. 6. СМИ — это средства массовой информации, в том числе периодическая печать. 7. Оказывается, это просто легенда, красивая сказка. 8. Россия расположена на огромном равнинном и горном пространстве. 9. Северная Америка и Южная Америка — два больших материка. 10. Он много читал, много знает, но вся информация у него какая-то бессистемная, беспорядочная. 11. У него большая выслуга лет. 12. Какой красивый узор!

***Упражнение 45.*** **Проверьте, что вы запомнили. Подберите синонимы к выделенным словам.**

1. Тебе надо сходить к *стоматологу*. 2. У моего отца большой *стаж работы* в этой фирме. 3. Какая огромная *территория*! 4. Есть такой *континент* — Европа? 5. Он любит *контрастные* цвета. 6. Все вещи в комнате лежат как-то *хаотично*. 7. На конкурсе будут *призы*. 8. Очень причудливый *орнамент*. 9. В фильме ужасов — сплошные *монстры*. 10. Мы поговорили о *морали*. 11. В *прессе* широко освещаются эти события. 12. Журналисты из самых обычных историй создают *мифы*.

***Упражнение 46.*** **Составьте предложения с некоторыми из этих слов.**

1. стоматолог — зубной врач — дантист. 2. стаж — опыт — выслуга лет. 3. материк — континент. 4. мораль — нравственность. 5. орнамент — узор. 6. пресса — газеты и журналы — периодическая печать. 7. миф — сказка — легенда. 8. чудовище — монстр — страшилище. 9. хаотичный — бессистемный — беспорядочный.

***Упражнение 47.*** **Подберите синонимы к следующим словам.**

ограда —
отрок —
хилый —
ущерб —
поглощать —
кабала —
переборщить —
сладкоежка —

оракул —
кровля —
плоть —
благосостояние —
круто —
прикалываться —
путник —
подлец —

Обратите внимание на стиль высказывания. Стиль может быть сниженным, разговорным или даже просторечным, например: *переборщить, прикалываться*.

***Упражнение 48.*** **Подберите синонимы к словам из упражнения 47. Обратите внимание на грамматику и стилистику.**

1. Решётка Летнего сада очень красивая. 2. Растёт уровень жизни людей. 3. Крышу надо чинить. 4. Ахматова написала стихотворение о Пушкине-подростке. 5. Это было бы здóрово — проехать на велосипеде по всей Европе! 6. Это библейский пророк. 7. Религия учит усмирять желания своего тела. 8. Корни растений впитывают влагу. 9. Какая слабая у него мускулатура! 10. Ураган нанёс большой урон фермерам. 11. Мой друг считает, что женитьба — это зависимость, даже рабство! 12. Школьники часто подшучивают над своими учителями, иногда даже издеваются. 13. Ребёнка иногда необходимо наказывать, но только нельзя перестараться, переусердствовать с наказаниями. 14. Один запоздалый странник идёт по дороге. 15. Этот человек — просто мерзавец! 16. Какой ты сластёна!

***Упражнение 49.*** **Проверьте, что вы запомнили. Подберите синонимы к выделенным словам.**

1. Какая красивая *решётка* в Александровском саду! 2. *Кровля* совсем прохудилась. 3. Наше *благосостояние* не улучшилось. 4. «Смуглый *отрок* бродил по аллеям...» (А. Ахматова). 5. Надо думать и о душе, и о *плоти*. 6. *Не прикалывайся* надо мной! 7. Крестьяне были в *кабале* у помещика. 8. Сельскому хозяйству нанесён значительный *ущерб*. 9. Великолепная машина! Вот это *круто*! 10. Все слушали *оракула*. 11. Растения *поглощают* солнечные лучи. 12. Эти растения совсем *хилые*, надо их подкормить удобрениями. 13. Да, с солью в этом кушанье мы, кажется, *переборщили*!

***Упражнение 50.*** **Составьте предложения с некоторыми из этих слов.**

1. решётка — ограда — забор. 2. поглощать — впитывать — забирать — съедать. 3. ущерб — урон. 4. прикалываться — смеяться — шутить — издеваться. 5. круто — прикольно — здóрово — клёво. 6. хилый — слабый — неразвитый. 7. кабала — зависимость — рабство. 8. отрок — подросток — юноша. 9. благосостояние — материальный уровень — уровень жизни — достаток. 10. перестараться — переборщить — переусердствовать.

**Частотность и стиль.** Предлагаем вам понаблюдать за частотой употребления и стилистической принадлежностью изученной лексики.

Это высокий уровень владения языком.

***Упражнение 51.*** **Частотность и стиль. Выберите вариант, который вам больше нравится. Есть ли случаи, когда подходят оба варианта? Есть ли различия в стиле?**

1. Я иду готовить, надо надеть ... . (передник — фартук) 2. В Африке меня угощали ... фруктами, каких я раньше даже и не видел. (разными — различными) 3. Он неплохой человек, но немного ... . (жадный — скупой) 4. Ученики не все такие ... , как этот мальчик. (старательные — прилежные) 5. Я хотел бы знать ... . (правду — истину) 6. «Платон мне друг, но ... дороже». (правда — истина) 7. Буду ... его подарок. (хранить — беречь) 8. Брат ... у сестрёнки куклу. (отнял — отобрал) 9. Не отдавайте детей в профессиональный спорт, не ... у детей детство! (отнимайте — отбирайте) 10. Наш новый сотрудник очень ... . (трудолюбивый — работящий) 11. Дети, хватит ... ! (шалить — баловаться) 12. Какие у тебя ... мышцы! (крепкие — сильные) 13. Странно, но раненый не ... боли. (ощущал — чувствовал) 14. Мне хочется совершить ... необыкновенное! (нечто — что-то)

***Упражнение 52.*** **Частотность и стиль. Выберите вариант, который вам больше нравится. Возможен ли другой вариант? Есть ли разница в значениях? Обратите внимание также на стиль.**

1. Хозяин был человеком очень ... . (хлебосольным — гостеприимным — щедрым) 2. В царском дворце было много ... . (слуг — лакеев) 3. Грабители ... из магазина все деньги. (похитили — украли) 4. ... ходить ночью по городу! (остерегайтесь — опасайтесь) 5. Какие у вас проблемы? Что ... ? (произошло — было — случилось) 6. Мы опоздали, потому что ... автомобильная пробка. (произошла — была — случилась) 7. Очень красивая природа — просто ... ! (чудо — сказка — прелесть — волшебство) 8. И тут произошло ... : Золушка превратилась в принцессу. (чудо — волшебство) 9. Ты ещё слишком молод, ты ещё не совсем ... человек. (спелый — зрелый) 10. Ешь персики! Смотри, какие они красивые, какие ... ! (спелые — зрелые) 11. Не убивайте меня, ... ! (пощадите — помилуйте — пожалейте) 12. Не ... дверь незнакомым людям! (отпирай — открывай) 13. Был такой фильм: «Миллион лет до нашей ... ». (эпохи — эры) 14. Почаще ... бабушку, а то ей скучно одной. (навещай — проведывай)

***Упражнение 53.*** **Частотность и стиль. Выберите вариант, который вам больше нравится.**

1. ... дверь на ключ! (Запри — Закрой) 2. Какой ... выстрел! (меткий — точный) 3. Такой ... стрелок! (меткий — точный) 4. Чтобы поднять ручку, надо ... . (нагнуться — наклониться) 5. Сейчас чаще говорят слово « ... ». (инопланетянин — пришелец — гуманоид) 6. Не хочется слушать твои напрасные ... . (упрёки — укоры) 7. Всевозможные растения и листья деревьев служат травоядным животным ... . (пищей — едой) 8. Скажи ... , ты меня любишь? (откровенно — честно — правдиво — открыто) 9. Давай поговорим ... . (откровенно — честно — правдиво — открыто) 10. Суп ... солёный. (слишком — чересчур) 11. Нет, не будет этого, ... вам с маслом! (шиш — фигу) 12. У неё от рождения на шее ... . (веснушки — пятнышки) 13. Доехали мы ... . (хорошо — благополучно — удачно) 14. Надо ... руку хотя бы платком или шарфом. (перебинтовать — перевязать)

***Упражнение 54.*** **Частотность и стиль. Выберите вариант, который вам больше нравится.**

1. В наши дни чаще употребляют слово « ... ». (башмак — туфля) 2. Он у жены под ... . (каблуком — туфлей) 3. У А.К. Толстого есть роман « ... утро». (хмурое — сердитое — злое — неприветливое) 4. Если в трамвае нет кондуктора, заплатить за проезд можно ... . (шофёру — водителю)

5. Наша планета Земля ... вокруг своей оси и вокруг Солнца. (крутится — вертится — вращается) 6. Весь день ... как белка в колесе. (кручусь — верчусь — вращаюсь) 7. Он чем-то серьёзно ... . (озабочен — озадачен — обеспокоен) 8. У Лермонтова: «Умру ли я — ты над могилою / Гори, ... , моя звезда!» (сияй — сверкай — светись) 9. Какой ... парнишка! (статный — стройный — высокий) 10. Я не собираю ... , только монеты. (банкноты — купюры — бумажные деньги) 11. Художники должны иногда рисовать ... натуру. (обнажённую — голую) 12. Скорее ... огонь, а то весь дом загорится! (тушите — гасите) 13. Уходя, ... свет. (тушите — гасите) 14. Мы с трудом ... на эту гору. (взобрались — залезли — вскарабкались)

***Упражнение 55.*** **Частотность и стиль. Выберите вариант, который вам больше нравится.**

1. Никак не могу ... эту тайну. (решить — разгадать) 2. Все мои мечты ... в ближайшем будущем. (осуществятся — сбудутся) 3. Во всех ... установлены домофоны. (парадных — подъездах) 4. Пойду ... такси. (останавливать — ловить) 5. Эту тему мы ещё не ... . (проходили — изучали) 6. Цены на недвижимость очень ... . (большие — высокие) 7. Холодильник ... . (сломался — не работает — испортился) 8. Мне надоели ... гости. (густые — частые) 9. Перед нами ... артист театра. (ведущий — главный — первый) 10. Надо ... за одеждой и обувью. (следить — ухаживать) 11. Парень ... за девушкой. (следит — ухаживает) 12. Скажи мне номер своего ... . (сотового — мобильного) 13. Температура у больного ... . (подскочила — повысилась — поднялась) 14. ... газеты уже есть? (Сегодняшние — Свежие)

***Упражнение 56.*** **Частотность и стиль. Выберите вариант, который вам больше нравится.**

1. У Пушкина: « ... тебя, пустынный уголок!» (Здравствуй — Приветствую) 2. Наш шеф всегда ... всяческую инициативу. (приветствует — одобряет — поощряет) 3. Путники почувствовали ... голод. (лютый — страшный — ужасный — сильный) 4. Они ... враги. (лютые — заклятые — страшные) 5. Глупости это, это ерунда на ... масле! (растительном — постном) 6. Наша ... — ведущая на рынке недвижимости. (компания — фирма) 7. Этот зуб необходимо ... . (удалить — вырвать — вытащить — убрать) 8. Письменность у многих народов существовала еще до ... эры. (нашей — новой — настоящей) 9. Во многих странах не принято ... деньги. (занимать — одалживать — брать в долг — давать в долг) 10. Он ... длинные волосы до плеч. (отпустил — отрастил) 11. Вот и зима ... , наступила весна. (миновала — прошла) 12. В знак согласия она только ... головой. (кивнула — качнула) 13. Что ты ... головой — ты не согласен со мной? (киваешь — качаешь) 14. Он сидел и ... ногой. (кивал — качал)

***Упражнение 57.*** **Частотность и стиль. Выберите вариант, который вам больше нравится.**

1. Может быть, этот зуб ещё можно запломбировать — схожу к ... . (стоматологу — зубному — дантисту) 2. Нужно читать ... ! (прессу — газеты и журналы — СМИ) 3. Надо уважать ... ! (прессу — газеты и журналы — печать — СМИ) 4. Кто угадает это слово, получит ... . (приз — награду — подарок — премию) 5. Интересная вышивка, какой причудливый ... ! (орнамент — узор) 6. Атомы движутся ... . (хаотично — бессистемно — беспорядочно) 7. Люблю читать ... Древней Греции. (мифы — предания — легенды — сказки) 8. Художники любят рисовать разных ... . (монстров — чудовищ — чудищ — страшилищ) 9. Африка — это довольно большой ... . (материк — континент) 10. Для получения получения пенсии надо иметь двадцать лет ... . (стажа — выслуги лет) 11. На этой картине мы видим ... чёрного и белого цветов. (контраст — противополож-

ность — различие) 12. В истории человечества войны обычно велись за обладание дополнительными ... . (территориями — пространствами)

***Упражнение 58.*** **Частотность и стиль. Выберите вариант, который вам больше нравится.**

П

1. Какая красивая ... в петербургском Летнем саду! (ограда — решётка — забор — ограждение) 2. Мы проголодались и с удовольствием ... завтрак. (поглощали — впитывали — ели — глотали) 3. Этот ... смышлён не по годам. (отрок — мальчик — подросток) 4. Моя работа — это просто ... ! (кабала — рабство — зависимость) 5. Нет ... в своём Отечестве! (оракула — пророка) 6. Посоли и поперчи это блюдо, только не ... ! (переборщи — перестарайся) 7. Страховая компания должна оценить сумму ... , нанесённого застрахованному лицу. (ущерба — урона) 8. Сниматься в кино — это ... ! (здорово — круто — прикольно — супер) 9. Почему ты всё время над ним ... ? (прикалываешься — подшучиваешь — издеваешься) 10. Один из щенков совсем ... . (хилый — слабый — неразвитый)

**Примечание.** Изучение синонимов — очень полезная для вас работа. Эта тема даёт вам богатую лексику и в то же время — свободу, так как вы перестаёте бояться, что, забыв какое-нибудь слово, не сможете сформулировать фразу по-русски: на этот случай у вас всегда есть в запасе один, два или три синонима.

Вы уже знаете, что синонимы не абсолютны, чем-то они обычно различаются. Сейчас проделаем небольшую работу и рассмотрим слова, которые будут синонимами только в определённом контексте. Это так называемые контекстуальные синонимы.

***Упражнение 59.*** **К выделенным словам подберите контекстуальные синонимы. В случае необходимости измените структуру фразы.**

С

1. Где твой *сотовый* телефон? 2. Теперь мне всё *ясно*. 3. Он *ещё раз* прочитал текст, но так ничего и не понял. 4. Он *стал* понимать больше. 5. Компьютер *сломался*. 6. Надо *поймать* такси. 7. *Приветствую* тебя! 8. *Отопри* дверь! 9. Какое сегодня *число*? 10. *Зажги* свет, пожалуйста! 11. Желаю вам *крепкого* здоровья! 12. Он *ведущий* специалист в своей фирме. 13. У больного *подскочила* температура. 14. Надо этот текст *набрать* на компьютере. 15. *Глубокой* ночью они возвращались домой. 16. *Тише* едешь — дальше будешь. 17. Мы эту тему ещё не *проходили*.

***Упражнение 60.*** **К выделенным словам подберите контекстуальные синонимы. В случае необходимости измените структуру фразы.**

П

1. Этот философ жил в четвёртом веке до нашей эры. 2. Какая крепкая водка! 3. В этом дворце культуры состоится демонстрация моделей женской одежды. 4. Какова мораль этой басни? 5. Холодильник не работает, теперь все продукты пропадут. 6. Это трудная задача, но мы попытаемся её решить. 7. Она прошла мимо и даже не обернулась. 8. Какие у тебя густые волосы! 9. Наши коллеги потерялись в незнакомом городе. 10. Замечательно меткий выстрел! 11. Он богат, у него всегда можно занять денег. 12. Эта газета сегодняшняя? 13. Он меня окликнул. 14. Какое будет число, если пять умножить на шесть и разделить на три? 15. Он любит разгадывать кроссворды. 16. Число студентов в группе — пять или шесть человек. 17. У него просто богатырское телосложение! 18. Это не наша парадная.

***Упражнение 61.*** **К выделенным словам подберите контекстуальные синонимы.**

1. В эту зиму был *лютый* мороз. 2. Он в неё влюбился по уши, теперь он совсем *пропал*! 3. Начальник *вышел* из себя. 4. Наш начальник *приветствует* твои идеи. 5. Полиция давно *следит* за этим человеком. 6. Надо *следить* за волосами, тогда всегда будут хорошие волосы. 7. Эта материя очень *крепкая*. 8. У него *крепкие* нервы! 9. Мы пошли на первомайскую *демонстрацию*. 10. У нас была лекция на тему «*Мораль* в современном обществе». 11. Надо *зарядить* телефон. 12. *Зарядили* дожди — не хочется ехать за город! 13. Недостатки необходимо *искоренять*. 14. Не следует *раздувать* экстремизм. 15. Он *скатал* ковёр и вынес его из комнаты. 16. Лампочка перегорела. Ты можешь её *вывинтить*? 17. Ты любишь *постное* масло? 18. Наконец-то *осуществилась* моя мечта!

***Упражнение 62.*** **К выделенным экспрессивным словам подберите нейтральные синонимы. Обратите внимание на сниженный стиль высказывания.**

1. Сегодня в расписании у меня *окно*. 2. У него есть какой-то ещё *левый* заработок. 3. Как она любит *тряпки*! 4. Он *завязал* с наркотиками. 5. Хоть ты и хитрый, но тебе меня не *провести*! 6. На выборах этого кандидата *прокатили*. 7. Ну всё, *проехали*, не хочу больше говорить на эту тему! 8. Что-то у него диссертация не *вырисовывается*! 9. Ты тоже будешь писать сочинение? Только, пожалуйста, не *слизывай* у меня! 10. Хватит надо мной *прикалываться*! 11. Фильм — *просто блеск*! 12. Гол? Нет, *промазал*!

***Упражнение 63.*** **Замените идиоматические выражения нейтральными синонимами. Обратите внимание на сниженный стиль высказывания.**

1. Дел — *выше головы*! 2. У него *ни шиша* нет. 3. Она так выглядит — *с ума сойти*! 4. Работаем *засучив рукава*. 5. Он несётся *сломя голову*. 6. Гости приехали *как снег на голову*. 7. Они *как небо и земля*. 8. Это *капля в море*. 9. Надо *раскинуть умом*, что здесь делать. 10. Это *кот наплакал*! 11. У меня до этого *руки не доходят*. 12. Это *как дважды два*.

***Упражнение 64.*** **Замените идиоматические выражения нейтральными синонимами. Обратите внимание на сниженный стиль высказывания.**

1. Ну что ты *повесил нос*! 2. Он здесь *как рыба в воде*. 3. Он *махнул рукой* на всё. 4. *Я на седьмом небе*! 5. Он стал *задирать нос*. 6. Пришёл *ни свет ни заря*. 7. Надо *заморить червячка*. 8. *Пальчики оближешь*! 9. Он буквально *положил зубы на полку*. 10. Он *перегнул палку*. 11. Хватит *плакаться в жилетку*! 12. Он *плюнул на всё* и уехал.

Надеемся, что все упражнения были для вас интересными и полезными.

# СТЕПЕНЬ ВЫРАЖЕННОСТИ ПРИЗНАКА

В этой части книги мы рассмотрим слова, близкие по значению, но различающиеся силой, интенсивностью признака, как например: *хорошо — отлично*, *неплохой — прекрасный* или *поражаться — удивляться* и т. п. В этом ряду могут быть не два, а три, четыре слова и более. Некоторые слова вы уже знаете, а некоторые будут для вас новыми. Мы поможем вам без больших проблем выучить новые слова и уточнить значение старых, известных вам слов.

***Упражнение 1.*** **Подберите к данным словам пару — слово с более интенсивным признаком (таких слов может быть несколько).**

хороший —
улыбаться —
приятель —
говорить —
не любить —

прохладно —
полный *(о человеке)* —
беспокоиться —
симпатичный —
большой —

***Упражнение 2.*** **Если при выполнении предыдущего упражнения вы испытывали трудности, в этом упражнении вы можете найти нужные слова.**

1. Он отличный, прекрасный друг. 2. Здесь холодно. 3. Я не такая уж и толстая. 4. Почему ты смеёшься? 5. Он твой друг или просто знакомый? 6. Не волнуйся так, не нервничай! 7. Что он нам кричит оттуда? 8. Она очень красивая девушка. 9. Ненавижу домашние задания. 10. Текст просто огромный!

***Упражнение 3.*** **Проверьте, что вы запомнили. К выделенным словам подберите слово с более интенсивным признаком. Следите за грамматикой!**

1. Люблю, когда ты *улыбаешься*. 2. *Большой* зал! 3. У нас *очень хороший* преподаватель. 4. В комнате стало *прохладно*. 5. Она *полненькая*. 6. Ты такая *симпатичная*! 7. *Не люблю* злых людей. 8. Что он *говорит*? 9. Она моя *приятельница*. 10. Почему ты всегда так *беспокоишься*?

***Упражнение 4.*** **Подберите к данным словам пару — слово с более интенсивным признаком.**

знакомый —
нравиться —
способный —
шептать —
недолюбливать —

напевать —
бездельник —
экономный —
красивый —
пьяница —

***Упражнение 5.*** **Прочитайте предложения. Найдите слова, которые близки по значению словам из упражнения 4.**

1. Это мой приятель. 2. Я люблю свой город. 3. Он такой талантливый! 4. Почему ты так тихо говоришь? 5. Не люблю его! 6. Какую песню я пою — знаешь? 7. Твой сосед — лентяй. 8. Мой дядя очень жадный. 9. Твой друг просто красавец! 10. Если часто пить пиво, можно стать алкоголиком.

*Упражнение 6.* **Проверьте, что вы запомнили. К выделенным словам подберите пару — слово с более интенсивным признаком.** С

1. Нельзя быть таким *экономным*! 2. У мальчика *способности* к музыке. 3. Я *недолюбливаю* эгоистов. 4. Мне *нравится* ходить на выставки. 5. У меня много *знакомых* здесь. 6. Он *прошептал*: «Я люблю тебя». 7. Что ты там *напеваешь* в ванной? 8. Не пей так много, а то превратишься в *пьяницу*. 9. Все *бездельники* обожают валяться в постели. 10. Она *очень красивая*!

*Упражнение 7.* **Подберите к данным словам пару — слово с более интенсивным признаком.** П

влажный —
просить —
неприятность —
любить —
выпивает —
взять —
безразличный —
смеяться —
плакать —
кричать —
дремать —
известность —

*Упражнение 8.* **Прочитайте предложения. Найдите слова, которые по значению близки словам из упражнения 7.** П

1. Рубашка не высохла, она ещё мокрая. 2. Климат здесь сырой. 3. Умоляю тебя: не уходи! 4. Да, у него беда. 5. Почему он такой равнодушный ко всему? 6. Все захохотали. 7. Не реви! 8. Пожалуйста, не ори на меня! 9. Не все люди выдерживают испытание славой. 10. Мой сосед часто пьёт, он почти алкоголик. 11. Я почти уснул (заснул). 12. Обожаю всевозможные конкурсы!

*Упражнение 9.* **Проверьте, что вы запомнили. К выделенным словам и словосочетаниям подберите пару — слово с более интенсвиным признаком.** П

1. Для артиста *известность* — дело серьёзное. 2. Он *безразличный* человек. 3. Это была глупая шутка, не понимаю, почему вы все *смеётесь*. 4. Рубашка вся *влажная* от пота. 5. Зачем так *кричать*? 6. Я вас *очень прошу*: не ездите туда! 7. В поезде можно немного *подремать*. 8. Ну что ты *плачешь так громко*? 9. Он *выпивает* почти каждый день. 10. Я тебя *очень люблю*! 11. Он *взял* меня за руку. 12. Ну, это всего лишь небольшая *неприятность*.

*Упражнение 10.* **К данным словам подберите пару — слово с более интенсивным признаком.** П

маленький —
несчастье, беда —
дождь —
талантливый —
удивляться —
глупенький —
умненький —
обеспокоен —
беспокойство, волнение —
бросать, кидать —
бедный, небогатый —
дурак —

*Упражнение 11.* **Прочитайте предложения. Найдите слова с более интенсивным признаком, чем слова из упражнения 10.** П

1. В тундре растут карликовые берёзы. 2. Если смотреть из космоса: наша планета совсем крохотная (крошечная)! 3. Какой умный малыш! 4. Отец озадачен, изумлён поведением сына.

5. Учительница встревожена плохой успеваемостью класса. 6. Крушение всех надежд — для неё это просто катастрофа! 7. На улице такой ливень — не выйдешь! 8. Пушкин — просто гениальный поэт! 9. Можно понять её тревогу за сына. 10. Зачем ты расшвырял повсюду свои вещи? 11. Она такая глупая! 12. Я не идиот, чтобы смотреть телевизор с утра до вечера. 13. Я не нищий и не прошу милостыню.

***Упражнение 12.*** **Проверьте, что вы запомнили. К выделенным словам подберите пару — слово с более интенсивным признаком.** (П)

1. Он настолько *маленького* росточка — до плеча мне не достаёт. 2. *Умненькая* девочка, молодец! 3. Не *волнуйся*, мама! 4. Мне понятно твоё *беспокойство*. 5. *Дождь* очень сильный. 6. *Глупенькая* ты, глупышка! 7. *Дурочка*, не реви! 8. Он *бросил* мне куртку. 9. Чем ты *обеспокоен*? 10. На земле много *несчастий*, много *бед* происходит по вине природной стихии. 11. Вы знаете, что ваш брат *талантлив*? 12. В метро *бедные* люди просят милостыню.

**Примечание.** Эти задания можно продолжить. Список слов также можно расширить. Мы хотим дать вам систему и приёмы работы с подобной лексикой.

Далее набирайте слова сами, индивидуально. Все зависит от того, сколько слов вам нужно. Не забывайте, что слова вы должны не только понимать, но и уметь использовать, то есть знать активно.

А теперь переходим к другим упражнениям — словам с менее интенсивным признаком. Надеемся, что вам будет легче, так как вы будете часто работать со знакомой лексикой. Поэтому в этой части пособия больше заданий для продвинутого уровня.

Порадуйтесь, как повышается ваш уровень владения русским языком с каждой новой прогулкой по русской лексике!

***Упражнение 13.*** **К данным словам подберите пару — слово с менее интенсивным признаком.** (С)

отличный —
ужасный —
друг —
приятель —
ненавидеть —
не любить —
любить —
смеяться —
кричать —
толстый —
нервничать —
красивая —

***Упражнение 14.*** **Прочитайте предложения. Найдите слова с менее интенсивным признаком, чем слова из упражнения 13.** (С)

1. Ты хорошо водишь машину. 2. Погода плохая! 3. Мне не нравится этот художник. 4. Не улыбайся, это не смешно. 5. Мы приятели. 6. Это твой знакомый? 7. Не люблю плохую погоду. 8. Что он говорит? 9. Девушка немного полная. 10. Не такая уж она и симпатичная. 11. Не надо так волноваться. 12. Вам нравится шампанское?

***Упражнение 15.*** **Проверьте, что вы запомнили. К выделенным словам подберите пару — слово с менее интенсивным признаком.** (С)

1. Это был *отличный* спектакль. 2. Артисты играли *ужасно*. 3. Она не красавица, но *красивая* девушка. 4. Я *люблю* гулять под дождём. 5. Почему ты *засмеялась*? 6. Не надо *кричать*, надо по-

молчать. 7. Смотри, какая она *толстая*! 8. Хватит *нервничать*! 9. *Ненавижу* глупых людей. 10. Я не *люблю* кошек. 11. Мы просто *приятели*. 12. У меня были в гостях мои *подруги*.

***Упражнение 16.*** **К следующим словам подберите пару — слово с менее интенсивным признаком.**

холодно —
обожать —
хохотать —
умолять —
гениальный —
лентяй —
катастрофа —

огромный, громадный —
горе, беда —
слава —
идиотский —
тревога —
петь —
ужас —

***Упражнение 17.*** **Прочитайте предложения. Найдите слова с менее интенсивным признаком, чем слова из упражнения 16.**

1. Все художники мечтают об известности. 2. Это талантливый учёный. 3. Люблю мороженое. 4. У меня неприятности. 5. Студенты громко смеются. 6. Она со страхом смотрела на экзаменатора. 7. Не надо меня просить! 8. Им овладело беспокойство. 9. Напой мне «Подмосковные вечера». 10. Не люблю бездельников! 11. Это не беда! 12. Слава богу, никто не погиб в автомобильной аварии. 13. У него дурацкая улыбка. 14. Сегодня на улице прохладно. 15. Сахалин — большой остров.

***Упражнение 18.*** **Проверьте, что вы запомнили. К выделенным словам подберите пару — слово с менее интенсивным признаком. Обратите внимание на грамматику!**

> Обратите внимание на стиль высказывания. Стиль может быть сниженным, например: *идиот*.

1. *Умоляю*: помогите мне! 2. Она *обожает* полевые цветы, особенно ромашки и колокольчики. 3. Он *хохочет*, как сумасшедший. 4. В его глазах застыл смертельный *ужас*. 5. Совсем нет повода для *тревоги*. 6. Что ты вчера *пела*? 7. С *огромными* трудностями мне удалось оформить визу. 8. Самолёт потерпел *катастрофу*. 9. Он что, *идиот*? 10. Наверное, все люди любят *славу*. 11. Пересядь подальше от окна: здесь довольно *холодно*. 12. Ты *гениален*. 13. Ничего не делает, какой *лентяй*! 14. От него одни *беды*. 15. Двойка на экзамене — это не *катастрофа*. 16. Не приставай ко мне со своими *глупыми* вопросами!

***Упражнение 19.*** **К следующим словам подберите пару — слово с менее интенсивным признаком.**

швырять —
ливень —
скупой, жадный —
изумляться —
лодырь —
карликовый, крошечный —
страсть —
орать —

эпоха —
возмущение —
восторг —
хладнокровно —
сатира —
революция —
схватить —
унывать —

***Упражнение 20.*** **Прочитайте предложения. Найдите слова с менее интенсивным признаком, чем слова из упражнения 19.**

1. На улице зарядил дождь. 2. Я хочу выразить вам своё недовольство. 3. Мы с радостью пойдём в театр. 4. Он довольно экономный человек. 5. Не перестаю удивляться: сколько языков ты знаешь! 6. Не грусти, не печалься! 7. Деревце совсем маленькое. 8. Он спокойно смотрел на змею. 9. Это было восстание Спартака. 10. Собака взяла кость. 11. Ну и лентяй же он! 12. Зачем кричать? 13. Люблю юмор. 14. Любовь к чтению надо прививать детям ещё в раннем возрасте. 15. Не бросай книги на диван! 16. Это было интересное время.

***Упражнение 21.*** **Проверьте, что вы запомнили. К выделенным словам подберите пару — слово с менее интенсивным признаком.**

1. Ну и *ливень* сегодня! 2. Ты думаешь, он слишком *жадный*? 3. На экзамене по разговорной практике надо прочитать предложения и выразить *восторг* или *возмущение*. 4. Не будем *унывать*! 5. Он *схватил* меня за рукав пальто. 6. Вы можете *хладнокровно* смотреть в лицо опасности? 7. У этого писателя *сатира* очень острая. 8. В Петербурге было три *революции*? 9. Не смейте *орать* на меня! 10. Это не увлечение, а *страсть*. 11. Комната совсем *крошечная*, но в центре города. 12. Пётр Первый — целая *эпоха* в развитии России. 13. Она такой же *лодырь*, как и её брат. 14. Не *швыряйся* деньгами! 15. Он *изумился*, увидев меня.

***Упражнение 22.*** **К следующим словам подберите пару — слово с менее интенсивным признаком.**

конгресс —
мрак —
сожрать —
свалиться, рухнуть —
властелин —
порок —
вскочить —
абсурд —
ярость, бешенство —
раболепствовать, пресмыкаться —
боготворить —
антипатия —
жестокий —
обличать —

***Упражнение 23.*** **Прочитайте предложения. Найдите слова с менее интенсивным признаком, чем слова из упражнения 22.**

1. В следующем месяце будет конференция по проблемам лингвистики. 2. Этого не может быть, это глупость! 3. Мы впервые увидели его в гневе. 4. Темнота какая! 5. Не буду унижаться, заискивать перед начальником. 6. Он её обожает. 7. Мы чувствовали какую-то неприязнь к этому человеку. 8. Он встал с места. 9. Он прыгнул в автобус. 10. Кто хозяин, кто повелитель Вселенной? 11. Надо бороться с недостатками. 12. Крокодил съел птичку. 13. Он совсем не злой человек. 14. Писатель осуждает зло и насилие. 15. Со шкафа упала книга. 16. Он камнем упал в пропасть.

***Упражнение 24.*** **Проверьте, что вы запомнили. К выделенным словам подберите пару — слово с менее интенсивным признаком.**

1. Когда будет следующий *конгресс* МАГАТЭ? 2. *Жестокое* сердце у этого человека. 3. Студенты *боготворят* своего профессора. 4. Кошка *свалилась* с крыши. 5. Впервые мы видели такую *ярость*. 6. Полнейший *абсурд*! 7. Этот человек вызывает *антипатию*. 8. Во *мраке* можно долго

блуждать и не найти дорогу. 9. Собака *вскочила* на кресло и улеглась. 10. Лягушка *сожрала* мошку и комара. 11. У А.Н. Островского есть пьеса «Бедность не *порок*». 12. Островский *обличает* ханжество и жестокость. 13. Кто написал роман «*Властелин* колец»? 14. Нс люблю людей, вечно *раболепствующих* перед начальством.

Поработаем творчески. Трудная работа — придумывать свои примеры. Итак, кратко повторим наш материал. Уровень упражнений (по сравнению с предыдущими) мы постепенно повышаем. Лексику — постепенно расширяем.

**Примечание.** Когда вы будете придумывать свои примеры с известным вам словом, обратите внимание на два момента:

1) примеры надо придумывать быстро — это главное для активного владения языком;

2) грамматика в ваших примерах должна быть чистой, т. е. вы должны быть уверены в правильности как лексики, так и грамматики.

Пожалуйста, постарайтесь придумать максимально простые, пусть даже примитивные фразы. Главное — это скорость и правильность!

***Упражнение 25.*** **Составьте предложения с некоторыми из этих слов.** (С)

1. знакомый — приятель — друг. 2. знакомая — приятельница — подруга. 3. не нравится — не люблю — ненавижу. 4. нравится — люблю. 5. улыбаться — смеяться. 6. полный — толстый. 7. способный — талантливый — гениальный. 8. симпатичная — красивая — красавица. 9. прохладно — холодно. 10. неплохой — хороший — отличный — замечательный. 11. плохой — ужасный. 12. беспокоиться — волноваться — нервничать.

***Упражнение 26.*** **Составьте предложения с некоторыми из этих слов.** (С)

1. недолюбливать — не любить. 2. неприятности — беда — горе. 3. шептать — говорить — кричать. 4. улыбаться — смеяться — хохотать. 5. волноваться — тревожиться. 6. бездельник — лентяй — лодырь. 7. кричать — орать. 8. глупенький — глупый — дурак — идиот. 9. известность — популярность — слава. 10. большой — огромный — гигантский.

***Упражнение 27.*** **Составьте предложения с некоторыми из этих слов.** (П)

1. встать — вскочить. 2. дремать — спать. 3. безразличный — равнодушный. 4. удивляться — изумляться — поражаться. 5. напевать — петь — горланить. 6. маленький — карликовый — крошечный. 7. взять — схватить. 8. влажный— сырой — мокрый. 9. дождь — ливень. 10. любовь — страсть. 11. недоволен — возмущён. 12. рад — в восторге.

(!) Обратите внимание на стиль высказывания. Стиль может быть сниженным, например: *горланить*.

***Упражнение 28.*** **Составьте предложения с некоторыми из этих слов.** (П)

1. грустить — печалиться — унывать — падать духом. 2. любить — обожать — боготворить. 3. упасть — свалиться — рухнуть. 4. недостаток — порок. 5. неприязнь — антипатия. 6. хозяин — господин — властелин. 7. гнев — ярость — бешенство. 8. недобрый — злой — жестокий. 9. обличать — порицать — осуждать. 10. плакать — реветь — рыдать.

**Примечание.** Если у вас возникли трудности при выполнении этих упражнений, попробуйте проанализировать ваши проблемы. Пусть вам поможет ваш преподаватель.

Проблемы ваши могут быть:

1) чаще всего грамматические: то есть грамматика не работает активно;

2) реже не до конца понятно значение слова;

3) на высоком уровне владения языком — проблемы лексического соединения слов в предложении. (Об этом мы поговорим позже в главе «Лексическая сочетаемость».)

А сейчас обратимся к следующим упражнениям: попробуем «просчитать» силу значения. (Как и раньше: что интенсивнее: *хороший* или *отличный*.) Мы будем рассматривать иногда по два, иногда по три-четыре и более слова и проставим им всем номера: номер один — минимум значения, номер два — значение больше, номер три — ещё больше и так далее. (Если слова очень близки по силе, мы ставим им номера 1–2 или 3–4 для обоих слов.) Используйте словари.

Попробуйте! Надеемся, это вам будет интересно и полезно. Лексику мы немного расширим.

*Упражнение 29.* **Расставьте слова по порядку в зависимости от интенсивности признака.** С

1. хороший — замечательный — превосходный. 2. интересно — любопытно. 3. спать — дремать — клевать носом. 4. слава — известность — популярность. 5. грустить — унывать — горевать. 6. переворот — революция. 7. быть — произойти. 8. взять — схватить — дотронуться. 9. говорить — шептать — орать — кричать — вопить. 10. пасмурно — дождливо. 11. властелин — князь — царь. 12. бросать — швырять.

*Упражнение 30.* **Расставьте слова по порядку в зависимости от интенсивности признака.** С

1. любить — боготворить — нравиться — обожать — симпатизировать. 2. большой — гигантский — огромный — колоссальный. 3. ручей — речка — река. 4. умный — умненький — неглупый. 5. способный — талантливый — одарённый — гениальный. 6. не люблю — ненавижу — не нравится — терпеть не могу. 7. глупый — глуповатый — идиот — дурак. 8. счастье — радость — восторг. 9. катастрофа — неприятность — беда — горе. 10. садик — сквер — парк.

*Упражнение 31.* **Расставьте слова по порядку в зависимости от интенсивности признака.** П

1. удовольствие — блаженство — наслаждение. 2. гнев — недовольство — ярость. 3. собрание — заседание — конгресс — конференция — симпозиум. 4. недостаток — порок. 5. потеря — утрата — урон — ущерб. 6. обычай — традиция — привычка. 7. обидеться — рассердиться — разозлиться. 8. чушь — ерунда — чепуха — глупости. 9. смеяться — хохотать — хихикать — улыбаться — ржать — умирать от смеха. 10. плакать — рыдать — разрыдаться — заливаться слезами — реветь — хныкать.

*Упражнение 32.* **Расставьте слова по порядку в зависимости от интенсивности признака.** П

1. волноваться — тревожиться — беспокоиться — нервничать — места себе не находить. 2. отворить — раскрыть — распахнуть — приоткрыть. 3. толстый — толстенький — толстенный — полный — полноватый — тучный — жирный. 4. худой — тощий — худенький — худощавый — кожа

да кости. 5. карликовый — крошечный (крохотный) — маленький — малюсенький — микроскопический — небольшой — миниатюрный. 6. безобразный — невзрачный — неказистый — некрасивый — непривлекательный — уродливый. 7. стыд — срам — позор. 8. гореть — тлеть — полыхать. 9. выпить — подвыпить — напиться. 10. избить — побить — ударить.

Надеемся, что новые слова не были для вас очень трудными, так как они были даны в ряду «старых», известных слов. Конечно, вы заметили, что очень часто большую роль играют суффиксы, которые «увеличивают» или «уменьшают» значение слова.

Список слов вы можете продолжить по своему желанию. Наша цель — дать вам идею и инструмент для работы. Это было показано на небольшом объёме необходимой лексики. Количество «любимых слов» индивидуально для каждого.

## ИНОСТРАННЫЕ СЛОВА

В русском языке много слов иностранного происхождения. Эти слова часто употребляются наряду с русскими синонимами, например: *рекомендовать* и *советовать*, причём слово иностранного происхождения *(рекомендовать)* обычно является более официальным, чем его синоним *(советовать)*.

Мы отобрали для вас достаточное количество интересных вариантов, обращая внимание на частоту их употребления. Эти варианты мы будем рассматривать в упражнениях.

Учащимся, которые владеют английским, немецким, французским, итальянским, испанским языками, будет легко понимать иностранные слова, поэтому советуем обратить особое внимание на русские синонимы, которые должны быть в вашем активном запасе. Для корейцев, японцев, китайцев интересна будет вся наша коллекция, начиная уже с грамматических терминов. Для примера сравните: какое слово вам больше нравится: *префикс* или *приставка*? Отметим, что оба термина существуют параллельно.

В сертификационных тестах ТРКИ-1, 2, 3, 4 слова русского языка иностранного происхождения отдельно не выделяются и не контролируются. Эти слова регулярно употребляются как в средствах массовой информации, так и в обиходно-бытовой речи, поэтому знать их совершенно необходимо, как и их русские эквиваленты (если они есть).

Есть ли различие между словами иностранными и их русскими синонимами? Постараемся вместе ответить на этот вопрос.

***Упражнение 1.*** **Проверьте, активно ли вы знаете лексику (думать — не более секунды!). К данным словам подберите русские синонимы (если они есть).**

рекомендовать —
контролировать —
автомобиль —
секрет —
абсолютно —
элементарно —

коллекционировать —
фотографировать —
опубликовать (статью) —
модель (в упражнении) —
демонстрировать —
лексика —

***Упражнение 2.*** **Если при выполнении упражнения 1 вы испытывали трудности, в этом упражнении вы можете найти нужные синонимы (иногда синонимов может быть два и больше).**

1. Советую тебе сходить в Эрмитаж. 2. Директор проверяет, как мы работаем. 3. Папа купил новую машину. 4. Я собираю марки. 5. Мой друг напечатал научную статью в университетском журнале. 6. Недавно издали новый роман Б. Акунина. 7. Выполните упражнения по образцу. 8. Надо записать в тетрадь новые слова. 9. Ну вот, это так просто! 10. Я совершенно не помню, куда я положил очки. 11. Это наша тайна. 12. Девушки на сцене показывают новые женские костюмы. 13. Сними меня около этого памятника!

***Упражнение 3.*** **Проверьте, что вы запомнили. Подберите русские синонимы к выделенным иностранным словам. Обратите внимание на то, что грамматически предложения могут измениться!**

1. Хочу проехать по центру города *в новом автомобиле*! 2. Для меня труднее всего не грамматика, а *новая лексика*! 3. Что ты мне *порекомендуешь* взять в библиотеке? 4. Не надо меня *контролировать*, я могу самостоятельно сделать эту работу. 5. На выставке *демонстрировали* новые мотоциклы и велосипеды. 6. Я не могу тебе этого рассказать, это *секрет*! 7. Очень люблю *фотографировать* разные достопримечательности. 8. Мой друг *абсолютно* не знает математику. 9. Перед упражнением даётся *модель*, которая *демонстрирует*, как его надо выполнять. 10. Анна Ахматова многие произведения не могла *опубликовать*. 11. Мы думали, что трудно купить билеты в театр, а оказалось, что это *элементарно*! 12. Моя подруга *коллекционирует* открытки с видами Петербурга.

***Упражнение 4.*** **Проверьте, активно ли вы знаете лексику. Подберите русские синонимы к следующим иностранным словам (абсолютные ли это будут синонимы?).**

фраза —
префикс —
фрагмент —
портрет —
идея —
госпиталь —

интенсивный, интенсивно —
гид —
оптимальный —
стабильный —
эксперимент —
уик-энд —

***Упражнение 5.*** **Прочитайте предложения. Найдите синонимы к лексике из упражнения 4.**

1. Прочитайте, пожалуйста, первое предложение. 2. Где приставка в слове «пришёл»? 3. Мы посмотрим не весь фильм, а только его отрывок. 4. Это картины, изображающие русских царей. 5. У меня прекрасная мысль: пошли в кино! 6. Военный лежит в больнице. 7. Где мы проведём выходные? 8. Физики и химики постоянно проводят всякие опыты. 9. Я хочу учить язык быстро и усиленно. 10. Метро — лучший транспорт в большом городе! 11. Курс евро остаётся постоянным. 12. Наш экскурсовод очень много рассказывал о городе.

***Упражнение 6.*** **Проверьте, что вы запомнили. Подберите русские синонимы к выделенным иностранным словам. Обратите внимание на то, что грамматически (синтаксически) предложения могут изменяться! Различаются ли по значению русские и иностранные слова?**

1. Отдыхать зимой две недели и летом две недели — вот, по-моему, *оптимальный* вариант! 2. Летом буду работать *гидом*. 3. В *госпитале* лежать очень скучно. 4. Это был научный *эксперимент*. 5. Я буду записывать ваши гениальные *идеи*. 6. *Интенсивное* изучение иностранного языка

экономит ваше время и ваши деньги. 7. Прочитаем только *фрагмент* из романа «Война и мир» Льва Толстого. 8. Как много *портретов* написал этот художник! 9. Экономика этой страны достаточно *стабильна*. 10. Мы хотим поехать за город на *уик-энд*. 11. Ты знаешь, что в русском языке 25 русских *префиксов*? 12. Сегодня на уроке мы составляли неподготовленное монологическое высказывание из пяти *фраз*.

***Упражнение 7.* Для филологов. Подберите русские синонимы (если они есть) к следующим лингвистическим и литературоведческим терминам.**

префикс —
суффикс —
флексия —
неологизм —
архаизм, архаичный —
инфинитив —
императив —
персонаж —
сюжет —
гротеск —
идиома —
аббревиатура —
этимология —
диалект —

***Упражнение 8.* Для филологов. Подберите синонимы к лексике из упражнения 7. Укажите случаи, когда синонимом является не одно слово, а сочетание слов. Укажите один случай, где к слову иностранного происхождения нет русского синонима.**

1. К экзамену ТРКИ-1 надо повторить одиннадцать приставок. 2. В современном русском языке много новых слов. 3. Слово «очи» — уже устаревшее слово, но его до сих пор любят употреблять поэты. 4. Вы знаете происхождение слова *известия*? 5. Существует много вариантов, наречий, то есть разновидностей русского языка на разных территориях: например, на Нижней Волге окают. 6. Слово «вуз» — это сокращение трёх слов: «высшее учебное заведение». 7. Обычно специальные обороты речи русского языка (которые иногда называют устойчивыми выражениями) трудно перевести на другой язык, например: братья похожи как две капли воды. 8. Когда мы занимаемся словообразованием, то обращаем внимание на корень слова, потом смотрим на префиксы и суффиксы, а на окончание мы не обращаем внимания. 9. Неопределённая форма глаголов типа «рисую», «танцую», «голосую» заканчивается на «-овать» или «-евать», например: «рисовать, танцевать, голосовать». 10. В русском языке три варианта образования форм повелительного наклонения: «смотри», «готовь» и «читай». 11. Андрей Болконский, Пьер Безухов, Наташа Ростова — главные герои романа «Война и мир». 12. Маша и Щелкунчик — главные действующие лица балета П. Чайковского «Щелкунчик». 13. Я могу пересказать содержание повести А. Пушкина «Метель». 14. Современное искусство — это часто фантастическое или комическое преувеличение.

***Упражнение 9.* Для филологов. Проверьте, что вы запомнили. К выделенным словам подберите русские синонимы (за исключением одного случая).**

1. *Гротеск* — один из приёмов в искусстве. 2. Какой *префикс* в слове «взлетел»? 3. *Суффиксы* действительных причастий настоящего времени: «-ащ-», «-ящ-», «-ущ-», «-ющ-». 4. Можно сказать, что слово «евро» для русского языка уже не является *неологизмом*. 5. От слова «ведать», которое в современном русском языке является *архаизмом*, произошли такие слова, как «известия» и «ведомости». 6. Слово «сказка» по *этимологии* — собственно русское, оно встречается в памятниках письменности с семнадцатого века. 7. Даже русские не всегда знают, что исторически слова «тайга», «чепуха», «земляника» пришли в русский язык из *диалектов*. 8. Всем известно, что обозначает *аббревиатура* «замдекана». 9. Вы знаете, что словосочетание «железная

дорога» — это *идиома*, то есть устойчивое выражение? 10. В слове «рука» *флексия* «-а». 11. Напомни мне *сюжет* балета «Лебединое озеро». 12. Какие главные *персонажи* в романе Л. Толстого «Анна Каренина»? 13. Образуйте формы *императива* от глаголов «готовить», «ставить», «поздравить». 14. Надо знать не только *инфинитив* глаголов, но и их спряжение.

***Упражнение 10.* Проверьте, активно ли вы знаете лексику. Подберите синонимы к следующим словам.**

дискуссия —
рациональный —
пунктуальный —
коммунальный —
коллега —
фото, фотография —
натуральный —
суммировать —
варьировать —
алкоголь —
термометр —
транспортировка —

***Упражнение 11.* Подберите синонимы к словам из упражнения 10. Являются ли эти синонимы абсолютными?**

1. У нас был серьёзный спор. 2. Единственное разумное решение в этой ситуации — взять академический отпуск. 3. Посмотри на градусник: холодно сегодня на улице? 4. Врач не рекомендовал ему употреблять спиртные напитки. 5. У неё прекрасный естественный цвет волос. 6. При перевозке фрукты портятся. 7. На этом снимке мы втроём: я, мама и папа. 8. У меня хорошие отношения с товарищами по работе. 9. Время от времени надо изменять виды гимнастических упражнений. 10. При оплате квартиры мы платим за всевозможные общественные услуги: свет, газ, лифт и т. п. 11. Мой друг — очень точный и обязательный человек, никогда не опаздывает. 12. Если сложить пять и два, получим семь.

***Упражнение 12.* Проверьте, что вы запомнили. К выделенным словам подберите синонимы. Изменится ли грамматика? Изменится ли значение? Изменится ли стиль?**

1. У нас была небольшая *дискуссия* о политической ситуации в мире. 2. Измерь температуру, поставь *термометр*! 3. Чрезмерное употребление табака и *алкоголя* может нанести непоправимый вред вашему здоровью. 4. Много денег люди тратят на *коммунальные* платежи. 5. Мой сосед не очень *пунктуальный* человек. 6. Надо *суммировать* результаты всех опытов. 7. *Натуральный* цвет её волос — рыжий. 8. Я знаю, что ты *рациональный* человек. 9. Я уважаю своих *коллег*. 10. Дозу лекарства нужно *варьировать* в зависимости от возраста. 11. Кто в вашей фирме занимается *транспортировкой* продукции? 12. Какое потрясающее *фото*!

**!** Сейчас — для желающих — мы немного усложним задание. Сложные упражнения мы помечаем «замочком» (знак 🔒). Ещё раз обращаем ваше внимание на то, что синонимы не могут быть абсолютными.

**Примечание.** В некоторых случаях синонимы не могут заменять друг друга.

Во-первых, когда они различаются по значению, то есть какое-то слово шире по значению (например: *спор — дискуссия*).

Во-вторых, когда с некоторыми группами слов употребляется только один (!) из синонимов (например: *проверять сочинения — контролировать поведение*). Это называется лексической сочетаемостью, об этом мы поговорим позже, в отдельной главе.

В-третьих, свою роль играет и различение их по стилю. Так, например, можно сходить за *выпивкой*, но нельзя сходить за *алкоголем*. Имеет значение и стереотип употребления: как принято и как не принято говорить.

Итак, понаблюдайте, пожалуйста, за вариантами употребления. Успеха вам в работе!

***Упражнение 13.*** **Прочитайте предложения. Обратите внимание на стиль. Определите, где возможна замена выделенного слова на его синоним, а где — нет.**

1. Начальник *контролирует* своих подчинённых. (проверяет) 2. Преподаватель *проверил* наши контрольные работы. (проконтролировал) 3. Он всегда *демонстрирует* свою независимость. (показывает) 4. По телевидению *показывали* новый фильм. (демонстрировали) 5. Это открытие — государственная *тайна*. (секрет) 6. Я буду наш урок *снимать* на видео. (фотографировать) 7. Я *абсолютно* не помню, что было вчера. (совсем, совершенно) 8. Ты *абсолютно* уверен в том, что говоришь? (совершенно, совсем) 9. Не следует злоупотреблять *выпивкой*. (спиртным, спиртными напитками, алкоголем) 10. Надо купить *что-нибудь выпить*. (спиртное, спиртные напитки, алкоголь) 11. *Общественный* транспорт не всегда хорошо работает. (коммунальный) 12. Какой чудесный пейзаж на этой *картине*! (портрет) 13. На конференции разгорелась серьёзная научная *дискуссия*. (спор) 14. Это *натуральный* пчелиный мёд. (естественный) 15. Надо сходить на рентген, сделать *снимок*. (фото, фотографию) 16. Здравствуйте, *коллега*! (товарищ по работе)

***Упражнение 14.*** **Проверьте, активно ли вы знаете лексику. Подберите синонимы к следующим словам.**

| | |
|---|---|
| факультативный — | шоу — |
| функционировать — | аргументы — |
| реальный — | контакт — |
| виртуальный — | компетентный — |
| дилетант — | прогресс — |
| миграция — | публика — |

***Упражнение 15.*** **Подберите синонимы к словам из упражнения 14.**

1. Как работает этот прибор? 2. Занятия по культурологии у нас необязательные, дополнительные. 3. Какое интересное представление мы видели в Ледовом дворце! 4. У тебя есть веские доводы, доказательства, чтобы убедить нас? 5. Зрители восторженно встретили артистов. 6. Хочется верить, что человечество идёт по пути развития, движения вперёд. 7. Мы живём в настоящем мире, а не в вымышленном. 8. В Интернете мы существуем в вымышленном мире. 9. У него много деловых связей. 10. Наш профессор — очень знающий человек. 11. Наш новый сотрудник — новичок в своём деле, ещё ничего не умеет. 12. Орнитологи наблюдают за перемещением, а иногда и переселением перелётных птиц.

***Упражнение 16.*** **Проверьте, что вы запомнили. К выделенным словам подберите синонимы. Изменится ли грамматика? Изменится ли значение? Изменится ли стиль?**

1. Артист поклонился *публике*. 2. У школьников есть *факультативные* занятия для подготовки к экзаменам. 3. *Миграция* населения — серьёзная проблема для многих стран. 4. У больного плохо *функционируют* лёгкие. 5. Что за *шоу* вы смотрели вчера? 6. Я могу привести мно-

го *аргументов*, чтобы доказать свою правоту. 7. Выпьем за *прогресс*! 8. Угроза войны — *реальная* опасность для человечества. 9. Он целыми днями просиживает за компьютером и уже живёт в каком-то *виртуальном* мире. 10. У меня нет специального образования, но я не *дилетант*! 11. Он очень *компетентный* человек. 12. Деловые *контакты* всегда нужны.

***Упражнение 17.* Проверьте, активно ли вы знаете лексику. Подберите синонимы к следующим словам.**

ирония —
резерв —
оригинал (картины) —
конфликт —
регресс —
позитивный —
псевдоним —
компенсировать —
претензия —
компромисс —
гарантировать —
негативный —

***Упражнение 18.* Подберите синонимы к словам из упражнения 17.**

1. Ответ будет отрицательным. 2. В жизни общества произошли положительные изменения. 3. К чему эта насмешка в твоих словах?.. 4. Я никогда не знал, что Платонов — это не настоящее, вымышленное имя писателя Андрея Платоновича Климентова. 5. Выйдем пораньше, у нас должен быть запас времени. 6. В нашем музее все картины — подлинники. 7. Вчера в городе произошло несколько вооруженных столкновений между забастовщиками и полицией. 8. Фирма готова возместить причинённый вам ущерб. 9. Если вам что-либо не нравится, свою жалобу вы можете изложить в письменной форме. 10. Всевозможные войны — это упадок в жизни общества. 11. Мы можем прийти к соглашению. 12. При покупке компьютерной техники в нашем магазине мы можем поручиться (обещать), что в течение года вы можете обменять неисправную технику на новую.

***Упражнение 19.* Проверьте, что вы запомнили. К выделенным словам подберите синонимы. Что изменится: стиль, синтаксис, значение?..**

1. Автор с лёгкой *иронией* описывает своих героев. 2. Максим Горький — это *псевдоним* Алексея Максимовича Пешкова. 3. Отдохни хорошенько, у тебя должен быть *резерв* сил! 4. Если был праздник и урока не было, преподаватель может *компенсировать* этот урок в другой день. 5. Скажите, пожалуйста, эта картина — *оригинал* или копия? 6. У нас много *претензий* к администрации. 7. Желательно было бы избегать *конфликтов*. 8. Не хочу идти на *компромисс*! 9. Мы *гарантируем* вам свободу. 10. Период войны — это *регресс* в жизни страны. 11. Почему у тебя такое *негативное* отношение к этому человеку? 12. Обсудим *позитивные* стороны этого предложения.

***Упражнение 20.* Проверьте, активно ли вы знаете лексику. Подберите синонимы к следующим словам.**

коммуникация —
ландшафт —
фантазия —
инцидент —
сфера (деятельности) —
утрировать —
инициатива —
инициатор —
эрудиция —
динамика —
габариты —
ситуация —
*(говорить)* комплименты —
тезисы —

*Упражнение 21.* **Подберите синониму к словам из упражнения 20.**

1. Какой замечательный вид! 2. Проследим ход развития (движение) общественных событий этого периода. 3. В настоящее время быстрыми темпами развиваются средства сообщения и общения. 4. Кто был зачинателем этого движения? 5. У него просто великолепные познания в этой области! 6. Какое у тебя богатое воображение! 7. Размеры стиральной машины — 80 × 60 × 35. 8. По дороге домой со мной произошел неприятный случай. 9. В какой области науки вы работаете? 10. Что бы вы делали в сложившихся обстоятельствах? 11. Люблю, когда мне говорят приятные слова, когда хвалят меня. 12. Надо взять в свои руки руководство (почин) в этом деле. 13. Для участия в конференции надо написать основные положения своего доклада. 14. И совсем не так уж плохо я отвечал на экзамене — не надо преувеличивать!

*Упражнение 22.* **Проверьте, что вы запомнили. К выделенным словам подберите синонимы. Что изменится?**

1. Возьми *инициативу* в свои руки. 2. Ей надоели его *комплименты*. 3. Он может работать в различных *сферах* деятельности. 4. Не мешайте мне любоваться *ландшафтом*. 5. Сначала напиши *тезисы* статьи, а потом саму статью. 6. Конечно, я немного *утрирую*: не так там было и страшно. 7. На экзамене по говорению учащийся *является инициатором* диалога. 8. Это всё твои *фантазии*! 9. Если у вас маленькая квартира, выберите холодильник с небольшими *габаритами*. 10. На этом конкурсе у тебя будет возможность проявить свою *эрудицию*. 11. Милиция расследует этот *инцидент*. 12. Да, незавидная *ситуация*! 13. Проследим за *динамикой* событий. 14. Этот специалист занимается водными *коммуникациями*.

*Упражнение 23.* **Проверьте, активно ли вы знаете лексику. Подберите синонимы к следующим словам.**

экстремальный —
магия —
мораль —
ресурсы —
резонанс —
критерий —
экстренный —
инфекционный —
шарм —
адаптировать(ся) —
котироваться —
суицид —
прецедент —
экспромт —

*Упражнение 24.* **Подберите синонимы к словам из упражнения 23.**

1. Это просто волшебство какое-то! 2. Мой приятель часто попадает в чрезвычайные обстоятельства. 3. Грипп — это заразная болезнь. 4. У неё есть какое-то необъяснимое очарование! 5. Да, у тебя богатые запасы! 6. Я не готовил речь, это была речь без подготовки. 7. Когда он приехал сюда, то поначалу никак не мог привыкнуть, приспособиться к здешнему климату. 8. Мы много говорили о нравственности. 9. Какой вывод можно извлечь из этой басни? 10. Это срочная работа. 11. В этой стране очень высокий процент самоубийств. 12. Я не помню в прошлом подобного случая, когда кто-либо заканчивал университет за год. 13. Университетское образование высоко оценивается (ценится). 14. Что может служить средством измерения (мерилом) оценки сложившейся ситуации? 15. Действия президента получают отголосок (отклик) в СМИ.

***Упражнение 25.*** **Проверьте, что вы запомнили. К выделенным словам подберите синонимы. Изменится ли что-нибудь?**

1. В этой стране богатые природные *ресурсы*. 2. Я не верю в *магию*. 3. Он сочинил стихотворение *экспромтом*. 4. Врачи изучают *инфекционные* болезни. 5. Это была *экстремальная* ситуация. 6. От неё исходит какой-то особый *шарм*. 7. Для начальной группы сложные тексты нужно *адаптировать*. 8. В каждой басне есть *мораль*. 9. Эта статья посвящена вопросам *морали*. 10. Смотрите *экстренный* выпуск новостей. 11. Психологов интересует проблема *суицида*. 12. Подобный поступок *не имеет прецедента* в прошлом. 13. Эти ценные бумаги не *котируются*. 14. Действия правительства получили широкий *резонанс* в печати. 15. Надо найти верный *критерий* оценки этих действий.

***Упражнение 26.*** **Прочитайте предложения. Обратите внимание на стиль. Определите, где возможна замена выделенного слова на его синоним, а где — нет.**

1. Я выписываю газету «*Аргументы* и факты». (доказательства) 2. У тебя есть веские *аргументы*, чтобы убедить нас? (доводы) 3. В бой пошли *резервные* воинские подразделения. (запасные) 4. Эта часть армии — наш *резерв*. (запас) 5. Мы готовы вам *компенсировать* убытки. (возместить) 6. Врач спросил меня, был ли у меня *контакт* с больным. (связь) 7. *По иронии* судьбы мы встретились с тобой тогда, когда совсем не ждали этого. (усмешка) 8. Пиар — это *связи* с общественностью. (коммуникация) 9. Читайте *экстренный* выпуск газеты! (срочный) 10. Прояви *инициативу*! (почин, руководящая роль) 11. Это *магический* кристалл. (волшебный, колдовской) 12. В стране объявлено *чрезвычайное* положение. (экстремальное)

**!** Итак, мы завершаем работу над лексикой иностранного происхождения — по крайней мере, так её осмысливают и воспринимают русские в настоящее время.

А вам, уважаемые учащихся, мы рекомендуем следующее:

1. Научиться понимать необходимый минимум таких слов.

2. Выучить и научиться правильно употреблять индивидуальный минимум иностранных слов.

3. Не забывать о стиле и лексической сочетаемости.

Напоминаем, что при желании и при необходимости коллекцию заимствованных слов можно расширить, особенно если почитать научно-популярные журналы или книги и журналы, где речь идёт о политике, экономике и т. п.

Успеха вам! Не забывайте наши рекомендации.

# ОФИЦИАЛЬНАЯ ЛЕКСИКА

Сразу же договоримся: термином «официальная лексика» мы называем лексику (и конструкции) так называемых книжных стилей (в отличие от разговорной речи), их три: научный, публицистический и официально-деловой. Для этих стилей характерны во многом одинаковые лексико-грамматические элементы. Для практики РКИ и для данного пособия это всё — официальный стиль.

Итак, в первую очередь обращаем внимание на стандартизированные (стереотипные) языковые средства официального стиля, как например: *следовательно* (= значит), *в первую очередь* (= сначала) и т. п.

Если вы хотите хорошо знать русский язык, вам необходимо владеть официальной лексикой так же хорошо, как и общеупотребительной (= универсальной), и разговорной. Значит, иностранцам надо изучать два русских языка: разговорный и официальный. Мы, как и во всём пособии, даём вам систему и словарь-минимум (который в дальнейшем можно расширить).

Начинаем практическую работу с изучения словарика официальной универсальной лексики. Эта универсальная официальная лексика употребляется в СМИ (газеты, журналы, радио- и телепередачи), а также в учебниках и научных статьях по различным специальностям (политология, история, литературоведение, физика и т. п.), а также в некоторых документах (в том числе и в тексте законов). Постараемся в дальнейшем вам это всё показать на конкретных примерах, на конкретных текстах. Наша задача — собрать и систематизировать коллекцию полезной официальной лексики.

**!** Ваша задача — «перевести» эту русскую официальную лексику на русский «неофициальный» язык и запомнить, что это такое. Работа нетрудная, так как в официальном языке работают стереотипы и нет богатства лексических синонимов. Следовательно, первый этап работы — понять значение слов. Именно понять, так как при трансформации официальных вариантов в неофициальные (разговорные) мы их часто вообще «не переводим», то есть они «равны нулю» в разговорном языке, например: *Высота Петропавловского собора **составляет** 122,5 метра. = Высота Петропавловского собора — 122 с половиной метра.*

Второй этап — научиться использовать некоторые варианты активно (думать не более секунды). Удачи вам!

**Примечание.** Комментарий по уровням: официальная лексика, которую мы вам предлагаем, необходима для активного использования, начиная с сертификационного уровня ТРКИ-2. (Для пассивного владения полезно изучать её гораздо раньше!)

***Упражнение 1.*** **К данным словам подберите разговорные синонимы (если они есть).**

посетить —
совершить —
необходимо —
следует —
существовать —
выполнить —
находиться —

приобрести —
срок —
прибыть —
проживать —
оплачивать —
предъявлять —
предоставить —

***Упражнение 2.*** **Если у вас возникли трудности при выполнении упражнения 1, проследите эту лексику на конкретных примерах.**

1. Президент посетил Эрмитаж. 2. Премьер-министр совершил поездку по городам Сибири. 3. Необходимо доставить почту в офис к восьми утра. 4. Следует соблюдать правила дорожного движения. 5. Существует два пути решения этой проблемы. 6. Почему вы не выполнили моё поручение? 7. Приобретайте лотерейные билеты! 8. На какой срок вы оформляете визу? 9. Делегация прибыла в Россию. 10. По какому адресу вы проживаете? 11. Уважаемые пассажиры! Оплачивайте проезд! 12. Предъявите ваш пропуск, пожалуйста! 13. Где находится Эрмитаж? 14. Университет предоставляет нам общежитие.

***Упражнение 3.*** **Прочитайте текст. Найдите официальные варианты. Всё ли вы понимаете? Как это сказать в разговорной речи?**

(Реклама магазина.) Приглашаем вас за покупками в новый магазин! Срок действия купона — до 28 февраля 2006 года. Совершая покупку, в первую очередь предъявите в кассе купон на скидку, а затем дисконтную карту.

***Упражнение 4.*** **К данным словам подберите разговорные, либо универсальные эквиваленты.**

присутствовать —
отсутствовать —
иметь(ся) —
следовательно —
каков (-а, -о, -ы) —
сопоставить —
-либо —
в первую очередь —
затем —
а также —
каким образом —
таким образом —
в заключение —
большое количество —

***Упражнение 5.*** **Найдите соответствия лексике из упражнения 4. Изменяется ли грамматика?**

1. Сначала мы рассмотрим экономические проблемы данного региона. 2. Потом мы остановимся на социальных проблемах. 3. Мы будем говорить о политике и об экономике тоже. 4. На лекции были все наши студенты. 5. Нет, одного человека не было на лекции. 6. У кого есть вопросы? 7. Я мыслю, значит, я существую. 8. Как можно досрочно сдать экзамен? 9. Это можно сделать так: написать заявление в деканат и договориться с профессором. 10. Какие закономерности развития современного общества? 11. Давайте сравним статистические данные. 12. В конце своего выступления я бы хотел поблагодарить нашу администрацию. 13. За город можно поехать на электричке или на маршрутке. 14. В нашей библиотеке есть много книг по искусствоведению.

***Упражнение 6.*** **К данным антонимам подберите разговорные эквиваленты.**

улучшать(ся) —
ухудшать(ся) —
доходы —
расходы —
разрешается, разрешено —
запрещается, запрещено —
расширяется —
сужается —
усилить —
ослабить —
способствовать —
препятствовать —

*Упражнение 7.* **Найдите соответствия лексике из упражнения 6.**

1. Экологическая ситуация стабилизируется, становится лучше. 2. Состояние больного стало хуже. 3. Круг проблем становится шире. 4. Становится у́же круг подозреваемых. 5. Фирма получает много денег. 6. Тратит фирма также немало. 7. Здесь можно сделать остановку? 8. Курить нельзя. 9. Вам надо сделать больше (сильнее) напряжение электрического тока. 10. Галстук надо сделать слабее. 11. Хорошая музыка помогает пищеварению. 12. Я думаю, что я выйду замуж за этого человека и отец не будет мне мешать.

*Упражнение 8.* **К данным словам подберите разговорные эквиваленты.**

| | |
|---|---|
| означает — | обнаружить — |
| расходовать — | незначительный — |
| происходить — | сообщать — |
| завершающий — | многочисленные — |
| преимущественно — | обеспечивать — |
| применять — | осознавать — |

*Упражнение 9.* **Найдите соответствия лексике из упражнения 8.**

1. Что значит слово «ведомости»? 2. Ты не умеешь правильно тратить деньги. 3. Что здесь было? 4. Это последний год работы над диссертацией. 5. Мы будем говорить о социальных проблемах, в основном о молодёжных проблемах. 6. Какие методы вы использовали в вашем исследовании? 7. В тексте мы нашли много опечаток. 8. В экономике этого региона мы видим небольшие изменения. 9. Родители не понимают, что их дети взрослеют и хотят независимости. 10. Этот памятник всегда осматривает много туристов. 11. Почему вы не сказали (не написали) нам о конференции? 12. Сейчас он так много работает, потому что хочет дать себе покой на пенсии.

*Упражнение 10.* **Прочитайте небольшой текст. Найдите официальные варианты.**

Сегодня в Петербурге температура воздуха плюс пятнадцать градусов. Ветер северного направления. Местами кратковременный дождь. В вечернее время температура понизится до девяти градусов.

*Упражнение 11.* **К данным синонимическим вариантам официального языка подберите разговорные эквиваленты.**

| | |
|---|---|
| разрешить — | разумеется — |
| позволить — | несомненно — |
| производить — | безусловно — |
| изготовлять — | я считаю — |
| вырабатывать — | по моему мнению — |
| принадлежать — | на мой взгляд — |
| владеть — | с моей точки зрения — |
| иметь — | видимо, |
| осуществлять — | очевидно — |
| производить — | вероятно — |

***Упражнение 12.*** **Потренируйте свою официальную лексику, сделайте ее активной! В данных предложениях замените официальные варианты на их официальные (!) синонимы.**

1. Позвольте, я закурю? 2. Что изготовляют на этом предприятии? 3. Он владеет большими денежными средствами. 4. Фирма производит замену старого оборудования на новое. 5. Разумеется, я приду на банкет. 6. По моему мнению, эта статья заслуживает внимания. 7. Видимо, с расписанием будут проблемы. 8. Несомненно, я помогу вам. 9. На мой взгляд, лекции по культурологи совершенно необходимы. 10. Вероятно, полное развитие человеческой личности возможно только в человеческом обществе.

***Упражнение 13.*** **Прочитайте текст. Найдите официальные варианты.**

(Выписка из правил публичной библиотеки.) Читательский билет действителен в течение всего указанного в билете срока. Читатель обязан предъявлять билет по первому требованию сотрудника библиотеки. Категорически запрещается передача билета другому лицу. Читатель обязан хранить контрольный листок в течение всего пребывания в библиотеке. В случае утери читательского билета или контрольного листка читатель должен заявить об этом ответственному дежурному. Категорически запрещается вносить в библиотеку любые произведения печати. За нарушение правил читатель лишается права посещать читальные залы библиотеки.

***Упражнение 14.*** **Прочитайте текст. Найдите официальные варианты. «Переведите» текст на разговорный язык.**

(Объявление в троллейбусе.) При обнаружении объектов, похожих на взрывоопасные предметы и взрывные устройства, необходимо немедленно сообщить об этом водителю и предупредить пассажиров, находящихся рядом со взрывоопасным предметом.

***Упражнение 15.*** **Прочитайте текст. Найдите официальные варианты. «Переведите» текст на разговорный язык.**

(Из инструкции к лекарству.) При примснснии данного лекарственного препарата следует соблюдать меры предосторожности. Способ применения и длительность применения устанавливаются врачом. Срок хранения — три года с даты выпуска препарата. Препарат не может быть использован после истечения срока годности.

***Упражнение 16.*** **К данным словам подберите разговорные эквиваленты.**

пересекать (границу) —
преобладать —
превышать —
заявлять —
нарастать —
отдельные (районы) —
ведущий (специалист) —

имущество —
материальный уровень —
ежедневно —
недостаточно —
кроме того —
предусматривать(ся) (в контракте) —
основной (закон) —

***Упражнение 17.*** **Найдите соответствия к лексике из упражнения 16.**

1. Мы перешли государственную границу. 2. Температура воздуха — выше (больше) среднемесячной нормы. 3. Премьер-министр сказал, что экономика будет развиваться более быстрыми темпами. 4. Одежда, мебель, дом — вот всё, что у меня есть. 5. Уровень жизни повысился,

жить стали лучше. 6. Каждый день я делаю зарядку. 7. Шесть часов сна в сутки — это мало для обычного человека. 8. Мы изучаем математику, а ещё математическую физику. 9. Кризис становится сильнсс. 10. В нскоторых районах — дождь. 11. Это наш главный (лучший) спсциалист. 12. В контракте есть (указываются) различные способы оплаты.

***Упражнение 18.*** **К данным словам подберите разговорные эквиваленты.**

так как —
поскольку —
иными словами —
вознаграждение —
более —
менее —
явиться —

выше, чем ... —
ниже, чем ... —
по причине чего-либо —
ограничиться чем-либо —
содержаться (в книге) —
существенно —
оказывать что-либо —

***Упражнение 19.*** **Найдите соответствия к лексике из упражнения 18.**

1. Студенты, не сдавшие экзамен, должны прийти в деканат не позднее пятого числа. 2. Сложно говорить об этой проблеме, потому что я в этом не разбираюсь. 3. Среднемесячная температура воздуха в июле больше, чем в июне. 4. Уровень жизни в этом регионе хуже, чем в столице. 5. Мы не сможем рассмотреть, как развиваются все эти регионы, рассмотрим только северные регионы. 6. Это второе издание книги сильно отличается от предыдущего. 7. Мы будем говорить о проблемах пенсионеров; по-другому можно сказать: рассмотрим одну из социальных проблем нашего общества. 8. В нашем городе чуть меньше пяти миллионов человек. 9. Современный человек должен знать больше трёх языков. 10. Многие страны помогали пострадавшим от землетрясения. 11. В статье есть веские аргументы. 12. Пропала собака! Нашедшему — награда! 13. Наша фирма временно прекратила выпуск данной продукции, поэтому мы не сможем заключить с вами новый контракт.

***Упражнение 20.*** **Прослушайте или прочитайте текст. Найдите официальные варианты. «Переведите» текст на разговорный язык.**

(Реклама путешествий.) Быть туристом в Париже легко и приятно. Самолёты из России прибывают в аэропорт Руасси Шарль де Голль (25 км от Парижа). Далее до Парижа — такси, автобус либо электричка до центра города. Потеряться в Париже невозможно. В любом отеле в неограниченном количестве имеются карты города со схемой метро и электричек. Кроме того, буквально на каждом шагу можно увидеть станцию метро: их в Париже около 300. Расстояния между станциями небольшие, и турист без труда найдёт какую-либо станцию, где бы он ни находился. Такси также удобный и достаточно доступный вид транспорта. Огромное количество ресторанов, многие из которых работают практически круглосуточно. Пункты обмена валюты в основном работают до 19 часов. Наиболее выгодный курс обмена в районе Гранд Опера, где сосредоточены большие универсальные магазины.

***Упражнение 21.*** **К данным официальным предлогам и союзам подберите разговорные эквиваленты.**

в течение —
согласно чему-либо —
помимо чего-либо —

в составе —
в отношении —
наряду с чем-либо —

в качестве —
судя по —
включая —
относительно чего-либо —
ввиду чего-либо; ввиду того что —
в связи с чем-либо; в связи с тем что —

***Упражнение 22.*** **Проследите на конкретных примерах официальную лексику из упражнения 21.**

1. Виза действительна в течение трёх месяцев. 2. Согласно Всеобщей декларации прав человека, каждый человек должен обладать всеми правами и всеми свободами без какого бы то ни было различия. 3. Помимо права на образование каждый человек имеет право на социальное обеспечение. 4. В качестве примера политических прав человека можно привести право на свободу мысли, совести и религии. 5. Судя по названию, этот документ включает в себя ряд условий и требований к осуществлению прав человека. 6. В Декларации указаны различные политические и гражданские права человека, включая право свободного передвижения в пределах каждого государства и выбора местожительства. 7. Наряду с гражданскими правами в Декларации указываются социально-экономические и культурные права человека. 8. В отношении Всеобщей декларации можно сказать следующее: она охватывает все главные области жизнедеятельности человека. 9. Ввиду того что на проспекте Мира будут проводиться ремонтные работы, движение по этой улице будет закрыто. 10. Относительно вас я спокоен: вас ожидает блестящая карьера. 11. В связи с переносом занятий экзамен по русской литературе не состоится. 12. Делегация в составе десяти человек прибыла в Петербург.

**!** Итак, ваша задача — привыкнуть к официальному языку, перестать бояться его.

Естественно, мы не сможем рассмотреть все официальные языковые средства: их очень много. Да это и не нужно. Как обычно, мы даём вам систему, далее — вы работаете самостоятельно, по мере необходимости (!) набирая свою, индивидуальную коллекцию официальных вариантов.

Что касается рекламы и различных инструкций на русском языке, то вы сами, очевидно, замечали, что там официальный язык используется иногда ненормативно, так что даже русским иногда трудно «расшифровать» такой текст. Ваша «работа» — понять информацию, «переведя» её на нормальный русский язык.

***Упражнение 23.*** **Прочитайте текст. Найдите официальные варианты. «Переведите» текст на нормальный русский язык.**

(Оплата мобильных телефонов.) Услуги связи предоставляются абоненту, до тех пор пока на счёте имеются средства. Отсутствие средств на лицевом счёте ведёт к приостановлению оказания услуг связи до следующего пополнения счёта.

Информация о состоянии счёта доступна абоненту в любое время, что позволяет осуществлять постоянный контроль за расходами. В любой удобный для вас момент вы можете получить информацию об остатке денежных средств на счёте следующими способами:

— с помощью автоматической службы сервиса абонента,
— с помощью интернет-системы сервиса абонента,
— обратившись в службу финансового контроля.

*Упражнение 24.* **Прочитайте текст. Найдите официальные варианты. «Переведите» текст на разговорный русский язык.**

(В лифте.) В случае невозможности выхода из лифта в связи с возникшей неисправностью необходимо нажать кнопку вызова.

*Упражнение 25.* **Прочитайте текст. Найдите официальные варианты. «Переведите» текст на разговорный русский язык.**

(Советы по уходу за ювелирными изделиями.) Чтобы на золотых и платиновых кольцах, серьгах и браслетах не появились тёмные пятна, следует регулярно протирать их замшей или фланелью. Негативное воздействие на ювелирные изделия оказывают моющие средства. Загрязнённые ювелирные украшения с камнями следует промыть в мыльном растворе с нашатырным спиртом из расчёта 5—10 капель спирта на стакан воды, затем ополоснуть их чистой водой и высушить. Особого внимания требуют изделия с бирюзой и жемчугом, поскольку от воздействия мыльной пены, косметических средств, духов либо солнечного света цвет этих камней может измениться.

*Упражнение 26.* **Прочитайте текст. Найдите официальные варианты. «Переведите» текст на разговорный язык.**

(Инструкция к витаминам.) Показания к применению: профилактика и лечение гиповитаминоза и авитаминоза, недостатка минеральных веществ и микроэлементов.

Противопоказания: повышенная чувствительность к любому из компонентов препарата.

Меры предосторожности: не превышать рекомендуемую дозировку. Не рекомендуется применять совместно с другими препаратами, содержащими витамины А и D.

Способ применения и дозы: взрослым и детям старше 12 лет — по одной таблетке в день после еды.

Срок хранения: 3 года. Не использовать по окончании срока годности, указанного на упаковке.

*Упражнение 27.* **Прочитайте текст. Найдите официальные варианты. «Переведите» текст на разговорный язык.**

(Сбербанк.) Предприятиям предоставляются следующие кредиты:

1. На пополнение оборотных средств: для приобретения материалов, оборудования, товаров и услуг, выплаты заработной платы.

2. Вексельные: путём оформления на имя заёмщика векселей Сбербанка. Векселя могут использоваться как платёжное средство в любом регионе России.

3. Овердрафтные: в пределах открытого клиенту лимита — при недостатке средств на его счёте.

**!** Как мы уже говорили, официальный язык — это всего лишь форма, стереотип. Часто имеет место усложнение формы без усложнения значения. Предлагаем проверить «избыточность» некоторых официальных стереотипов.

***Упражнение 28.* Прочитайте предложения. Найдите официальные варианты, которые можно свободно опустить (полностью или не полностью). Изменится ли фраза?**

1. Сегодня в Петербурге наблюдается малооблачная погода, местами осадки. 2. Высота шпиля Петропавловского собора составляет 122,5 м. 3. Петербург является одним из красивейших городов мира. 4. Проблема состоит в том, что оформление документов займёт слишком много времени. 5. Сложность заключается в том, что заключить новый контракт невозможно. 6. Мы не будем рассматривать все проблемы, ограничимся только некоторыми фактами. 7. Он работает на нашем предприятии в течение двадцати лет. 8. Граждане Российской Федерации в возрасте до 18 лет не могут вступать в брак. 9. У меня имеется предложение! 10. Писатель долго работает над своими произведениями. Так, например, А. Пушкин работал над романом «Евгений Онегин» более восьми лет — с весны 1823 г. до осени 1831 г. 11. В коллекции Эрмитажа насчитывается около 3 млн экспонатов. 12. Данное пособие представляет собой лексико-грамматический справочник. 13. Ваша точка зрения на данную проблему представляется нам интересной. 14. В случае если вы потеряли паспорт, следует сразу же обратиться в милицию.

***Упражнение 29.* Попробуйте определить, какие из вариантов более официальны, а какие — менее официальны. К данным словам подберите разговорные или нейтральные эквиваленты.**

вследствие того что —
в частности —
свидетельствует о чём-либо —
(не) допускается —
отечественный —
осуществлять —

лишь —
характерно для чего-либо —
уволить(ся) —
зарубежный —
наличие чего-либо —
соответствующий —

***Упражнение 30.* Найдите соответствия лексике из упражнения 29.**

1. Мы заплатили только сто рублей. 2. Нельзя курить в общественных местах. 3. Я не могу работать на компьютере, потому что он неисправен. 4. Мы говорили о политике, конкретно (точнее) о политике России. 5. Его выгнали с работы. 6. С этой работы его также уволили, это говорит о том, что он плохой работник. 7. Лень, нерадивость — это для него обычное дело. 8. С нами сотрудничают многие иностранные фирмы. 9. Пограничники проверяют, есть ли у вас паспорт и виза. 10. Проводить контроль (контролировать) — это наша работа. 11. Покупайте российские телевизоры — поддержите нашего производителя! 12. Если вы хотите оформить визу, вам необходимо обратиться в подходящее учреждение.

***Упражнение 31.* Потренируйте свою официальную лексику. Составьте предложения с некоторыми из изученных нами конструкций. Не забывайте, что фразы — по теме высказывания и по лексике — должны быть достаточно серьёзными!**

1. предоставить общежитие. 2. недостаточно средств, чтобы... 3. предъявить пропуск. 4. что представляет собой. 5. составляет 10 км (10 кг). 6. состоит в том, что. 7. превышает норму. 8. завершающий этап. 9. прибыл в Москву. 10. кто отсутствует.

***Упражнение 32.*** **Потренируйте свою официальную лексику. Составьте предложения с некоторыми из конструкций.**

1. следует сказать, что... 2. проживать по адресу. 3. оплатить гостиницу. 4. достигнуть согласия. 5. уволиться с работы. 6. кому принадлежит. 7. высокий материальный уровень. 8. заявил, что... 9. при наличии товарного чека. 10. за вознаграждение.

***Упражнение 33.*** **Потренируйте свою официальную лексику. Составьте предложения с некоторыми из конструкций.**

1. ведущий специалист. 2. основной закон. 3. выполнить работу. 4. заявить протест. 5. ограничиться замечанием. 6. отдельные студенты. 7. помимо диссертации. 8. совершить поездку. 9. в незначительной степени. 10. запрещается (запрещено).

***Упражнение 34.*** **Расширяем коллекцию! Выберите: что вы будете использовать активно, а что — пассивно. Найдите официальные варианты (в каждом примере их несколько). «Переведите» их на разговорный язык.**

1. Врачи оказали помощь пострадавшему в результате аварии. 2. Курение наносит существенный вред вашему здоровью. 3. Наконец мечта его осуществилась: он стал врачом и приносит пользу людям. 4. Не подлежит сомнению тот факт, что гармоничное развитие человеческой личности возможно лишь в человеческом обществе. 5. Банк предоставляет всевозможные кредиты предприятиям, а также частным лицам. 6. Лекарственные препараты начинают оказывать действие спустя 10–20 мин. с момента их принятия. 7. Каковы ваши доказательства? Что вы можете предъявить суду? 8. Наш ресторан осуществляет доставку обедов на дом либо в офис. 9. Он приобрёл популярность, несмотря на то что в последнее время о нём мало пишут в газетах. 10. В настоящее время применяются различные методы исследования.

***Упражнение 35.*** **Прочитайте предложения. Найдите характерные варианты, часто используемые в газетной публицистике. Из чего они состоят? Нужны ли они вам для активного использования?**

1. Сегодня в Санкт-Петербург прибыл с официальным визитом президент Финляндии. 2. Глава администрации города имел беседу с директорами предприятий. 3. Государство должно оказывать социальную помощь пенсионерам и инвалидам. 4. Рабочие заявили протест администрации завода. 5. Наводнения наносят значительный ущерб сельскому хозяйству. 6. Главы правительств двух стран провели встречу на высшем уровне. 7. За день до выборов запрещено вести агитацию в поддержку какого-либо кандидата. 8. Изменение курса доллара оказывает влияние на экономику многих стран.

***Упражнение 36.*** **Прочитайте предложения. Обратите внимание на то, что в официальной речи часто употребляются следующие слова: *количество, сумма, число, ряд, степень, аргумент, результат, анализ, метод, способ, средство* и другие.**

1. Рассмотрим ряд вопросов. 2. Существует большое количество неизученных научных вопросов. 3. В ряде случаев это невозможно. 4. В числе лучших — наши студенты. 5. Это в значительной степени затрудняет работу. 6. Каковы ваши аргументы? 7. В результате анализа мы пришли к такому выводу. 8. Вы хотите купить подарок? На какую сумму вы рассчитываете? 9. Это средство для мытья посуды. 10. Эту математическую задачу можно решить разными способами.

*Упражнение 37.* **Прочитайте текст. Найдите официальные варианты. Подчеркните и сосчитайте их (включая конструкции).**

(В метро.) Петербургский метрополитен объявляет приём на курсы машинистов электропоезда. Принимаются мужчины желательно до 35-летнего возраста, имеющие прописку в Санкт-Петербурге, отслужившие в рядах вооружённых сил, годные по состоянию здоровья.

Срок теоретического и практического обучения — 4,5 мес. За время обучения начисляется заработная плата.

Заработная плата при вводе в штат машинистов составляет ... в зависимости от классности и вознаграждения за выслугу лет.

**!** Обратимся к популярным полурекламным текстам. Надеемся, что — наряду с лексикой — вам будет небезынтересна и информация.

*Упражнение 38.* **Прочитайте текст. Найдите официальные варианты. Подчеркните и сосчитайте их (включая конструкции).**

(Эрмитаж. Информационная брошюра.) К началу XX века коллекции Эрмитажа насчитывали около 600 000 произведений искусства и предметов старины. За годы советской власти численность собрания возросла более чем в 4,5 раза и сегодня составляет более 2 780 000 памятников. Были созданы новые отделы, в основу экспозиций положен исторический метод. Выставки разместились также в зданиях Малого Эрмитажа, Старого Эрмитажа, а позднее — в Зимнем дворце. Количество выставочных залов увеличилось в несколько раз. Музей получил необходимые дополнительные служебные помещения для размещения фондов, реставрационных мастерских, лабораторий и т. д.

В 1981 г. на Университетской набережной открылся первый филиал Эрмитажа — отреставрированный дворец сподвижника Петра I Александра Даниловича Меншикова. В этом здании, построенном в 1710–1727 гг., размещена экспозиция, посвящённая художественной культуре России XVIII века. Намечено дальнейшее расширение Эрмитажа.

*Упражнение 39.* **Прочитайте текст. Найдите официальные варианты. Подчеркните и сосчитайте их (включая конструкции).**

(Эрмитаж. Информационная брошюра.) Отдел истории первобытной культуры организован в 1931 году. Археологические материалы, составляющие его фонды, в России начали собирать в первой четверти XVIII века. Пётр I, получив в 1715 году от уральского горнозаводчика А.Н. Демидова в подарок новорождённому царевичу золотые вещи, найденные в сибирских курганах, распорядился в дальнейшем подобные находки пересылать в Петербург.

*Упражнение 40.* **Прочитайте текст. Найдите официальные варианты. Подчеркните и сосчитайте их (включая конструкции).**

(Эрмитаж. Информационная брошюра.) Отдел античного мира, коллекции которого первоначально входили в состав отделения древностей, существует со дня открытия музея. Первая античная скульптура — «Венера Таврическая» — была привезена в Россию при Петре I. Эрмитажная экспозиция в дальнейшем пополнялась из частных коллекций. Многие экспонаты были найдены в ходе археологических раскопок на территориях бывших древнегреческих колоний в Нимфее, Херсонесе и других местах.

На выставке и в фондах отдела античного мира насчитывается более 120 000 памятников. Мировое значение имеет собрание античных ваз (их порядка 15 000). В музее около 100 римских портретов (это вторая по величине коллекция в мире), а также богатейшая коллекция ювелирных изделий.

***Упражнение 41.*** **Прочитайте текст. Найдите официальные варианты. Подчеркните и сосчитайте их (включая конструкции).**

(Эрмитаж. Информационная брошюра.) Отдел истории западноевропейского искусства существует в музее со дня основания. Разделы искусства Франции, Голландии, Фландрии, Испании, Италии отличаются особой полнотой и содержат работы многих мастеров.

В отделе хранится коллекция скульптур, насчитывающая более 2000 памятников, в том числе работы Микеланджело, Лоренцо Бернини, Жана Антуана Гудона, Этьена Мориса Фальконе. Гигантское, имеющее мировое значение собрание рисунков и гравюр включает произведения Рембрандта, Альбрехта Дюрера, Жана Калло, Джованни Батисты Тьеполо и других выдающихся мастеров.

**!** Обратимся к научно-популярным текстам. Они могут быть вам полезны — как в плане лексики и грамматики официального стиля, так и в плане информации.

Потренируем, во-первых, понимание информации, а во-вторых, активное использование некоторых официальных элементов.

Предлагаемые нами тексты лучше слушать (текст может прочитать ваш друг или преподаватель). Далее текст необходимо убрать и не смотреть в него больше, так как вам не нужна лексика текста, тем более — его трудная грамматика (так, например, вы же не будете использовать при пересказе все причастия, которые были в тексте, это тяжело, да и не нужно!) Ваша цель — запомнить информацию. Наш совет: при прослушивании или при прочтении текста не волнуйтесь, если вы не понимаете все слова, это не нужно. Повторяем: нужно понимать и запоминать информацию в целом!

Затем — вы эту информацию пересказываете. Возможен как разговорный, так и официальный вариант: «В статье (заметке) говорится о ... » или «В статье (заметке) речь идёт о ... ».

При пересказе возможно использовать некоторые официальные штампы:

— *в статье речь идёт о ... ;*
— *по мнению учёных;*
— *в настоящее время;*
— *появился (= был изобретён, = был выпущен);*
— *таким образом;*
— *Следует отметить, что ... ;*
— *а также;*
— *безусловно;*
— *вероятно,*
— *таким образом;*
— *представляет интерес.*

***Упражнение 42.*** **Прослушайте или прочитайте текст 1–2 раза. Перескажите текст, используя общеупотребительную лексику, а затем напишите пересказ.**

## ЗАЩИТА ОТ СТРЕССА

В общении с людьми необходимо соблюдать выдержку и спокойствие, быть вежливым и доброжелательным, всегда сохраняя бодрость и жизнерадостность. Такая жизненная позиция — надёжная защита от стресса.

Есть ещё один важный фактор, который помогает снимать эмоциональное напряжение. По мнению ученых, это — смех! Психологи утверждают, что способность смеяться — показатель душевного здоровья.

***Упражнение 43.*** **Прослушайте или прочитайте текст 1 раз. Перескажите текст, используя общеупотребительную лексику, а затем напишите пересказ.**

## РОБОТ-ЭКСКУРСОВОД

Первый в мире робот-экскурсовод работает в археологическом музее города Агридженто на итальянском острове Сицилии. Электронный гид, имеющий рост 1 м 70 см и вес 150 кг сконструирован итальянскими учёными. Робот оборудован аудиосистемой с набором подробных рассказов обо всех экспонатах музея, а также световыми и лазерными датчиками, позволяющими ему воссоздавать объёмную картину помещения и оценивать расстояние между предметами. Аппарат держит в памяти подробную карту музея, а также выставленных там экспонатов и постоянно отслеживает своё положение в пространстве.

***Упражнение 44.*** **Прослушайте или прочитайте текст 1 раз. Перескажите текст, используя общеупотребительную лексику, а затем напишите пересказ.**

## КОНЬ-ОГОНЬ

Японская фирма выпустила «комнатную лошадь». Как вы понимаете, это робот, представляющий собой лошадь, на которой можно дома или в спортзале тренироваться в искусстве верховой езды. Такая «лошадь» способна выполнять все движения настоящей, кроме лягания или сбрасывания всадника со спины. По мнению ученых, таким образом хорошо тренируются все мышцы человека, особенно спинные. Кроме того, подобные тренировки способствуют восстановлению здоровья после инсульта. Отметим также, что тренировки на «комнатной лошади» улучшают состояние диабетиков.

***Упражнение 45.*** **Прослушайте или прочитайте текст 1 раз. Перескажите текст, используя общеупотребительную лексику, а затем напишите пересказ.**

## ВАЖНО НЕ ЧТО ЕШЬ, А ГДЕ

Одно и то же блюдо может быть на вкус либо деликатесом, либо обычной пищей, либо отвратительной стряпней — в зависимости от того, где вы едите. К такому выводу пришли британские ученые.

Был проведён эксперимент, когда разным людям в различных заведениях предложили отведать обычное блюдо — крылышко цыплёнка с рисом из стандартной упаковки. Самые хорошие отзывы были получены от посетителей первоклассных ресторанов. Затем шли обычные рестораны, за ними — кафе самообслуживания и университетские столовые. Самый низкий рейтинг был присвоен цыплёнку, поданному в военном лагере.

Таким образом, подчёркивают учёные, результаты исследования подтверждают, что во многих случаях атмосфера трапезы имеет гораздо большее значение, чем качество пищи. Итак, направляйтесь в заведения, где приятная обстановка и приятный круг друзей. В этом случае вы получите не меньшее удовольствие, чем в высококлассном ресторане с хорошей кухней.

Действительно, лишь в последнее время люди стали задумываться над важностью таких факторов, как обстановка и качество обслуживания.

***Упражнение 46.*** **Прослушайте или прочитайте текст 1 раз. Перескажите текст, используя общеупотребительную лексику, а затем напишите пересказ.**

## СОВЕТУЮТ КАРДИОЛОГИ

В настоящее время учёные высказывают беспокойство по поводу увеличения числа сердечно-сосудистых заболеваний. Простые истины, которые они пытаются довести до населения: нельзя есть слишком жирную пищу, нельзя курить, надо постоянно заниматься физкультурой и спортом, больше двигаться. В то же время следует есть чеснок и пить хорошее вино. Необходимо также контролировать свой вес, поскольку избыточный вес создает большую нагрузку на сердце, что в конечном счёте ведёт к заболеванию.

Существует ещё одно средство, о котором нельзя забывать: это смех. Как утверждают медики, смехотерапия становится лекарством, которое надо применять ежедневно в течение 30–40 минут.

Последние исследования показали, что употребление вина снижает риск инфаркта почти на тридцать процентов. Но и здесь не обойтись без чувства меры. Мужчинам надо пить два-три бокала, женщинам — в два раза меньше. Вино следует пить красное, с хорошей едой и в хорошей компании. Доказано, что в вине содержатся вещества, предотвращающие инфаркт и даже рак, следовательно, умеренное потребление алкоголя полезно.

***Упражнение 47.*** **Прослушайте или прочитайте текст по частям. Перескажите текст сначала по частям, затем — полностью, используя общеупотребительную лексику. Напишите пересказ текста.**

## ЦВЕТ КАК ЛЕКАРСТВО

Давно доказано, что цвет оказывает влияние на психофизиологическое состояние человека. Одни цвета вызывают ощущение лёгкости, другие — дискомфорта. Специалистам широко известен тот факт, что свет и цвет воздействуют даже на слепых: так, например, если стены перекрасить из оранжевого в голубой цвет, то даже у незрячих людей понизится кровяное давление.

В Древнем Китае цвета, получаемые с помощью цветных минералов, врачи применяли для лечения многих заболеваний. Современным врачам известно, что красный цвет обладает стимулирующим воздействием на психику, активизирует деятельность внутренних органов. Так, в Древней Индии человека, выздоравливающего после тяжёлой болезни, помещали в комнату с красными полотнами. Красный цвет лечит болезни сердца, сосудов, почек, кишечника. Однако воздействие красного цвета должно быть кратковременным, поскольку он обладает сильной энергией.

Оранжевый цвет также укрепляет организм, положительно влияя на интеллектуальную деятельность и работу кишечника, а также возбуждает аппетит. В древности даже верили, что оранжевый цвет отводит от человека все неудачи и беды. В то же время оранжевый цвет способствует перевозбуждению, в связи с чем врачи советуют им не злоупотреблять.

Жёлтый цвет повышает работоспособность, интеллектуальную деятельность и улучшает настроение. Ещё в IV веке до н. э. им лечили болезни желудка и желчного пузыря. Жёлтый цвет также очищает организм от токсинов, укрепляет нервную систему, избавляет от депрессии. Это цвет энергичных людей.

Зелёный цвет благотворно действует на сердце, ослабляет возбуждение, расслабляет организм, восстанавливает стабильность. Зелёный цвет также лечит головную боль, стабилизирует кровяное давление и успокаивает нервы. Это целительный и успокаивающий цвет.

Голубой цвет помогает при стрессах, кроме того, он снижает кровяное давление, останавливает кровотечение и снимает боли в желудке. При бессоннице рекомендуется спать под голубым абажуром. Голубой цвет — расслабляющий.

Синий цвет — наиболее сильный болеутоляющий цвет спектра. Он прекрасно помогает при бронхитах, астме, различного рода воспалениях и заболеваниях почек. Любовь к синему цвету может выявить и тайные пороки человека — зависимость от наркотиков, алкоголя, табакокурения. Синий цвет также помогает справиться с эмоциональными потрясениями, способствует вдохновению.

Фиолетовый цвет — тяжёлый цвет, им нужно пользоваться с осторожностью, так как он может вызвать депрессию. В то же время, он хорош при внутренних воспалениях, помогает при травмах головы, успокаивает нервную систему. Фиолетовый цвет также снимает усталость и боль в глазах, обостряет зрение и чувства. Кроме того, этот цвет подавляет аппетит — следовательно, полезен в случаях, когда необходимо снизить вес.

Таким образом, учитывая данные наблюдения и рекомендации, вы можете регулировать — в значительной степени — своё настроение и самочувствие, а также трудоспособность! Учёные советуют использовать цветную соль для ванн. Попробуйте!

**!** Попробуем сделать наш официальный язык более научным. Итак, мы идём в направлении от научно-популярного языка — к научному (пока — учебно-научному). Обратите самое серьёзное внимание на последующие упражнения: они вам будут полезны при сдаче экзаменов ТРКИ-2 и выше: «Лексика. Грамматика», «Письмо» и «Говорение» — особенно!

***Упражнение 48.*** **Прочитайте текст. Подчеркните в тексте аннотации характерные элементы научного стиля.** П

### ФИЛОСОФСКИЙ СЛОВАРЬ

Материал настоящего издания словаря обновлён, уточнён и приведён в соответствие с современными данными научной и философской мысли. Словарь дополнен рядом новых терминов и статей.

***Упражнение 49.*** **Прочитайте текст. Найдите характерные языковые средства, используемые в аннотации.** П

### РУССКИЕ ПИСАТЕЛИ, XIX ВЕК

Словарь представляет собой своеобразную школьную энциклопедию русской литературы XIX в. В него включено около 300 статей о русских прозаиках и поэтах, критиках и драматургах XIX века. Каждая статья знакомит с основными фактами биографии писателя, характеризует наиболее значительные его произведения, в первую очередь те, что вошли в школьные программы по литературе.

Словарь адресован учителям, но, безусловно, будет интересен всем любителям русской литературы.

***Упражнение 50.*** **Прочитайте текст. Найдите характерные языковые средства, используемые в аннотации.**

АКТУАЛЬНЫЕ ТЕМЫ РУССКОЙ ГРАММАТИКИ

Пособие предназначено для учащихся высших учебных заведений, изучающих русский язык как иностранный.

В книге представлены три наиболее трудные для иностранцев темы: «Падежи», «Вид глагола» и «Глаголы движения». Материал подаётся в рамках нормативной грамматики — от минимума знаний до самого высокого уровня по конкретной теме. Большое внимание автор обращает также на лексику, её расширение — от минимума в 500 слов до 5000 и более. Подобная организация материала позволяет использовать пособие как на начальном, так и на продвинутом этапах обучения.

Помимо тренировочных упражнений и теоретических рекомендаций по употреблению лексики и грамматики в книге представлены тексты для чтения и анализа, а также контрольные упражнения и тесты, составленные в соответствии со стандартами государственных типовых тестов по русскому языку как иностранному. Контрольные упражнения снабжены ключами, что даёт возможность учащимся в значительной мере работать самостоятельно.

Данное пособие рассчитано на студентов, аспирантов и стажёров, изучающих русский язык как иностранный.

***Упражнение 51.*** **Повторите конструкции, используемые в аннотации. Что объединяет приведённые ниже глаголы?**

рассказывается (о чём)
анализируется (что), анализируются
характеризуется (что)
адресуется (кому)
материал подается (как)
внимание обращается (на что)
внимание уделяется (чему)
дополняется примерами
обобщается, обобщаются
систематизируется, систематизируются

позволяет (+ инфинитив)
включает в себя
(после таблиц) следуют (упражнения)
содержит (основные сведения)
представляет собой (что)
состоит (из чего)
книга получила (высокую оценку)
знакомит (с чем)
даёт возможность (+ инфинитив)
в создании книги принимали участие ...

***Упражнение 52.*** **Повторите конструкции, используемые в аннотации. Что объединяет приведённые ниже причастия?**

представлен
рассчитан на кого/что-либо
дан
построен
может быть использован
снабжён
рекомендован
ориентирован на кого-либо

предназначен
написан в соответствии с чем-либо
составлен
посвящён
представлен
построен
адресован
включён

***Упражнение 53.*** **На контроль. Напишите аннотацию к какой-нибудь книге, связанной с какой-либо специальностью (политология, экономика, литературоведение, математика и др.).** (К) (П)

Книга представляет собой...
Книга посвящена...
Книга состоит из...
Значительное внимание уделяется...
Особое внимание обращается на...
Материал может быть использован...
Книга рассчитана на...

***Упражнение 54.*** **На контроль. Напишите аннотацию к какой-либо книге, связанной с вашей специальностью.** (К) (П)

Книга предназначена для ...
Книга написана в соответствии с ...
В книге анализируется ...
Книга содержит ...
В книге обобщаются и систематизируются ...
После теоретической части следуют ...
Фактический материал представлен ...
Контрольные задания снабжены ...
Подобная организация материала позволяет ...
Книга адресована ...

***Упражнение 55.*** **Прочитайте текст. Обратите внимание на характерные черты языка рецензии.** (П)

## МОНОГРАФИИ О ЕВРОПЕЙСКИХ ПРОБЛЕМАХ

В подготовленном авторами Российской академии наук сборнике статей «Европа. Вчера, сегодня, завтра» предпринята попытка анализа основных направлений экономического, политического, социального и культурного развития Европы и России на рубеже XX–XXI веков. Не претендуя на полноту ответов на главные вопросы, которые ставит перед человечеством и перед собой этот континент, авторы книги под редакцией академика РАН Н.П. Шмелёва сумели проследить приоритетные тенденции. При оценке европейского настоящего и будущего исследователи придерживаются умеренно оптимистической точки зрения, отмечая, что нет причин говорить об уменьшении роли Европы в мире в новом тысячелетии.

Авторы сборника, ставшего первой за долгое время комплексной междисциплинарной монографией на эту тему, сходятся во мнении, что современная Европа представляет собой не просто географическое, политическое или экономическое понятие, но и вполне определённую цивилизованную общность, участники которой исповедуют одни и те же социально-экономические, культурные, религиозные и морально-идеологические ценности.

Целая глава книги посвящена вопросам, связанным с постсоветскими государствами, в частности с Россией в Европе XXI века. Учёные РАН отмечают, что России ещё только предстоит пройти тот путь, который уже преодолела Европа, и что путь этот нелёгкий, он может потребовать усилий нескольких поколений.

Комплекс взаимоотношений России с Европейским союзом подробно анализируется и в книге «Европейская интеграция» В.Г. Шемятенкова. В этом учебном пособии рассказывается об истории и принципах европейской интеграции, а также о юридической, политической и институциональной системах «пятнадцати».

Уделяя внимание новым европейским экономическим формированиям, автор пособия приводит краткие историко-политологические очерки каждой из стран ЕС.

Он постарался в своём труде избежать двух крайних точек зрения на Западную Европу, принятых в России: с одной стороны, «западнического» восхваления её интеграции, а с другой — её «славянофильской» демонизации как чуждой и враждебной интересам России.

Учебник предназначен для студентов, аспирантов и преподавателей вузов.

Другое учебное издание — «Международные валюты» доктора экономических наук О.В. Буториной — представляет собой уникальный анализ взаимосвязи процессов валютной интеграции и конкуренции между различными валютами. Это исследование затрагивает широкий круг вопросов, связанных с историей формирования валютных союзов в Европе, а также актуальных проблем функционирования финансовых рынков.

Представленный автором анализ может оказаться полезным и тем читателям, кто желает получить пищу для размышлений о природе современных валютных отношений.

Книга ориентирована на ученых и аналитиков, а также практических специалистов в области финансов.

***Упражнение 56.*** **Потренируйте вашу активную официальную лексику. Прочитайте варианты, которые мы рекомендуем использовать при написании рецензии. Выучите некоторые из них. За пять — семь минут напишите десять — пятнадцать из этих вариантов (помните, что рецензия включает в себя введение, основную часть и заключение).** П

1. Автор книги (статьи) — ... , работает ... , специализируется в области ...
Рецензируемая книга (статья) посвящена проблеме (вопросу) ...
Книга состоит из ...
Книга содержит также ... (таблицы и т. п.)
Рецензируемая работа представляет собой первое исследование в этой области... (или: продолжает исследования по ...)
Автор ставит перед собой задачу проанализировать ...
Особое внимание уделяется ...
Тема разработана на основе анализа ...
2. В первой главе (части) автор даёт характеристику ...
Автор анализирует ... ( = Автор исследует ... = Автор рассматривает ... = Автор излагает ...)
Автор обращает внимание на ... (= Автор указывает на то, что ...)
Автор отмечает, что ... (= Автор подчёркивает, что ... = Автор показывает, что ...)
Автор останавливается на ... (= Автор раскрывает ...)
Автор даёт характеристику ...
Автор особое внимание уделяет ...
Автор утверждает, что ... (= Автор констатирует, что ... = Автор заключает, что ...)
Автор критикует ...
Автор сравнивает ...
Автор ссылается на ...
Автор приводит ... (примеры, таблицы, данные, схемы и т. п.)
Автор вводит термин ...
Автор приходит к выводу, что ...

Во второй главе ...

...

3. В итоге (= в результате, = в заключение) автор приходит к выводу, что ...

Можно (не) согласиться с автором в том, что ...

***Упражнение 57.*** **Повторите. Выполните упражнение по образцу.**

*В статье автор ставит задачу ... — В статье ставится задача ...*

В статье автор особое внимание уделяет вопросу ... —
В статье автор анализирует ... (= исследует, = рассматривает) —
В статье автор обращает внимание на то, что ... (= указывает на то, что ...) —
В статье автор отмечает, что ... (= подчёркивает, = показывает) —
В статье автор раскрывает ... —
В статье автор даёт характеристику ... —
В статье автор особое внимание уделяет вопросу ... —
В статье автор утверждает, что ... (= констатирует) —
В статье автор критикует ... —
В статье автор сравнивает ... —
В статье автор приводит ... —
В статье автор вводит новые ... —
В статье автор делает вывод, что ... —

***Упражнение 58.*** **На контроль. Используя материал предыдущего упражнения, напишите рецензию, выбрав для анализа какую-либо статью (статьи) или книгу по вашей специальности (политология, филология, экономика и т. п.).**

**!** Переходим к устному научному высказыванию: учебно-научному монологу и диалогу.

***Упражнение 59.*** **Повторите конструкции, которые вам будут полезны.**

тема является актуальной
следует обратить внимание на ...
в первую очередь
в настоящее время
как правило
речь идёт о ...
таким образом
на мой взгляд (= по моему мнению, = с моей точки зрения)
во-первых, ... , ... во-вторых, ... , ... (в-третьих, ... , ...)
с одной стороны, ... , ... с другой стороны, ... , ...
в данном случае
по данным учёных, ...
очевидно (= вероятно, = видимо, = по всей видимости)
безусловно (= разумеется, = несомненно, = вне всякого сомнения)
более того, ... , ...
кроме того (= помимо того)
в основном (в значительной степени, в большей степени, в меньшей степени)

а также
так, например, ...
однако (тем не менее)
следует отметить, что...
в частности
тот или иной
на первый взгляд
затем (= в дальнейшем)
другими словами (= иначе говоря, = иначе выражаясь)
напротив
несмотря на то что ...
следовательно
в большинстве случаев
в полном объёме
ограничимся лишь ...
подобные исследования
незначительный
решающий (= основной, = основополагающий)
каков
каким образом?
таким образом (= следующим образом)
имеем в виду следующее: ...
можно сделать следующий вывод: ...

***Упражнение 60.*** **На контроль (без подготовки). Составьте спонтанное монологическое высказывание (без подготовки) на одну из предложенных ниже тем. Время высказывания — 2–3 минуты. За это время вы должны составить не менее 10 фраз и использовать не менее 7 рекомендованных нами в предыдущем упражнении вариантов.** К П

1. Проблемы молодёжи в современном мире. 2. Богатые и бедные в России. 3. Роль образования в жизни человека. 4. Роль религии в жизни человека и общества. 5. Культура и литература в жизни человека. 6. Проблема наркомании в современном мире. 7. Проблема терроризма в современном мире. 8. Демократия в России и в других странах. 9. Проблема национальных меньшинств в некоторых странах. 10. Можно ли избежать войн?

***Упражнение 61.*** **На контроль. Составьте небольшое сообщение или доклад по теме вашей специальности. Содержание речи продумайте заранее, чтобы мысли вам не мешали. Сейчас мы будем автоматизировать, активизировать некоторые языковые и речевые моменты. Используйте следующие выражения.** К П

Уважаемые коллеги!
Тема моего доклада — ... .
В своём выступлении я хочу остановиться на следующих основных моментах: ... .
По мнению многих исследователей, ... .
В первую очередь следует обратить внимание на то, что ...
Кроме того, необходимо отметить, что ... .
Обратимся к конкретным примерам. Так, например ... .
Таким образом, как мы видим, ... .

Хотелось бы ещё раз подчеркнуть, что ... .

На мой взгляд, ... (= На наш взгляд, ...)

Благодарю за внимание.

***Упражнение 62.*** **Повторите конструкции, которые вам будут полезны для полемики с оппонентами.**

Разумеется (= безусловно, = несомненно, = не оставляет сомнения, что ...)

Нельзя не согласиться с тем, что ... (= Совершенно с вами согласен, что ... = Присоединяюсь к вашей точке зрения, что ... = Разделяю вашу точку зрения, что ... = Поддерживаю вашу точку зрения, что ...)

очевидно (= вероятно, = возможно, = по всей видимости)

Не могу согласиться с вами, что... (Позволю себе с вами не согласиться, что ... = Позвольте (с вами) не согласиться, что ... = Трудно согласиться с тем, что ... = Не согласен (с вами), что ... = Маловероятно, что ... = Едва ли ...)

Почему вы так думаете? (= Откуда такая информация? = Располагаете ли вы подобной информацией? = Можете ли вы подтвердить это конкретными фактами (примерами)?..)

(Я) отвечу на ваш вопрос позже (= Я не специализируюсь в данной области = Не располагаю такой информацией = У меня нет подробных данных по этому вопросу = Возможно, позднее мы обсудим эту тему = Этот вопрос не имеет прямого отношения к теме нашего разговора...)

Благодарю (вас) за внимание к моей работе (= Спасибо за высокую оценку моей работы = Благодарю за лестные слова в мой адрес...)

Извините, я прослушал (ваш вопрос) (= Прошу меня извинить, повторите, пожалуйста)

(Я) слушаю вас (= Внимательно вас слушаю = Продолжайте, прошу вас)

Пожалуйста, уточните, что вы имеете в виду, когда говорите ... (= Если я вас правильно понял, ... = Если (я) не ошибаюсь, ваша точка зрения следующая: ... = Если вас не затруднит, уточните ... = Как вы уже говорили, ... Однако что вы подразумеваете под термином ... ?..)

Ваши наблюдения (= исследования) заслуживают (пристального = самого серьёзного) внимания (= Ваш вклад в науку трудно переоценить...)

Разрешите подумать (= Одну минуту, мне необходимо собраться с мыслями = Сейчас (я) отвечу вам)

Этот вопрос не заслуживает внимания (= Мы поговорим об этом позднее = Сейчас мы поговорим не об этом = Возможно, это не так актуально = Существуют вопросы, которые заслуживают большего внимания)

Итак, мы можем констатировать (следующее): ... (= Таким образом = Можно подвести итоги всему сказанному выше = Возможно следующее обобщение = Суммируя все сказанное, отметим, что ...)

**!** Итак, мы тезисно ознакомились с конструкциями официального стиля. Ещё раз подчеркнём, что мы абсолютно сознательно для практики преподавания РКИ выделяли его как *официальный стиль*, не разделяя его на научный, официально-деловой и публицистический.

Наша задача — дать вам систему и минимальный словарик. Далее, как мы говорили, вы набираете лексику и конструкции по мере необходимости.

# 2. СОСТАВ СЛОВА

В русском языке много **производных слов**, то есть слов, которые образованы от других слов. Например: *она **при**ехала; она **у**ехала; мал**еньк**ая дочка; крас**неть**; истор**ическ**ий факультет; рыб**ак**; **подо**кон**ник*** и многие другие слова. Есть разные способы образования новых слов[1].

Есть ли в вашем родном языке производные слова? Для многих учащихся анализ русских производных слов — это переход в другую логику мышления, русскую логику. Постарайтесь её понять.

Чтобы понять систему русского языка, вам нужно, во-первых, научиться делить производное слово на части[2] и видеть, от какого слова оно могло быть образовано[3], например: *трудн-оват-о* (от слова «трудно»). Во-вторых, нужно найти, какие связи по значению и форме есть между разными группами слов — производных и непроизводных. Например: ***трудн**овато — трудно, **далек**овато — далеко*; или: *трудн**овато**, далек**овато*** — «немного трудно», «немного далеко». Работа нам предстоит интересная — тем более что она поможет вам сэкономить время при понимании русских производных слов и не так часто обращаться к словарю[4].

Проблема в том, что в русском языке производных слов очень и очень много! Поэтому вам надо быть готовыми к тому, что вы сейчас войдете в настоящий «лес» новых для вас слов. Но этот лес не будет тёмным, если вы поймёте некоторые законы, которые в нём «работают».

Вам нужно получить некоторые знания по теме этого раздела и не бояться анализировать. Это поможет в дальнейшем понимать очень многие новые для вас слова при чтении и аудировании. Для этого мы предлагаем вам систему упражнений.

---

[1] Для желающих — теоретическая информация на максимум: запоминать всё пока не обязательно, просто следует иметь это в виду. Это ознакомительная, пассивная информация.

Различаются следующие способы словообразования:

I. Морфологический.

1. Аффиксация:

1) префиксальный способ: ***пере**читать, **сверх**звуковой*;

2) суффиксальный способ: *город**ск**ой, учи**тель***;

3) префиксально-суффиксальный способ: ***бес**плат**н**ый, **подо**кон**ник***;

4) при помощи постфикса: *учить**ся***.

2. Безаффиксный способ: *стук, крик, смех*.

3. Словосложение: *диван-кровать, стихосложение*.

4. Аббревиация: *РФ, замдекана, вуз*.

II. Морфолого-синтаксический способ.

1. Субстантивация: *пойдём в **столовую**, праздник всех **трудящихся***.

2. Адъективация: ***блестящие** способности, **организованный** человек*.

3. Прономинализация: ***данное** событие, зашел к **одному** знакомому*.

4. Адвербиализация: *идти **наудачу**, сделаю **по-вашему***.

III. Лексико-семантический: *мир* (= вселенная) и *мир* (= не война).

IV. Лексико-синтаксический: *сегодня* (из «сего» + «дня»), *сейчас* (из «сей» + «час»).

[2] Морфемный анализ слова.

[3] Или просто соотнести его с однокоренными словами. (Однако в некоторых случаях следует помнить, что значение производного слова иногда «уходит» от значения главного, производящего слова).

[4] Деление слова на части можно начинать и с отделения окончания слова (если оно есть), например: *похолодание*. Окончание *-е*, это существительное обозначает процесс, значит образовано от глагола: *похолодать*. Далее нужно обратить внимание на словообразующий суффикс, а потом выделить приставку: этот глагол образован от слова *холод* при помощи приставки *по-* и суффикса *-анij-*.

В упражнениях вы научитесь:

— выделять важные в смысловом отношении части слова: корни, суффиксы, префиксы (приставки), постфиксы;

— определять, от каких слов образованы производные слова, в которых есть эти части,

— понимать сложные слова (которые образованы от двух или трёх основ);

— узнавать такие способы образования слов, как субстантивация и аббревиация.

Самая важная для понимания значения часть слова — это **корень**, общая часть группы производных от него слов, имеющих в основе общее значение. Корень выявляется после определения всех других частей слова — как словоизменительных, так и словообразовательных. Например: ***бел**ый, **бел**изна, **бел**оватый, **бел**еть, **бел**ок*. В корне могут происходить чередования конечного согласного, а также гласных. Так как выделить корень не всегда бывает просто, для начала познакомьтесь с префиксами русского языка[1], которые определяются без особых проблем. **Префикс** — это часть слова, которая может стоять только перед корнем, с её помощью образуются новые слова или их формы. Например: ***в**ходить, **супер**модный, **после**вкусие*. Запомните, как выглядят префиксы (как иностранного, так и русского происхождения), какими они могут быть.

В русском языке много префиксов нерусского происхождения:

— у существительных: ***а-, анти-, вице-, де-, дис-, контр-, обер-, ре-, суб-, ультра-, экстра-***;

— у прилагательных: ***а-, гипер-, интер-, пост-, суб-, супер-, транс-, ультра-, экстра***;

— у глаголов: ***де-/дез-, дис-, ре-***.

Префиксов русского происхождения также много, например:

— у существительных: ***без-, не-, после-, пра-, сверх***;

— у прилагательных: ***вне-, внутри-, меж-/между-, наи-, не-, около-, после, через*** и др.

— у глаголов: ***в-, вз-, воз-, вы-, до-, за-, из-, на-, над-, недо-, низ-, о-, об-, от-, пере-, по-, под-, пре-, пред-, при-, про-, раз-, с-, со-, у-***.

**Примечание.** Отметим два фонетических момента: 1) префиксы, заканчивающиеся на согласный, могут иметь фонетическое «о», например: *отошёл, подобрал*; 2) в префиксах, заканчивающихся на «з», перед глухими согласными пишется «с», например: *безбилетный*, но: *бесплатный*.

После того как вы начали зрительно узнавать префиксы, можете начать знакомство с суффиксами. **Суффикс** — это часть слова, стоящая за корнем и образующая новое слово или новую форму слова. Например, *отдох**нуть**, студент**к**а, дом**ик**, реш**ени**е*. Сейчас перечислять суффиксы мы не будем, потому что с анализа производных слов с ними начинаются наши упражнения. В упражнениях мы будем давать информацию о суффиксах, которых в русском языке много больше префиксов — около ста[2].

Отметим также, что есть ещё и **постфиксы**, которые присоединяются к целому слову, а не к его корню, как суффиксы. Постфиксы стоят всегда в конце слова, например: *учить**ся**, какой-**то*** и др. Префиксы, суффиксы и постфиксы называются **аффиксами**. Производные слова образуются от корня с помощью аффиксов по **словообразовательным моделям**. Каждая часть речи использует свои модели словообразования и преимущественно свои аффиксы.

В предлагаемых далее упражнениях мы покажем, как анализировать слова, образованные **морфологическим способом словообразования** (т. е. при помощи префиксов, суффиксов, постфиксами), а также **синтаксическим**, безаффиксным способом: в конце главы рассмотрим варианты словосложения, а для существительных — варианты субстантивации и аббревиации.

Мы будем постоянно предлагать вам в упражнениях новые для вас производные слова. Ваша задача не научиться образовывать новые слова, а анализировать состав знакомых и незнакомых слов, которые вы решили включить в ваш личный активный словарь.

---

[1] Значения префиксов можно изучать позднее — с большей или меньшей детальностью.

[2] Причём суффиксы, как и префиксы, также могут иметь разные значения.

Ещё раз напоминаем: не забывайте об изученных ранее темах и способах группировки слов. Производные слова могут вступать друг с другом в антонимические или синонимические отношения, например: *повышение — понижение, улучшается — повышается*. Производные слова могут употребляться в официальной или неофициальной сфере общения, например: *температура повышается, Димон раздухарился*. Производные слова могут иметь также части иностранного происхождения, например: *антитеррористический*.

**! Мы даём вам в руки инструмент работы с производными словами. Начальные знания** по «узнаванию» производных слов и их частей — это основа курса, с этой информацией полезно ознакомиться уже на второй неделе изучения русского языка. **Средний уровень** — ориентировочно: владение словарем в объёме Первого сертификационного уровня и узнавание словообразовательных моделей, изучаемых согласно требованиям к этому уровню. **Выше среднего уровня** — самостоятельное расширение запаса слов за счёт новых производных и активное освоение широкого круга словообразовательных моделей (индивидуальный выбор учащегося).

**!** Имейте в виду, что не все слова, которые мы включили в упражнения, есть в **лексических минимумах** по разным уровням, поскольку производных слов в русском языке очень много. Надеемся, что скоро вы будете комфортно себя чувствовать в море-океане производных слов и без труда узнавать их (например, ***новости — новый***).

Умение узнавать производные слова — это первый шаг.

# НАЧАЛЬНЫЕ ЗНАНИЯ ПО АНАЛИЗУ ПРОИЗВОДНЫХ СЛОВ

Как обычно, начинаем с простого материала.

Чтобы узнавать производные слова, нужно сначала научиться выделять наиболее употребительные префиксы и суффиксы.

Следует также обращать внимание на возможные чередования в корне слова и в аффиксах.

Мы систематизировали для вас материал, поэтому вы можете поучиться узнавать многие русские слова, а в некоторых случаях — их моделировать. Постараемся вам помочь почувствовать себя более или менее комфортно. Для первого шага этого будет достаточно.

Второй шаг — постарайтесь выбрать для себя те производные слова, которые вы будете в дальнейшем использовать. Вы можете это сделать самостоятельно или с помощью преподавателя. Выбранные производные слова нужно активизировать: придумывать с ними свои примеры, запоминать, от каких слов и по каким моделям они образованы. Такая работа должна дать вам некоторую свободу в языке и помочь увидеть определённые закономерности при моделировании производных слов.

Задания этой части советуем выполнить все, с небольшими паузами. Желательно все слова проговаривать и, таким образом, запоминать на слух. Помните: быстрое и громкое проговаривание новых слов даёт вам возможность хорошо запоминать слова![1]

На данном этапе мы «входим» в систему анализа состава слова, учимся не бояться новых слов и — параллельно! — учимся разбирать некоторые новые для вас слова, которые часто употребляются.

Начинаем с существительных — и по формальной традиции, и потому, что многие существительные чаще других частей речи включают в свой состав самые разнообразные суффиксы (например, уменьшительные или ласкательные: *машинка* = «маленькая машина» или «любимая машина».

[1] Слуховая опора необходима для восприятия информации в нормальном темпе, а также для последующего воспроизведения прослушанных ранее слов и фраз.

*Упражнение 1.* **Повторите суффикс *-к-*. Обратите внимание на чередования.**

Модель: минута — минутка.

машина —
программа —
тетрадь —
морковь —
дочь —
лошадь —
неделя —

собака —
подруга —
книга —
рука —
нога —
река —
конфета —

*Упражнение 2.* **Повторите суффикс *-очк- (-ечк-)*, запомните его значение: «маленький» или «любимый». Попробуйте вывести правило употребления вариантов суффикса. Придумайте предложения с некоторыми словами.**

Модель: чашка — чашечка. (Я хочу выпить чашечку кофе.)

сумка —
улыбка —
открытка —
карта —
водка —
лампа —

кружка —
картошка —
подушка —
кошка —
книжка —
ложка —

*Упражнение 3.* **Повторите суффикс *-ик- (-чик-)*. Попробуйте вывести правило употребления вариантов суффикса. Придумайте предложения с некоторыми словами. Какой это стиль: официальный или разговорный?**

Модель: стол — столик, стул — стульчик.

билет —
диктант —
словарь —
текст —
карандаш —
самолёт —
глаз —
нос —
рот —
зуб —

автомобиль —
стул —
бокал —
костюм —
альбом —
лимон —
апельсин —
ресторан —
базар —
трамвай —

*Упражнение 4.* **Повторите суффиксы *-ок- (-ёк-)* , *-очек- (-ёчек-)*. Попробуйте вывести правило употребления вариантов суффикса. Какой это стиль?**

Модель: сын — сынок — сыночек.

город —
номер —
остров —

день —
час —
месяц —

раз —
пирог —
друг —
чай —
кофе —
сахар —

***Упражнение 5.* Повторите суффикс *-к-*. Образуйте слова по модели. Что он обозначает в этих производных словах?**

Модель: студент — студентка.

артист —
аспирант —
магистрант —
пианист —

***Упражнение 6.* На контроль. Выделите уменьшительные или ласкательные суффиксы в приведённых ниже словах. Придумайте с некоторыми словами предложения.**

1. денёк — речка — рыбки — птички. 2. столик — стульчик — кроватка — братик — годик. 3. мамочка — сыночек — пирожок. 4. вечерок — чашечка — чаёк. 5. ресторанчик — рюмочка — водочка. 6. записная книжечка — номерок — телефончик. 7. шарфик — шапочка — ботиночки — чемоданчик. 8. конвертик — открыточка. 9. городок — базарчик — морковочка — картошечка — лучок — чесночок — огурчик — помидорчик . 10. верблюдик — слоник — лошадка. 11. дружок — собачка — кошечка. 12. игрушечка — машинка — самолетик — солдатик. 13. апельсинчик — бананчик — яблочко — виноградик — мандаринчик. 14. книжки — тетрадки — диктантик — словарик.

**!** Учимся узнавать прилагательные! Это не так сложно. Наблюдайте! Будьте внимательны, пожалуйста.

***Упражнение 7.* Повторите суффикс *-ск-*. Обратите внимание на чередования.**

М о д е л ь: Петербург — петербургский.

университет —
факультет —
Нева —
Россия —
Финляндия —
финн —
Япония —
Англия —
Украина —
философия —
пассажир —
город —
море —
Русь —
Советы —
дети —
Болгария —
Чехия —

***Упражнение 8.* Повторите суффикс *-ов- (-ев-)*.**

М о д е л ь: апельсин — апельсиновый.

банан —
абрикос —
продукты —
сад —
дворец —
рубль —
свет —
нос —
роза —
класс —

год —
час —
берёза —
ель —

***Упражнение 9.*** **Повторите суффикс *-н-*.**

М о д е л ь: лимон — лимонный.

контроль —
архитектура —
минута —
шоколад —
конфета —
сахар —
яблоко —
молоко —
рыба —
мясо —
суббота —
лето —
зима —
весна —
осень —
проблема —
мода —
система —
библиотека —
книга —
интерес —
глагол —

***Упражнение 10.*** **Повторите суффикс *-ическ-*.**

М о д е л ь: филолог(ия) — филологический.

история —
политика —
экономика —
физика —
химия —
математика —
дипломат —
астрономия —
астрология —
биология —
география —
филология —

***Упражнение 11.*** **На контроль. Придумайте с некоторыми словами предложения.**

1. родительский — детский. 2. университетский — волейбольный. 3. общежитский — библиотечный. 4. медицинский — аптечный. 5. уличный — садовый — комнатный. 6. космический — земной. 7. газетный — журнальный — периодический. 8. магазинный — уличный. 9. хозяйский — квартирный. 10. воскресный — субботний — вечерний — утренний — дневной — ночной. 11. телефонный — городской. 12. апельсиновый — яблочный — ананасовый — персиковый. 13. праздничный — выходной. 14. балетный — оперный — модный. 15. автобусный — трамвайный — троллейбусный. 16. исторический — архитектурный — литературный — пушкинский. 17. морской — речной. 18. летний — зимний.

**!** Учимся видеть связи слов — и по значению, и по форме. Думайте, анализируйте, запоминайте!

***Упражнение 12.*** **Повторите глагольные суффиксы: суффикс *-е-*.**

М о д е л ь: белый — белеть.

красный —
чёрный —
синий —
старый —

тёмный —
зелёный —
молодой—
умный —

*Упражнение 13.* **Определите, от каких глаголов образованы данные ниже слова.**

учитель —
преподаватель —
писатель —
работа —
любовь —
жизнь —
игрушка —
мыло —

*Упражнение 14.* **Определите, от каких существительных образованы прилагательные в данных ниже словосочетаниях.**

Модель: Наташина подруга — подруга Наташи.

мамина сестра —
папина сестра —
Ванина мама —
Танин словарь —
«Кошкин дом» —

! Префиксы и суффиксы участвуют в формообразовании. Повторим вид глагола. Как могут образовываться глаголы совершенного вида от глаголов несовершенного вида?

*Упражнение 15.* **Определите, от каких глаголов образованы данные глаголы совершенного вида.**

прочитать —
посмотреть —
послушать —
поговорить —
познакомиться —
сделать —
сыграть —
сфотографировать —
съесть —
выпить —
выучить —
написать —
нарисовать —
приготовить —
заплатить —
подождать —
рассказать —
увидеть —
услышать —
узнать —

*Упражнение 16.* **Придумайте с некоторыми словами предложения.**

1. поумнеть. 2. покраснеть. 3. пожелтеть. 4. поглупеть. 5. позавтракать. 6. пообедать. 7. поужинать.

! Повторим вид глагола. Как могут образовываться глаголы несовершенного вида от глаголов совершенного вида?

*Упражнение 17.* **Определите, от каких глаголов образованы данные глаголы несовершенного вида.**

давать —
открывать —
закрывать —
получать —
повторять —
понимать —

вставать —
забывать —
рассказывать —
спрашивать —
рассматривать —
решать —

начинать —
запоминать —
собирать —
выбирать —
заболевать —
отдохнуть —

**!** Выполним упражнения на анализ. Пожалуйста, набирайте свой «запас» префиксов и суффиксов!

***Упражнение 18.*** **Определите, от каких прилагательных образованы данные слова.**

Модель: новость — новый.

старик —
умница —
бедняк —
здоровье —

молодость —
красота —
высота —
доброта —

***Упражнение 19.*** **Определите, от каких прилагательных образованы данные слова.**

Модель: красиво — красивый.

быстро —
медленно —
хорошо —
плохо —

трудно —
легко —
просто —
правильно —

***Упражнение 20.*** **Определите, от каких прилагательных образованы данные слова.**

Модель: по-русски — русский.

по-английски —
по-китайски —
по-испански —
по-итальянски —
по-французски —

по-немецки —
по-фински —
по-шведски —
по-корейски —
по-арабски —

***Упражнение 21.*** **Определите, от каких существительных образованы данные ниже наречия.**

Модель: днём — день.

утром —
вечером —
ночью —
весной (весною) —
зимой (зимою) —

летом —
осенью —
дома —
домой —
временами —

*Упражнение 22.* **Из предложенного в предыдущих упражнениях материала выберите 10 или более производных слов, которые вы хотели бы активно использовать. Составьте с ними предложения. Обращайте, пожалуйста, внимание на стиль и ситуацию употребления новых для вас слов.** (Н)

# АНАЛИЗ СЛОВ, ОБРАЗОВАННЫХ РАЗЛИЧНЫМИ СПОСОБАМИ: СУФФИКСАЦИЯ

Проделаем работу по анализу производных слов (разные части речи), которые образованы от других слов при помощи суффиксов. Посмотрите, пожалуйста, как быстро вы будете повышать свой уровень владения языком. Далее вы можете расширить свои знания, набирая в свой активный запас новые и нужные для вас русские слова.

Как и прежде, не забывайте о смысловых (семантических) связях, которые могут быть установлены между производными словами (антонимические, синонимические и т. п.). Обратите внимание на стилистическую принадлежность новых для вас производных слов: будет ли это стиль официальный либо разговорный и просторечный? Например, какой вариант более разговорный: *маршрутное такси* или *маршрутка*?

Упражнения советуем делать выборочно, то есть не все. Воспринимайте это как небольшие задачи по разгадыванию кроссвордов! Постарайтесь почувствовать вкус к работе такого рода. Упражнений много, поэтому их можно делать небольшими порциями: каждый раз понемногу.

**Примечания:**

1. Следует иметь в виду, что один и тот же суффикс может в разных словах иметь разные значения.

2. Для глаголов мы отдельно рассмотрим производные слова с суффиксами, постфиксами, а также суффиксами и постфиксами вместе.

3. Для существительных мы рассмотрим также и безаффиксный способ словообразования.

*Упражнение 23.* **Определите, от каких глаголов образованы данные слова.** (С)

житель —
проситель —
преподаватель —
мечтатель —
смотритель —
мыслитель —
создатель —
слушатель —
спасатель —
двигатель —

*Упражнение 24.* **Определите, от каких глаголов образованы данные слова.** (С)

шутник —
сборник —
ученик —
работник —
путешественник —

*Упражнение 25.* **Определите, от каких глаголов образованы данные слова.** (С)

танцовщик —
разносчик —
курильщик —
чистильщик —

обидчик —
обманщик —
мойщик —
лётчик —
носильщик —
плательщик —
холодильник —
будильник —
морозильник —
умывальник —

***Упражнение 26.*** **Определите, от каких глаголов образованы данные слова.**

продавец —
жилец —
кормилец —
лежак —
бегун —
говорун —
молчун —
знаток —
игрок —
стрелок —
заработок —
каток —

***Упражнение 27.*** **Придумайте с некоторыми словами предложения.**

1. житель. 2. преподаватель. 3. писатель. 4. мечтатель. 5. шутник. 6. путешественник. 7. сборник. 8. танцовщик. 9. холодильник. 10. будильник. 11. лётчик. 12. обманщик. 13. продавец. 14. бегун. 15. знаток. 16. каток.

***Упражнение 28.*** **На контроль. Из предложенного в предыдущих упражнениях материала выберите 10 или более производных слов, которые вы хотели бы активно использовать. Составьте с ними предложения. Обратите, пожалуйста, внимание на стиль и ситуацию употребления.**

***Упражнение 29.*** **Определите, от каких глаголов образованы данные слова. Знаете ли вы эти слова?**

рисование —
чтение —
пение —
доигрывание —
задание —
курение —
волнение —
уважение —
путешествие —
прибытие —
предприятие —
окончание —
веселье —
Рождество —

***Упражнение 30.*** **Определите, от каких глаголов образованы данные слова. Знаете ли вы эти слова?**

дружба —
просьба —
ходьба —
борьба —
служба —
жалоба —
беготня —
инструктаж —
платёж —
звонок —
прыжок —
поступок —
жалость —
дурость —
ненависть —
удача —
дача —
передача —
выигрыш —
проигрыш —

*Упражнение 31.* **Определите, от каких прилагательных образованы данные слова.**

молодец —
красавец —
старец —
глупец —
счастливец —
мертвец —
безумец —
любимец —

*Упражнение 32.* **Определите, от каких прилагательных образованы данные слова.**

Орловщина —
Вологодчина —
божество —
семейство —
Отечество —
тихоня —
белок —
желток —
великан —
юноша —
левша —
молодёжь —
молодняк —
новатор —

*Упражнение 33.* **Определите, от каких прилагательных образованы данные слова.**

пустырь —
отчизна —
доброта —
будущность —
готовность —
общность —
молодость —
знаменитость —
большинство —
меньшинство —
братство —
знакомство —
студенчество —
реализм —
идеализм —
различие —
здоровье —
спокойствие —

*Упражнение 34.* **Определите, от каких прилагательных образованы данные слова.**

безработица —
разница —
темнота —
краснота —
чистота —
быстрота —
вкуснота —
желтизна —
новизна —
дешевизна —
дороговизна —
величина —
ширина —
вышина —
низина —
синева —
теплынь —
злоба —

*Упражнение 35.* **Определите, от каких существительных образованы данные слова.**

чайник —
колхозник —
справочник —
полдник —
медвежатник —
двоечник —
моряк —
земляк —
дурак —
циркач —
скрипач —
силач —

травник —
водопроводчик —
рыбак —
москвич —
Иванович —
царевич —

***Упражнение 36.*** **Определите, от каких существительных образованы данные слова.**

киевлянин —
волжанин —
англичанин —
словарь —
библиотекарь —
аптекарь —
букварь —
архитектор —
скульптор —
боксёр —
идеалист —
тракторист —
историк —
электрик —

***Упражнение 37.*** **При помощи суффикса *-ист-* образуйте существительные от следующих слов.**

журнал —
гитара —
трактор —
танк —
футбол —
велосипед —
коммуна —
такси —

***Упражнение 38.*** **При помощи суффикса *-ик-* образуйте существительные от следующих слов.**

химия —
ботаника —
физика —
критика —
политика —
техника —
академия —
аналитика —

***Упражнение 39.*** **При помощи суффиксов *-ок-* или *-ик-* образуйте существительные от следующих слов.**

город —
чай —
кофе —
лист —
голос —
месяц —
год —
день —
час —
словарь —
дождь —
рубль —
арбуз —
заяц —

***Упражнение 40.*** **Определите, от каких существительных образованы данные слова.**

практикант —
лаборант —
магистрант —
миллионер —
кассир —
хлебница —
кофейня —
свинарня —
коммунизм —
ленинизм —
героизм —
терроризм —

сахарница —
супница —
салатница —

патриотизм —
царизм —
большевизм —

***Упражнение 41.*** **Придумайте с некоторыми словами предложения.** (С)

1. чайник. 2. справочник. 3. полдник. 4. водопроводчик. 5. земляк. 6. скрипач. 7. Петрович. 8. помощник. 9. журналист. 10. киевлянин. 11. практикант. 12. машинист. 13. химик. 14. библиотекарь. 15. мотоциклист. 16. архитектор.

***Упражнение 42.*** **Определите, от каких существительных образованы данные слова.** (С)

свинина —
баранина —
низина —
вершина —
сердцевина —
курятина —
космонавтика —
электроника —
журналистика —
педагогика —

биология —
дипломатия —
астрономия —
поэзия —
драматургия —
кинематография —
ректорат —
деканат —
одессит —
грузин —

***Упражнение 43.*** **Определите значение приведенных ниже слов.** (С)

соседка —
пассажирка —
коммунистка —
одесситка —
морячка —
хозяйка —
царица —
певица —
однофамилица —
медведица —
тигрица —

учительница —
слушательница —
Владимировна —
царевна —
богиня —
героиня —
принцесса —
стюардесса —
поэтесса —
актриса —
директриса —

***Упражнение 44.*** **Придумайте с некоторыми словами предложения.** (С)

1. соседка. 2. царица. 3. певица. 4. учительница. 5. богиня. 6. принцесса. 7. стюардесса. 8. актриса.

***Упражнение 45.*** **На контроль. Из предложенного в предыдущих упражнениях материала выберите 10 или более производных слов, которые вы хотели бы активно использовать. Составьте с ними предложения. Обратите, пожалуйста, внимание на стиль и ситуацию употребления.** (К) (С)

***Упражнение 46.*** **Определите, от каких глаголов образованы данные ниже постфиксальные глаголы. С некоторыми из них составьте предложения.**

называться —
начинаться —
кончаться —
радоваться —
интересоваться —
беспокоиться —
встречаться —
извиняться —
хотеться —
фотографироваться —

***Упражнение 47.*** **Определите, от каких глаголов образованы данные ниже постфиксальные глаголы. С некоторыми из них составьте предложения.**

мыться —
умываться —
одеваться —
купаться —
причесываться —
бриться —
обниматься —
целоваться —
изменяться —
меняться —
расширяться —
соединяться —
улучшаться —
собираться —
возвращаться —
торопиться —
стучаться —
чувствоваться —
двигаться —
оканчиваться —
отказываться —
показаться —
мириться —
увеличиваться —

***Упражнение 48.*** **Замените постфиксальные (= возвратные) глаголы невозвратными.**

М о д е л ь: Квартира продаётся. — Квартиру продают. (= Я продаю квартиру.)

1. Названия городов пишутся с большой буквы. 2. Как готовится это блюдо? 3. Этот суп варится очень быстро. 4. Этот артист снимается во многих фильмах. 5. Этот столик не обслуживается. 6. Мальчик воспитывался в детском доме. 7. Некоторые полезные ископаемые в Европе не добываются. 8. Между этими явлениями легко обнаруживается связь. 9. Эти изделия у нас не выпускаются. 10. Эта работа выполняется очень просто. 11. Ожидается кратковременный дождь. 12. Победитель награждается золотой медалью.

***Упражнение 49.*** **Определите, можно ли употребить данные глаголы без «-ся». Придумайте с этими глаголами предложения, обращая внимание на грамматику.**

бояться —
улыбаться —
удаться —
смеяться —
нравиться —
надеяться —
гордиться —
лениться —
стараться —
сомневаться —
понадобиться —
ложиться —
садиться —
становиться —
смеркаться —
нездоровиться —

*Упражнение 50.* **Определите, от каких числительных, прилагательных или глаголов образованы данные слова.**

десятка —
девятка —
сотня —
пятак —
десяток —
зелень —
даль —
синь —
примитив —
ультрафиолет —
игра —
работа —
добро —
зло —
тепло —
дело —
контроль —
кашель —
ход —
отдых —
вход —
выход —
еда —
замена —

*Упражнение 51.* **Определите, от каких глаголов образованы данные слова.**

помощь —
переговоры —
выборы —
роды —
уговоры —
весы —
печь —
торги —
проводы —
счёты —

*Упражнение 52.* **Придумайте с некоторыми словами предложения.**

1. десятка. 2. сотня. 3. добро. 4. зло. 5. дело. 6. кашель. 7. еда. 8. зелень. 9. игра. 10. тепло. 11. контроль. 12. вход. 13. помощь. 14. весы.

*Упражнение 53.* **Какие языки можно изучать? Вы сможете ответить на этот вопрос, если образуете прилагательные от данных ниже слов.**

немец —
француз —
итальянец —
испанец —
китаец —
японец —
кореец —
Англия —
Португалия —
Турция —
Чехия —
Словакия —
поляк —
татарин —
финн —
швед —
Норвегия —
арабы —

*Упражнение 54.* **На контроль. Из предложенного в предыдущих упражнениях материала выберите 10 или более производных слов, которые вы хотели бы активно использовать. Составьте с ними предложения. Обратите, пожалуйста, внимание на стиль и ситуацию употребления.**

***Упражнение 55.*** **Прочитайте словосочетания. Понимаете ли вы их? От каких слов образованы прилагательные? Выберите себе несколько вариантов для активного использования и составьте с ними предложения.**

библейские сюжеты —
полицейская академия —
усатый жук —
бородатый человек —
волосатые ноги —
каменистая дорога —
пенистое пиво —

фальшивые деньги —
счастливый случай —
талантливый ученик —
правдивый ответ —
дождливый день —
жалостливый человек —
кокетливая девушка —

***Упражнение 56.*** **Прочитайте словосочетания. Понимаете ли вы их? От каких глаголов образованы прилагательные? Выберите себе несколько слов для активного использования и составьте с ними предложения.**

заметные успехи —
записная книжка —
проездной билет —
разводной мост —
складной нож —
привычная работа —
стиральная машина —
читальный зал —

купальный костюм —
влюбчивый парень —
улыбчивая девушка —
доверчивый человек —
отзывчивый человек —
устойчивый климат —
забывчивый сосед —
обидчивый приятель —

***Упражнение 57.*** **Придумайте с некоторыми словами предложения.**

1. заметный. 2. записной. 3. проездной. 4. складной. 5. привычный. 6. усталый. 7. забывчивый. 8. доверчивый. 9. влюбчивый. 10. читальный. 11. купальный. 12. обидчивый. 13. умелый. 14. рваный.

***Упражнение 58.*** **Прочитайте словосочетания. Образуйте существительные, синонимичные данным словосочетаниям. Как изменится стиль?**

М о д е л ь: Технологический институт — Техноложка.

Неотложная помощь —
маршрутное такси —
«Комсомольская правда» —
«Литературная газета» —
вечерняя газета —
Третьяковская галерея —

Гостиный Двор —
тушёное мясо —
сгущённое молоко —
комиссионный магазин —
публичная библиотека —
читальный зал —

***Упражнение 59.*** **Прочитайте слова. Понимаете ли вы их? От каких слов образованы прилагательные? Выберите себе несколько слов для активного использования и составьте с ними словосочетания или предложения.**

сероватый —
сладковатый —
дороговатый —

богатейший —
злейший —
величайший —

глупенький — | ужаснейший —
маленький — | легковой —

***Упражнение 60.*** **От каких слов образованы данные ниже прилагательные? Составьте с этими прилагательными предложения.**

| | |
|---|---|
| больший — | третий — |
| меньший — | четвёртый — |
| лучший — | пятый — |
| ближний — | шестнадцатый — |
| здешний — | двадцатый — |
| домашний — | двухсотый — |
| вчерашний — | двухтысячный — |

***Упражнение 61.*** **Придумайте с некоторыми словами предложения.**

1. синеватый. 2. староватый. 3. глупенький. 3. богатейший. 4. учёнейший. 5. величайший. 6. ужаснейший. 7. легковой. 8. слабоватый. 9. солоноватый. 10. двойной. 11. домашний. 12. вчерашний. 13. шестисотый. 14. второй.

***Упражнение 62.*** **Образуйте наречия с суффиксом *-о-* от данных ниже прилагательных. Обратите внимание на ударение: будет ли оно изменяться?**

Модель: приятный — приятно.

| | |
|---|---|
| грустный — | близкий — |
| весёлый — | высокий — |
| ясный — | низкий — |
| холодный — | чистый — |
| жаркий — | грязный — |
| тёплый — | умный — |
| тяжёлый — | глупый — |
| лёгкий — | тёмный — |
| далёкий — | светлый — |

***Упражнение 63.*** **Прочитайте данные ниже количественные числительные, а затем запишите их. Проследите, как они образованы (суффиксы *-надцать* и *-дцать*). Обратите внимание на ударение в числительных.**

| | |
|---|---|
| одиннадцать — | шестнадцать — |
| четырнадцать — | семнадцать — |
| двенадцать — | восемнадцать — |
| тринадцать — | девятнадцать — |
| четырнадцать — | двадцать — |
| пятнадцать — | тридцать — |

***Упражнение 64.*** **При помощи суффикса *-тель* образуйте существительные от следующих глаголов.**

очистить —
потребить —
вредить —
проигрывать —
увлажнить —

производить —
нанимать —
предохранить —
отражать —
излучать —

***Упражнение 65.*** **Определите, от каких глаголов образованы следующие слова.**

прыгун —
врун —
хвастун —
певун —
скакун —

ходок —
поплавок —
кипяток —
отпечаток —
подросток —

***Упражнение 66.*** **Определите, от каких глаголов образованы данные слова.**

пекарь —
звонарь —
пахарь —
лекарь —
экзаменатор —
организатор —

аккомпаниатор —
репетитор —
вентилятор —
дирижёр —
дублёр —
инвестор —

***Упражнение 67.*** **Определите, от каких глаголов образованы данные слова.**

абонент —
ассистент —
конкурент —
симулянт —
рецензент —
оппонент —
аттестат —

грелка —
зажигалка —
открывалка —
парилка —
заколка —
лейка —
болтушка —

***Упражнение 68.*** **Прочитайте данные ниже слова. Что они означают? От каких глаголов они образованы?**

послание —
растение —
наказание —
издание —
дыхание —
нападение —
спасение —

падение —
жилище —
заморозки —
развитие —
доказательство —
воровство —

*Упражнение 69.* **Определите, от каких прилагательных образованы данные слова.**

утренник —
ежегодник —
рыжик —
черновик —
воспитанник —
купальник —
дождевик —
тайник —

*Упражнение 70.* **При помощи суффикса *-ость* образуйте существительные от данных ниже прилагательных.**

честный —
робкий —
сухой —
медлительный —
замкнутый —
низкий —
искренний —
обидчивый —

*Упражнение 71.* **При помощи суффикса *-ник* образуйте существительные от данных ниже слов. Объясните значение полученных слов с суффиксом *-ник*.**

двор —
помощь —
виноград —
цветы —
вопросы —
задачи —
лёд —
цена —
градус —
сон —

*Упражнение 72.* **Определите, от каких существительных образованы данные слова.**

христианин —
молдаванин —
египтянин —
интриган —
политикан —
главарь —
вратарь —
бунтарь —
юбиляр —
шахтёр —
сенатор —
визитёр —
скандалист —
сценарист —
фанатик —
теоретик —

*Упражнение 73.* **Определите значение приведенных ниже слов.**

цыганка —
гречанка —
голубка —
полька —
мастерица —
свидетельница —
слониха —
зайчиха —
трусиха —
миллионерша —
библиотекарша —
сударыня —
княгиня —
монахиня —
рабыня —
лгунья —
драчунья —
баронесса —

***Упражнение 74.*** **Определите значение приведенных ниже слов.**

волчонок —
чертёнок —
лисёнок —
мышонок —
котёнок —

***Упражнение 75.*** **При помощи суффикса *-инк-* образуйте существительные от следующих слов.**

виноград —
картофель —
картошка —
макароны —
чай —
снег —
дождь —
пыль —
жир —
лёд —

***Упражнение 76.*** **На контроль. Из предложенного в предыдущих упражнениях материала выберите 10 или более производных слов, которые вы хотели бы активно использовать. Составьте с ними предложения. Обратите, пожалуйста, внимание на стиль и ситуацию употребления.**

***Упражнение 77.*** **Прочитайте словосочетания. Понимаете ли вы их? От каких слов образованы прилагательные? Выберите себе несколько вариантов для активного использования и составьте с ними предложения.**

отцово ружьё —
«Иваново детство» —
крокодиловы слёзы —
Берингово море —
(не)евклидова геометрия —
«Дядюшкин сон» —
государев указ —
Ласточкино гнездо —
Магелланов пролив —

***Упражнение 78.*** **Прочитайте словосочетания. Понимаете ли вы их? От каких слов образованы прилагательные? Выберите себе несколько вариантов для активного использования и составьте с ними предложения.**

собачий холод —
лисьи следы —
птичий рынок —
рыбий жир —
рыбачья лодка —
девичий смех —
старушечья походка —
ребячий смех —
комариный укус —
хлебный завод —
морковный сок —
книжный шкаф —
интеллигентный человек —
дружная группа —

***Упражнение 79.*** **Составьте словосочетания по образцу. Придумайте с этими словосочетаниями предложения.**

М о д е л ь: конь (завод) — конный завод. На юге России есть конные заводы.

лаборатория (работа) —
рыба (консервы) —
массаж (кабинет) —
картофель (пюре) —
наука (руководитель) —
футбол (мяч) —
праздник (платье) —
ночь (страхи) —

колокол (звон) —
яблоко (пирог) —
парус (судно) —
зубы (врач) —
война (положение) —
зима (стужа) —

*Упражнение 80.* **Прочитайте словосочетания. Понимаете ли вы их? От каких слов образованы прилагательные? Выберите себе несколько вариантов для активного использования и составьте с ними предложения.**

беличий хвост —
телячья отбивная —
поросячий визг —
лебяжий пух —
черепаший суп —
овечий тулуп —
кроличья шубка —
крысиная нора —
туберкулёзный санаторий —
ювелирная работа —
полезный совет —
пятимиллионный житель —
профсоюзный лидер —
комплексный обед —

*Упражнение 81.* **Прочитайте словосочетания. Понимаете ли вы их? От каких слов образованы прилагательные? Выберите себе несколько вариантов для активного использования и составьте с ними предложения.**

письменный экзамен —
обеденный перерыв —
болезненный вид —
индивидуальные занятия —
спортивный магазин —
дневной свет —
национальная политика —
конституционная монархия —
образовательная программа —
душевная забота —
врачебная помощь —
судебный процесс —

*Упражнение 82.* **Прочитайте словосочетания. Понимаете ли вы их? От каких слов образованы прилагательные? Выберите себе несколько вариантов для активного использования и составьте с ними предложения.**

умственный труд —
женственная походка —
телевизионные передачи —
экзаменационная ведомость —
инстинктивное движение —
молекулярное движение —
восторженный отзыв —

*Упражнение 83.* **Прочитайте словосочетания. Понимаете ли вы их? От каких слов образованы прилагательные? Выберите себе несколько вариантов для активного использования и составьте с ними предложения.**

песчаный пляж —
шариковая ручка —
кленовый лист —
сосновый бор —
шёлковый платок —
толковый словарь —
хреновое положение —
оркестровая яма —
олимпийский огонь —
альпийский курорт —
ржаной хлеб —
овсяные хлопья —
деревянный дом —
стеклянные бусы —
комфортабельный дом —
коммуникабельный человек —
квалифицированный рабочий —
эрудированный мальчик —
вишнёвый сок —

***Упражнение 84.*** **Прочитайте словосочетания. Понимаете ли вы их? От каких слов образованы прилагательные? Выберите себе несколько вариантов для активного использования и составьте с ними предложения.**

ледяной воздух —
кожаное пальто —
серебряное кольцо —
апельсиновый сок —
береговая охрана —
подростковый период —
питьевая вода —
голосовая связь —
отцовская библиотека —

ленинский курс —
канцелярские товары —
африканские страны —
республиканские соревнования —
коммунистическая партия —
экономические реформы —
краеведческий музей —
марсианские жители —
героическая борьба —

***Упражнение 85.*** **При помощи суффиксов *-ив-, -лив-* или *-чив-* образуйте прилагательные от данных ниже глаголов.**

Модель: улыбаться (ребёнок) — улыбчивый ребёнок.

влюбиться (поэт) —
обидеться (сотрудник) —
доверять (девушка) —
молчать (попутчики) —
болтать (соседка) —
задуматься (вид) —

разобраться (приятель) —
ревновать (муж) —
лгать (слова) —
надоесть (сосед) —
беречь (хозяйка) —
выносить (лошадь) —

***Упражнение 86.*** **Прочитайте словосочетания. Понимаете ли вы их? От каких глаголов образованы прилагательные? Выберите себе несколько слов для активного использования и составьте с ними предложения.**

жилой дом —
усталый человек —
умелые руки —
отсталый человек —
варёное мясо —
жареная картошка —
мороженая рыба —
крытый манеж —

рваный пиджак —
краденый кошелек —
ворованные деньги —
крашеные волосы —
чищеные орехи —
печёный картофель —
солёный огурец —
пьяный прохожий —

***Упражнение 87.*** **Прочитайте словосочетания. Понимаете ли вы их? От каких глаголов образованы прилагательные? Выберите себе несколько слов для активного использования и составьте с ними предложения.**

крёстный отец —
съедобный гриб —
лечебная грязь —
швейная машинка —
спальный мешок —
родильный дом —
очаровательная девушка —

предусмотрительный человек —
страховая компания —
торговый флот —
жалкий вид —
терпимая боль —
изменяемая форма —
взрывчатые вещества —

дыхательный аппарат —
повелительное наклонение —
летучие вещества —
ходячий больной —

***Упражнение 88.*** **При помощи суффикса *-оват-* образуйте прилагательные от следующих слов.**

слабый —
*солёный —
великий —
тёмный —
грубый —
розовый —
крепкий —
глупый —
бледный —
красный —

***Упражнение 89.*** **Суффикс *-и-*. Определите, от каких существительных образованы данные глаголы.**

гостить —
солить —
перчить —
смешить —
стыдить —
мусорить —
рыбачить —
бомбить —

***Упражнение 90.*** **При помощи суффикса *-и-* образуйте глаголы от данных ниже слов.**

белый —
глупый —
хитрый —
разнообразный —
холодный —
молодой —
старый —
чистый —
бодрый —
фальшивый —

***Упражнение 91.*** **Определите значение приведённых ниже производных глаголов. Придумайте с некоторыми словами предложения.**

1. солить. 2. гостить. 3. смешить. 4. мусорить. 5. рыбачить. 6. бомбить. 7. грустить. 8. гладить. 9. дорожить. 10. сердить. 11. глупить. 12. чистить.

***Упражнение 92.*** **Определите, от каких существительных и прилагательных образованы данные глаголы.**

ночевать —
дневать —
зимовать —
планировать —
конспектировать —
копировать —
экранизировать —
финансировать —
группировать —
программировать —
праздновать —
критиковать —
пустовать —
адресовать —
маршировать —
пломбировать —
советовать —
расходовать —

***Упражнение 93.*** **Определите, от каких существительных и прилагательных образованы данные ниже глаголы.**

бездельничать —
секретничать —
жадничать —
нервничать —

осторожничать —
вредничать —
кокетничать —
домовничать —

***Упражнение 94.*** **При помощи суффикса *-нича-* образуйте глаголы от данных ниже существительных.**

бездельник —
лентяй —
лодырь —
нахал —
жулик —
мошенник —
попрошайка —
сплетник —
подхалим —
ябеда —

***Упражнение 95.*** **Определите, от каких существительных и прилагательных образованы данные ниже глаголы.**

приветствовать —
безумствовать —
властвовать —
соответствовать —
геройствовать —
свидетельствовать —
мудрствовать —
учительствовать —

***Упражнение 96.*** **Придумайте предложения с некоторыми из приведённых ниже производных глаголов.**

1. ночевать. 2. планировать. 3. конспектировать. 4. праздновать. 5. критиковать. 6. пустовать. 7. советовать. 8. пломбировать. 9. нервничать.

***Упражнение 97.*** **Придумайте предложения с некоторыми из приведённых ниже производных глаголов.**

1. расходовать. 2. бездельничать. 3. секретничать. 4. вредничать. 5. кокетничать. 6. жадничать. 7. приветствовать. 8. соответствовать. 9. геройствовать.

***Упражнение 98.*** **Определите, от каких глаголов образованы данные слова.**

ахнуть —
мяукнуть —
крикнуть —
глянуть —
шепнуть —
чихнуть —
дунуть —
сунуть —
махнуть —
толкнуть —
рискнуть —
кинуть —
тронуть —
зевнуть —
плюнуть —
тряхнуть —

***Упражнение 99.*** **Определите, от каких глаголов образованы данные слова.**

доигрывать —
посылать —
забирать —
отбирать —
загорать —
заболевать —
обманывать —
отрывать —
отрабатывать —
напоминать —
высмеивать —
выздоравливать —

***Упражнение 100.*** **Образуйте наречия с суффиксом *-о* или *-е* от данных ниже прилагательных.**

короткий —
широкий —
узкий —
средний —
сильный —
слабый —
крупный —
мелкий —
глубокий —
горячий —
тайный —
явный —
злой —
любопытный —
краткий —
полный —
пустой —
внезапный —
доброжелательный —
молодой —

***Упражнение 101.*** **Образуйте по модели наречия от данных ниже слов. Определите, какую функцию выполняют эти наречия в предложении.**

М о д е л ь: белый — белым-бело.

чёрный —
давний —
полный —
зелёный —
светлый —

***Упражнение 102.*** **Прочитайте наречия. Знаете ли вы их? Когда они употребляются?**

пятью —
шестью —
семью —
восемью —
дважды —
трижды —
четырежды —
однажды —
единожды —

***Упражнение 103.*** **Выполните арифметические действия.**

1. дважды два = ... . 2. дважды три = ... . 3. пятью пять = ... . 4. семью семь = ... . 5. восемью восемь = ... . 6. девятью девять = ... . 7. десятью десять = ... . 8. четырежды восемь = ... .

***Упражнение 104.*** **Составьте предложения с некоторыми из данных ниже слов. Не забывайте о стиле!**

1. рановато. 2. поздновато. 3. далековато. 4. тяжеловато. 5. трудновато. 6. грязновато. 7. слабовато. 8. страшновато. 9. частенько. 10. хорошенько. 11. быстренько. 12. аккуратненько.

***Упражнение 105.*** **Прочитайте данные ниже собирательные числительные, а затем запишите их. Проследите, с помощью каких суффиксов они образованы (*-о-/-й-* и *-ер-*). Обратите внимание на ударение в числительных.**

двое —
трое —
четверо —
пятеро —
шестеро —
семеро —
восьмеро —
девятеро —
десятеро —

# АНАЛИЗ СЛОВ, ОБРАЗОВАННЫХ РАЗЛИЧНЫМИ СПОСОБАМИ: ПРЕФИКСАЦИЯ

Рассмотрим производные слова, которые образованы от других слов при помощи префиксов (приставок). Посмотрите, пожалуйста, как вы можете повысить свой уровень, расширить свои знания. Набирайте в свой активный запас новые и нужные для вас русские слова!

Упражнения советуем делать выборочно, то есть не все, и небольшими порциями: каждый раз понемногу.

**Примечание.** Следует иметь в виду, что один и тот же префикс может в разных словах иметь разные значения.

***Упражнение 106.*** **Определите, какие префиксы в приведённых ниже глаголах, что они означают. Придумайте с некоторыми словами предложения.**

1. войти. 2. влететь. 3. взлететь 4. выиграть. 5. вылечить. 6. вытащить. 7. выгнать. 8. дочитать. 9. забросить. 10. дойти. 11. довезти. 12. доплатить.

***Упражнение 107.*** **Определите, какие префиксы в приведённых ниже глаголах, что они означают. Придумайте с некоторыми словами предложения.**

1. записать. 2. запланировать. 3. зарегистрировать. 4. заболеть. 5. запить чем-либо. 6. заработать. 7. заслужить. 8. законспектировать. 9. засмеяться. 10. заплакать. 11. испечь. 12. истратить.

***Упражнение 108.*** **Определите, какие префиксы в приведённых ниже глаголах, что они означают. Придумайте с некоторыми словами предложения.**

1. набросить. 2. накинуть. 3. нажарить. 4. наготовить. 5. напугать. 6. наклеить. 7. насмешить. 8. напеть. 9. надстроить. 10. недоспать. 11. недооценить. 12. обеднеть. 13. ослабеть. 14. оштрафовать. 15. опубликовать.

***Упражнение 109.*** **Определите, какие префиксы в приведённых ниже глаголах, что они означают. Придумайте с некоторыми словами предложения.**

1. отломать. 2. отработать. 3. отойти. 4. отнести. 5. переспорить. 6. перекричать. 7. переделать. 8. перерасти. 9. подумать. 10. поблагодарить. 11. позавтракать. 12. побежать.

***Упражнение 110.*** **Определите, какие префиксы в приведённых ниже глаголах, что они означают. Придумайте с некоторыми словами предложения.**

1. подмести. 2. подсчитать. 3. подойти. 4. подсказать. 5. пожалеть. 6. пожаловаться. 7. почувствовать. 8. преувеличить. 9. помолчать. 10. предчувствовать. 11. предвидеть. 12. прийти. 13. привезти. 14. привести. 15. проехать. 16. продумать.

***Упражнение 111.*** **Определите, какие префиксы в приведённых ниже глаголах, что они означают. Придумайте с некоторыми словами предложения.**

1. прогреть. 2. прожарить. 3. разрезать. 8. разглядеть. 9. растолстеть. 10. разбить. 11. разбудить. 12. разорвать. 13. сочувствовать. 14. съесть. 15. сыграть. 16. сходить. 17. рассмотреть. 18. развеселить.

*Упражнение 112.* **Определите, от каких слов и при помощи каких префиксов образованы данные прилагательные. Составьте с этими прилагательными предложения.**

алогичный —
аморальный —
антифашистский —
бесчеловечный —
безбилетный —
безлюдный —
безрадостный —
внутригосударственный —
довоенный —
дореволюционный —

заокеанский —
международный —
межзвёздный —
надводный —
наилучший —
небольшой —
неплохой —
невесёлый —
небезопасный —
околоземный

*Упражнение 113.* **Определите, какие префиксы в приведённых ниже прилагательных. Придумайте с некоторыми словами предложения.**

1. позапрошлый. 2. супермодный. 3. ультрасовременный. 4. наилучший. 5. подводный. 6. дореволюционный. 7. безлюдный. 8. международный. 9. предпраздничный. 10. небезопасный.

*Упражнение 114.* **Определите, при помощи какого префикса и от каких слов образованы данные ниже отрицательные местоименные слова. Следите при чтении за ударением!**

ничто —
никто —
никакой —
ничей —
нисколько —

нигде —
никуда —
ниоткуда —
никогда —
никак —

*Упражнение 115.* **Определите, при помощи какого префикса и от каких слов образованы данные ниже местоименные слова. При чтении контролируйте ударение!**

нечего —
некого —
негде —
некуда —

неоткуда —
некогда —
незачем —

*Упражнение 116.* **Проследите, какие префиксы придают значение неопределённости данным ниже словам.**

некто —
нечто —
некоторый —
несколько —
некогда («раньше, в прошлом») —
некий —

кое-кто —
кое-что —
кое-где —
кое-куда —
кое-когда —
кое-какой —

***Упражнение 117.*** **Определите, какие префиксы в приведённых ниже словах. Придумайте с некоторыми словами предложения.**

1. бесподобный. 2. наивысший. 3. наименьший. 4. небезызвестный. 5. распрекрасный. 6. безграмотный. 7. противоестественный. 8. антисанитарный. 9. безобидный. 10. дохристианский. 11. послегарантийный. 12. транссибирский.

***Упражнение 118.*** **Определите, какие префиксы в приведённых ниже словах. Придумайте с некоторыми словами предложения.**

1. асимметричный. 2. досрочный. 3. небезынтересный. 4. неискренний. 5. иррациональный. 6. сверхзвуковой. 7. экстраординарный. 8. ультрафиолетовый. 9. преотличный. 10. послеоперационный. 11. предвыборный. 12. прибалтийский.

***Упражнение 119.*** **Определите, какие префиксы в приведённых ниже словах. Придумайте с некоторыми словами предложения.**

1. соразмерный. 2. противовоздушный. 3. безыскусный. 4. распоследний. 5. добрачный. 6. замогильный. 7. пореформенный. 8. подопытный. 9. предумышленный. 10. перетёртый.

***Упражнение 120.*** **Определите, какие префиксы в приведённых ниже словах, что они означают. Придумайте с некоторыми словами предложения.**

1. обойти. 2. объехать. 3. обучить. 4. отвести. 5. отвезти. 6. отремонтировать. 7. перевезти. 8. перенести. 9. переболеть. 10. обыграть.

***Упражнение 121.*** **Определите, какие префиксы в приведённых ниже словах, что они означают. Придумайте с некоторыми словами предложения.**

1. перезаниматься. 2. отговорить. 3. отцвести. 4. отомстить. 5. перехвалить. 6. перехитрить 7. перепробовать. 8. обделить. 9. отстирать. 10. отблагодарить.

***Упражнение 122.*** **Определите, какие префиксы в приведённых ниже словах. Придумайте предложения с некоторыми из сочетаний слов.**

пришить пуговицу —
приоткрыть окно —
прогулять урок —
проконсультировать аспиранта —
уложить вещи —

сбрить усы —
прожить два года —
продемонстрировать свои знания —
укачать ребенка —
ушить брюки —

***Упражнение 123.*** **Определите, какие префиксы в приведённых ниже словах. Придумайте предложения с некоторыми из сочетаний слов.**

развязать шнурки —
расплести косу —
разморозить овощи —
разминировать поле —

распаковать вещи —
раскрошить хлеб —
скомкать бумагу —
утаить что-то —

# АНАЛИЗ СЛОВ, ОБРАЗОВАННЫХ РАЗЛИЧНЫМИ СПОСОБАМИ: ПРЕФИКСАЦИЯ И СУФФИКСАЦИЯ

Многие производные слова образованы от других слов одновременно при помощи префиксов (приставок) и суффиксов. Ваша задача — научиться узнавать такие слова, стараться понять их значение.

Ранее мы с вами уже рассмотрели наиболее употребительные префиксы и суффиксы, поэтому для этой части работы у вас уже есть вся минимально необходимая информация.

Итак, принципиально нового не будет, Мы, как обычно, будем рекомендовать вам для анализа новую лексику — по уровням владения языком.

Пожалуйста, расширяйте свой запас слов!

Обратите внимание на то, как много в этой части раздела будет для вас новых наречий. На среднем и самом высоком уровне владения языком вы увидите, как они вам будут нужны.

Выбирайте для себя понравившиеся производные слова, которые вы хотите в дальнейшем использовать активно, запоминайте их.

**Примечание.** Для глаголов мы рассмотрим также случаи, в которых производные глаголы образованы при помощи префиксации, суффиксации и постфиксации.

***Упражнение 124.*** **Прочитайте существительные. Определите, от каких слов образованы.** (C)

антигриппин —
безветрие —
безденежье —
безделье —
безработица —
бесценок —
безотцовщина —
безделушки —
Закавказье —
Забайкалье —
Заволжье —
межсезонье —
напарник —
наушники —
набережная —
переулок —
перемирие —
перелесок —
побережье —
Поволжье —
подоконник —
Подмосковье —

***Упражнение 125.*** **Прочитайте существительные. Определите, от каких слов образованы.** (C)

предчувствие —
приморье —
собеседник —
сокурсник —
послесловие —
предисловие —
современник —
сочувствие —
созвездие —
небылица —
заполярье —
Приазовье —

***Упражнение 126.*** **Прочитайте существительные. Определите, от каких слов образованы.** (C)

незнайка —
нехватка —
окурок —
заморозки —
перестрелка —
забег —

походка —
поведение —
заезд —
поиск —

*Упражнение 127.* **На контроль. Из предложенного в предыдущих упражнениях материала выберите 10 или более производных слов, которые вы хотели бы активно использовать. Составьте с ними предложения. Обратите, пожалуйста, внимание на стиль и ситуацию употребления.** К С

*Упражнение 128.* **Прочитайте прилагательные. Определите, от каких слов они образованы.** С

настольный —
бездомный —
бессмысленный —
бездетный —
безголосый —
загородный —
междугородный —
надземный —
подмосковный —
пригородный —

*Упражнение 129.* **Прочитайте прилагательные. Определите, от каких слов они образованы.** С

безрезультатный —
заграничный —
околоземный —
поволжский —
посильный —
предновогодний —
приморский —
настенный —

*Упражнение 130.* **Прочитайте прилагательные. Определите, от каких слов они образованы.** С

безвинный —
невинный —
бездарный —
надгробный —
неизменный —
незабываемый —
неузнаваемый —
средиземный —
чрезмерный —
окололунный —
несчастный —
заплаканный —
загрязненный —
совместный —

*Упражнение 131.* **Прочитайте прилагательные. Определите, от каких слов они образованы.** С

несчётный —
неустанный —
неделимый —
бездоказательный —
нежданный —
неожиданный —
заспанный —
непобедимый —

*Упражнение 132.* **На контроль. Из предложенного в предыдущих упражнениях материала выберите 10 или более производных слов, которые вы хотели бы активно использовать. Составьте с ними предложения. Обратите, пожалуйста, внимание на стиль и ситуацию употребления.** К С

***Упражнение 133.*** **Определите, от каких слов образованы данные ниже глаголы. Определите, какие здесь «работают» префиксы и суффиксы.**

выяснить —
затруднить —
засекретить —
занизить —
завысить —
наполнить —
насытить —
наскучить —
озаглавить —
оздоровить —
охладить —
осложнить —
облегчить —
обновить —
обезглавить —
отграничить —

***Упражнение 134.*** **На контроль. Придумайте с некоторыми словами предложения.**

1. выяснить. 2. затруднить. 3. наполнить. 4. охладить. 5. облегчить. 6. пояснить. 7. усыновить. 8. удлинить. 9. укоротить. 10. удвоить. 11. обнародовать. 12. осложнить.

***Упражнение 135.*** **На контроль. Придумайте с некоторыми словами предложения.**

1. уточнить. 2. повысить. 3. обновить. 4. разъяснить. 5. понизить. 6. снизить. 7. занизить. 8. наскучить. 9. озаглавить. 10. опоздать.

***Упражнение 136.*** **Определите, от каких глаголов образованы приведённые ниже глаголы. Придумайте с некоторыми словами предложения.**

1. покашливать. 2. названивать. 3. уснуть. 4. заснуть. 5. закусить. 6. разгуливать. 7. раздумывать. 8. всплакнуть. 9. простирнуть. 10. недолюбливать.

***Упражнение 137.*** **Определите, от каких глаголов образованы приведённые ниже глаголы. Придумайте с некоторыми словами предложения.**

1. отсвечивать. 2. распевать. 3. заменить. 4. сменить. 5. выстрелить. 6. пересадить. 7. развесить. 8. отменить. 9. сболтнуть. 10. напевать. 11. вызванивать. 12. взвесить.

***Упражнение 138.*** **Определите, от каких слов образованы данные ниже производные глаголы.**

обанкротиться —
посчастливиться —
прилуниться —
провиниться —
распогодиться —
переговариваться —
перезваниваться —
переписываться —
перешучиваться —
перешептываться —
проснуться —
заблудиться —

***Упражнение 139.*** **Знаете ли вы эти наречия? Как часто вы их используете? Придумайте с некоторыми из этих наречий свои примеры.**

по-моему —
по-твоему —
по-вашему —
по-своему —
по-деловому —
по-старому —
по-новому —
по-разному —

по-прежнему —
по-видимому —
по-хорошему —
по-честному —

***Упражнение 140.*** **Придумайте с некоторыми из этих наречий свои примеры.** ©

по-дружески —
по-хозяйски —
по-дурацки —
по-женски —
по-мужски —
по-московски —
по-собачьи —

***Упражнение 141.*** **Знаете ли вы эти наречия? Как часто вы их используете? Обратите внимание на стиль употребления: разговорный.** ©

понапрасну —
попусту —
попросту —
поровну —
подобру-поздорову —
помаленьку —
полегоньку —
потихоньку —

***Упражнение 142.*** **От каких слов образованы эти наречия? Придумайте с некоторыми из этих наречий свои примеры.** ©

вручную —
в открытую —
вскоре —
вдвойне —
втройне —
вблизи —
вправо —
вдалеке —
вообще —
вполне —
влево —
во-первых —
во-вторых —
в-третьих —

***Упражнение 143.*** **От каких слов образованы эти наречия? Придумайте с некоторыми из этих наречий свои примеры.** ©

допоздна —
добела —
дополна —
дотемна —
дочиста —
заново —
запросто —
заодно —
изредка —
издалека —
исподтишка —
слегка —
слева —
справа —

***Упражнение 144.*** **От каких слов образованы эти наречия? Придумайте с некоторыми из этих наречий свои примеры.** ©

снова —
надолго —
навечно —
наверняка —
накрепко —
начисто —
наготове —
налегке —
наравне —
наедине —
впервые —
зачастую —
смолоду —
неподалёку —

***Упражнение 145.*** **Определите, от каких слов образованы эти наречия. С некоторыми из них составьте предложения.**

вверх —
вниз —
вбок —
вдаль —
вконец —
всерьёз —
в шутку —
вничью —
вокруг —
вприпрыжку —
замуж —
взамен —

***Упражнение 146.*** **Определите, от каких слов образованы эти наречия. С некоторыми из них составьте предложения.**

наверх —
набок —
на дом —
навстречу —
наконец —
наполовину —
наверху —
насмерть —
вначале —
вверху —
внизу —
вдали —
замужем —
посередине —
поблизости —
доверху —
донизу —
сбоку —
сверху —
снизу —
с ходу —
с лету —
с налету —
впереди —
позади —

***Упражнение 147.*** **Определите, от каких слов образованы эти наречия. С некоторыми из них составьте предложения.**

вдвоём —
втроём —
вчетвером —
впятером —
вшестером —
всемером —
вдесятером —
вдвое —
втрое —
вчетверо —
впятеро —
вдесятеро —
надвое —
натрое —

***Упражнение 148.*** **На контроль. Из предложенного в предыдущих упражнениях материала выберите 10 или более производных слов, которые вы хотели бы активно использовать. Составьте с ними предложения. Обратите, пожалуйста, внимание на стиль и ситуацию употребления.**

***Упражнение 149.*** **Объясните значение данных ниже производных существительных. С некоторыми словами составьте предложения.**

1. переулок. 2. набережная. 3. побережье. 4. Подмосковье. 5. Забайкалье. 6. Приморье. 7. бездслушки. 8. безделье. 9. собеседник. 10. созвездие. 11. подоконник. 12. заморозки.

***Упражнение 150.*** **Объясните значение данных ниже производных существительных. С некоторыми словами составьте предложения.** (П)

1. незнайка. 2. походка. 3. окурки. 4. поведение. 5. антигриппин. 6. безработица. 7. перестрелка. 8. нехватка. 9. предисловие. 10. предчувствие. 11. Заполярье. 12. поиск.

***Упражнение 151.*** **Объясните значение данных ниже производных существительных. С некоторыми словами составьте предложения.** (П)

1. напарник. 2. окраина. 3. попутчик. 4. взморье. 5. бессмыслица. 6. противоборство. 7. сослуживец. 8. неполадки. 9. посмешище. 10. изголовье. 11. пододеяльник. 12. пасынок и падчерица.

***Упражнение 152.*** **Объясните значение данных ниже производных существительных. С некоторыми словами составьте предложения.** (П)

1. соотечественник. 2. противоядие. 3. бездна. 4. непоседа. 5. подснежник. 6. погремушка. 7. попрошайка. 8. неразбериха. 9. безрукавка. 10. ошейник. 11. подножка. 12. поручень. 13. надгробие. 14. бестолочь. 15. изморось. 16. пощечина. 17. бесприданница. 18. обочина. 19. посиделки. 20. подберёзовики и подосиновики.

***Упражнение 153.*** **Объясните значение данных ниже производных прилагательных. С некоторыми словами составьте предложения.** (П)

1. невыносимый. 2. безвольный. 3. бездушный. 4. несомненный. 5. несравненный. 6. безрассудный. 7. беспрерывный. 8. неизбежный. 9. продолговатый. 10. непромокаемый.

***Упражнение 154.*** **Объясните значение данных ниже производных прилагательных. С некоторыми словами составьте предложения.** (П)

1. безоглядный. 2. неудержимый. 3. непечатный. 4. неподъёмный. 5. загробный. 6. безмозглый. 7. беспалый. 8. расторопный. 9. неутомимый. 10. бескрайний.

***Упражнение 155.*** **Определите, от каких слов образованы данные ниже производные глаголы. Определите, какие здесь «работают» префиксы и суффиксы. Придумайте предложения с некоторыми из этих производных глаголов.** (П)

1. выявить. 2. усмирить. 3. обезвредить. 4. раскулачить. 5. уравновесить. 6. осиротеть. 7. укрупнить. 8. обобщить. 9. пригубить. 10. усмехнуться. 11. поклониться. 12. вздремнуть. 13. прихвастнуть. 14. ополоснуть.

***Упражнение 156.*** **Определите, от каких слов образованы данные ниже производные глаголы. Определите, какие здесь «работают» префиксы и суффиксы. Придумайте предложения с некоторыми из этих производных глаголов.** (П)

1. насвистывать. 2. прихрамывать. 3. поддувать. 4. разъезжать. 5. прикуривать. 6. пришёптывать. 7. выронить. 8. проглотить. 9. проскочить. 10. зацепить.

***Упражнение 157.*** **Определите, от каких слов образованы данные ниже производные глаголы.**

изловчиться —
припоздниться —
раскошелиться —
сжалиться —
ухитриться —
прослезиться —
проштрафиться —
улетучиться —
перекрикиваться —
перестукиваться —

***Упражнение 158.*** **Определите, от каких слов образованы данные ниже производные наречия. Придумайте предложения с некоторыми из этих производных наречий. Обратите, пожалуйста, внимание на стиль и ситуацию употребления.**

1. вкрутую. 2. во-первых ... в-четвёртых. 3. засветло. 4. искоса. 5. насухо. 6. свысока. 7. сообща. 8. перво-наперво. 9. строго-настрого.10. наискосок. 11. сызмальства. 12. напрямую.

***Упражнение 159.*** **Определите, от каких слов образованы эти наречия. С некоторыми из них составьте предложения. Обратите, пожалуйста, внимание на стиль и ситуацию употребления.**

вразнобой —
вполовину —
всухомятку —
в придачу —
в одиночку —
вовек —
воистину —
вприсядку —
вразбивку —
вприглядку —

***Упражнение 160.*** **Определите, от каких слов образованы эти наречия. С некоторыми из них составьте предложения. Обратите, пожалуйста, внимание на стиль и ситуацию употребления.**

на редкость —
на грех —
наудачу —
напоказ —
напрокат —
впоследствии —
взаймы —
до зарезу —
кверху —
на ходу —
на днях —
поутру —
поначалу —
поневоле —
поистине —
понаслышке —
поодиночке —
с размаху —
с разбегу —
в охотку —

***Упражнение 161.*** **Определите, от каких слов образованы эти наречия. С некоторыми из них составьте предложения. Обратите, пожалуйста, внимание на стиль и ситуацию употребления.**

вдогонку —
внаклонку —
на виду —
на весу —
невмоготу —
второпях —
без умолку —
наперегонки (вперегонки) —
спросонок —
впроголодь —

вперевалку —
вприкуску —
нараспашку —
без просыпу —
до отвала (до отвалу) —
до упаду —

нарасхват —
наповал —
наперечёт —
по зарез —
про запас —
наугад —

***Упражнение 162.*** **Определите, от каких слов образованы эти наречия. С некоторыми из них составьте предложения. Обратите, пожалуйста, внимание на стиль и ситуацию употребления.**

понарошку —
вкривь —
вкось —
вдоволь —
вровень —
встарь —
вскользь —
впритык —

вплавь —
вскачь —
наперебой —
на ощупь —
невпроворот —
невтерпёж —
невмочь —
наотмашь —

***Упражнение 163.*** **На контроль. Из предложенного в предыдущих упражнениях материала выберите 10 или более производных слов, которые вы хотели бы активно использовать. Составьте с ними предложения. Обратите, пожалуйста, внимание на стиль и ситуацию употребления.**

# АНАЛИЗ СЛОВ, ОБРАЗОВАННЫХ РАЗЛИЧНЫМИ СПОСОБАМИ: СЛОЖНЫЕ СЛОВА

Мы рассмотрим существительные, прилагательные, глаголы, наречия и числительные, которые образованы путем сложения двух слов (двух основ). В некоторых случаях к основам добавляются также префиксы и суффиксы (например: *мореплаватель, двухметровый*).

**Примечание.** Для существительных характерен способ сложения двух слов (основ) без аффиксов: *хлебозавод, аэродром*.

***Упражнение 164.*** **Прочитайте данные ниже существительные. Знаете ли вы их значение? От каких слов они образованы?**

северо-запад —
лесопарк —
хлебозавод —
птицефабрика —
лесозаготовки —
звукорежиссер —
**кино**театр —

полуостров —
полукруг —
радиолюбитель —
Волгоград —
полчаса —
полдень —
**авиа**билет —

***Упражнение 165.* Прочитайте данные ниже существительные. Знаете ли вы их значение? От каких слов они образованы?** (С)

**авто**мотоклуб —
**само**обслуживание —
**теле**передача —
**авто**биография —
**аэро**порт —
**видео**магнитофон —
**макро**мир —
**микро**мир —
**био**физика —
**зоо**парк —
**фото**аппарат —
**мини**-юбка —
**поли**витамины —
**кило**метр —
**кило**грамм —
**санти**метр —

***Упражнение 166.* Прочитайте данные ниже существительные. Знаете ли вы их значение? От каких слов они образованы?** (С)

психо**лог** —
теле**грамм**а —
микро**скоп** —
дикто**фон** —
астро**навт** —
аэро**дром** —
авто**бус** —
диско**тек**а —
Афгани**стан** —
библио**граф**ия —
космо**навт**ика —
авто**мобиль** —
библио**тек**а —

***Упражнение 167.* На контроль. Проверьте, что вы запомнили. Составьте предложения со следующими сложными существительными.** (К) (С)

1. Ленинград. 2. полуостров. 3. полночь. 4. кинотеатр. 5. дискотека. 6. поливитамины. 7. мини-юбка. 8. северо-восток. 9. авиакассы. 10. аэропорт. 11. Афганистан. 12. километр.

***Упражнение 168.* На контроль. Проверьте, что вы запомнили. Составьте предложения со следующими сложными существительными.** (К) (С)

1. юго-запад. 2. хлебозавод. 3. птицефабрика. 4. автошкола. 5. самообслуживание. 6. видеомагнитофон. 7. библиография. 8. библиотека. 9. микроскоп. 10. микрочастицы. 11. космонавтика. 12. домофон. 13. сантиметр. 14. зоопарк.

***Упражнение 169.* Прочитайте данные ниже слова. Знаете ли вы их значение? От каких слов они образованы?** (С)

мореплаватель —
машиностроитель —
работодатель —
скороварка —
скороговорка —
кофеварка —
рыболовство —
мореплавание —
общежитие —
новоселье —
**авиа**строение —
дружелюбие —
десятиклассник —
второгодник —
полугодие —
однолюб —
самолёт —
теплоход —

***Упражнение 170.*** **Прочитайте данные ниже существительные. Знаете ли вы их значение? От каких слов они образованы?**

конькобежец —
первопроходец —
себялюбец —
зубочистка —
мышеловка —
чистописание —
самочувствие —
дальневосточник —
полнолуние —
молодожёны —
старожил —
секундомер —
луноход —
ковёр-самолёт —
диван-кровать —
вагон-ресторан —
Новгород —
тепловоз —

***Упражнение 171.*** **Прочитайте данные ниже существительные. Знаете ли вы их значение? От каких слов они образованы?**

головокружение —
землетрясение —
единомышленник —
белоручка —
босоножки —
пустословие —
белокровие —
свободомыслие —
Средиземноморье —
полушубок —
одногодки —
инопланетянин —
скороход —
вездеход —
новосёл —
искусствовед —
ледоход —
премьер-министр —

***Упражнение 172.*** **На контроль. Проверьте, что вы запомнили. С данными ниже сложными существительными составьте предложения.**

1. новоселье. 2. дружелюбие. 3. кофеварка. 4. однолюб. 5. общежитие. 6. одногодки. 7. тепловоз. 8. самочувствие. 9. десятиклассник. 10. диван-кровать. 11. полугодие. 12. белоручка. 13. премьер-министр. 14. босоножки.

***Упражнение 173.*** **На контроль. Проверьте, что вы запомнили. С данными ниже сложными существительными составьте предложения.**

1. теплоход. 2. мореплавание. 3. рыболовство. 4. Средиземноморье. 5. дальневосточник. 6. инопланетянин. 7. вездеход. 8. искусствовед. 9. единомышленник. 10. скороговорка. 11. секундомер. 12. вагон-ресторан.

***Упражнение 174.*** **Прочитайте данные ниже прилагательные. Знаете ли вы их значение? От каких слов они образованы?**

мясо-молочный —
лесопарковый —
физико-математический —
звуко-буквенный —
афро-азиатский —
электромеханический —
многозначительный —
всероссийский —
всенародный —
самопишущий —
самоуверенный —
самовлюблённый —

медико-биологический —
светло-зелёный —
фотографический —
ярко-зелёный —

***Упражнение 175.*** **Прочитайте данные ниже прилагательные. Знаете ли вы их значение? От каких слов они образованы?**

десятиметровый —
стопроцентный —
многосерийный —
малооблачный —
многозначительный —
пятикомнатный —
политехнический —
ежеминутный —
еженедельный —
ежемесячный —
ежегодный —
ежедневный —

***Упражнение 176.*** **Составьте предложения со следующими сложными прилагательными.**

1. физико-математический. 2. электромеханический. 3. политехнический. 4. многосерийный. 5. стопроцентный. 6. трёхкомнатный. 7. светло-зелёный. 8. ежедневный. 9. многозначительный. 10. ежегодный.

***Упражнение 177.*** **Составьте предложения со следующими сложными прилагательными.**

1. всероссийский. 2. всенародный. 3. трёхпроцентный. 4. самоуверенный. 5. самовлюблённый. 6. трёхметровый. 7. автоматический. 8. ежемесячный. 9. многочисленный. 10. светло-голубой. 11. тёмно-красный. 12. ярко-красный.

***Упражнение 178.*** **Определите, от каких слов образованы данные ниже сложные глаголы.**

полулежать —
полусидеть —
самоопределиться —
взаимодействовать —
трудоустроить —
радиофицировать —
электрифицировать —
интенсифицировать —

***Упражнение 179.*** **Определите, от каких слов образованы данные ниже сложные наречия.**

полулёжа —
полусидя —
мимоходом —
вполсилы —
вполнеба —
вполроста —
вполголоса —
вполуха —

***Упражнение 180.*** **Прочитайте данные ниже сложные количественные числительные, а затем запишите их. Проследите, как они образованы. Обратите внимание на ударение в числительных.**

пятьдесят —
шестьдесят —
семьдесят —
восемьдесят —
девяносто —
двести —
триста —
четыреста —
пятьсот —
шестьсот —
семьсот —
восемьсот —
девятьсот —

***Упражнение 181.*** **На контроль. Из предложенного в предыдущих упражнениях материала выберите 10 или более производных слов, которые вы хотели бы активно использовать. Составьте с ними предложения. Обратите, пожалуйста, внимание на стиль и ситуацию употребления.**

***Упражнение 182.*** **Прочитайте данные ниже сложные существительные. Знаете ли вы их значение? От каких слов они образованы?**

лесостепь —
трагикомедия —
главнокомандующий —
мировоззрение —
кораблекрушение —
взаимопонимание —
лженаука —

**агро**техника —
**вело**гонки —
**зоо**магазин —
**изо**студия —
**метео**станция —
**радио**физика —
**стерео**эффект —

***Упражнение 183.*** **Прочитайте данные ниже сложные существительные. Знаете ли вы их значение? От каких слов они образованы?**

**полу**мрак —
**градо**начальник —
**пол**беды —
**микро**климат —
**мини**-футбол —
**нео**реализм —

**электро**энергия —
**авто**портрет —
**гидро**костюм —
**деци**метр —
**милли**метр —

***Упражнение 184.*** **На контроль. Проверьте, что вы запомнили. Составьте предложения со следующими сложными существительными.**

1. взаимопонимание. 2. кораблекрушение. 3. лженаука. 4. трагикомедия. 5. мировоззрение. 6. полумрак. 7. полбеды. 8. полдела. 9. микроклимат. 10. мини-футбол. 11. неореализм. 12. миллиметр.

***Упражнение 185.*** **Прочитайте данные ниже сложные существительные. Знаете ли вы их значение? От каких слов они образованы?**

снегоочиститель —
полководец —
пятиборец —
авианосец —
газосварщик —
мясорубка —
здравоохранение —
однокашник —
фальшивомонетчик —

иноверцы —
гололедица —
разновидность —
дымоход —
домосед —
звукозапись —
тяжеловес —
носорог —
яхт-клуб —

***Упражнение 186.*** **Прочитайте данные ниже сложные существительные. Знаете ли вы их значение? От каких слов они образованы?**

грузополучатель —
баснописец —
асфальтоукладчик —
водокачка —
судоходство —
всепрощение —
столетник —
однополчанин —
полиграфия —
вертолёт —
людоед —
водопой —
водопад —
острослов —
дармоед —
сапоги-скороходы —
чернозём —
листопад —

***Упражнение 187.*** **Прочитайте данные ниже сложные существительные. Знаете ли вы их значение? От каких слов они образованы?**

орденоносец —
сенокос —
солнцепёк —
соковыжималка —
маслобойня —
единоборство —
вольнодумство —
человеконенавистник —
хромоножка —
самоучка —
трубопровод —
круговорот —
ничегонеделание —
толстосум —
пылесос —
жар-птица —
глазомер —
двухлетие —
четырёхстишие —
громоотвод —

***Упражнение 188.*** **Определите, от каких слов образованы данные ниже сложные глаголы.**

самовоспламениться —
самовыразиться —
самоочищаться —
злоупотребить —
видоизменить —
газифицировать —
русифицировать —
заблагорассудиться —

***Упражнение 189.*** **Определите, от каких слов образованы данные ниже сложные наречия.**

полушутя —
полувсерьёз —
мимолётом —
самоходом —
вполоборота —
вполнакала —
вполглаза —
втридорога —

***Упражнение 190.*** **На контроль. Из предложенного в предыдущих упражнениях материала выберите 10 или более производных слов, которые вы хотели бы активно использовать. Составьте с ними предложения. Обратите, пожалуйста, внимание на стиль и ситуацию употребления.**

***Упражнение 191.*** **Прочитайте данные прилагательные. Знаете ли вы их значение? От каких слов они образованы?**

газонефтяной —
греко-латинский —
агитационно-массовый —
общеобязательный —
морозостойкий —
легкоатлетический —
круглогодичный —
самодовольный —
высокорослый —
общепринятый —
новоприбывший —
достопримечательный —
самоочевидный —
двуспальный —
полушерстяной —
многоопытный —
радиоуправляемый —
многоканальный —

***Упражнение 192.*** **Из данных ниже слов составьте сложные прилагательные.**

М о д е л ь: светлый + зелёный = светло-зелёный.

светлый + жёлтый =
светлый + коричневый =
темный + синий =
яркий + красный =
снежный + белый =
бледный + зелёный =
небесный + голубой =
угольный + чёрный =
пепельный + серый =
бледный + розовый =

***Упражнение 193.*** **Прочитайте данные ниже прилагательные. Знаете ли вы их значение? От каких слов они образованы?**

многообразный —
разнообразный —
быстроходный —
левобережный —
многоцветный —
многоязычный —
многодетный —
новогодний —
иногородний —
семичасовой —
пятилетний —
многословный —
иноземный —
одноимённый —
первоочередной —
коротковолновый —
средневековый —
черноморский —
североморский —
общегородской —

***Упражнение 194.*** **Прочитайте данные ниже прилагательные. Знаете ли вы их значение? От каких слов они образованы?**

любвеобильный —
полупрозрачный —
хлебозаготовительный —
скороспелый —
сырокопчёный —
угледобывающий —
душераздирающий —
трудоёмкий —
энергоёмкий —
многотиражный —
инакомыслящий —
псевдонародный —

***Упражнение 195.*** **Прочитайте данные ниже прилагательные. Знаете ли вы их значение? От каких слов они образованы?**

единообразный —
фотогеничный —
тяжелогрузный —
средневозрастной —
свежевыбритый —
микроволновый —
хлебосольный —
двусмысленный —
англоязычный —
многоязычный —
двусторонний —
чужеземный —
миловидный —
шаровидный —

***Упражнение 196.*** **Прочитайте данные ниже прилагательные. Знаете ли вы их значение? От каких слов они образованы?**

дружелюбный —
самодельный —
рыболовный —
мимолётный —
гостеприимный —
любознательный —
дальновидный —
человеколюбивый —
вагоностроительный —
пивоваренный —

***Упражнение 197.*** **Прочитайте данные ниже прилагательные. Знаете ли вы их значение? От каких слов они образованы?**

благожелательный —
всеядный —
злорадный —
маломощный —
самолюбивый —
себялюбивый —
самонадеянный —
победоносный —
скоротечный —
судоходный —
огнестрельный —
дальнобойный —

***Упражнение 198.*** **Прочитайте данные ниже прилагательные. Знаете ли вы их значение? От каких слов они образованы?**

дорогостоящий —
глубокоуважаемый —
низкооплачиваемый —
многообещающий —
долгоиграющий —
сумасшедший —
белозубый —
одноглазый —
чернобровый —
четвероногий —
малозначащий —
малознакомый —
малоисследованный —
вечнозелёный —

***Упражнение 199.*** **Прочитайте данные ниже прилагательные. Знаете ли вы их значение? От каких слов они образованы?**

широкоплечий —
круглолицый —
длинношеий —
умалишённый —
вышестоящий —
быстроразвивающийся —
быстрорастворимый —
густонаселённый —
всевидящий —
всепобеждающий —

скоропортящийся — всепоглощающий –
трудновыполнимый — тяжелораненый —
слаборазвитый — труднодоступный —

***Упражнение 200.*** **На контроль. Из предложенного в предыдущих упражнениях материала выберите 10 или более производных сложных прилагательных, которые вы хотели бы активно использовать. Составьте с ними предложения. Обратите, пожалуйста, внимание на стиль и ситуацию употребления.** (К) (П)

# АНАЛИЗ СЛОВ, ОБРАЗОВАННЫХ РАЗЛИЧНЫМИ СПОСОБАМИ: СУБСТАНТИВАЦИЯ И АББРЕВИАЦИЯ

Субстантивация и аббревиация в русском языке характерны для существительных.

Субстантивированные слова, которые в современном русском языке считаются существительными, в прошлом были прилагательными или причастиями. Например: *гостиная, ванная, больной; говорящий, слушающий, подчинённый, русский*. Обратите внимание, что такие существительные изменяются по падежам, как прилагательные и причастия.

Аббревиация — это сокращение слов. Например: *МГУ* (Московский государственный университет), *СПбГУ* (Санкт-Петербургский государственный университет), *Госдума* (Государственная дума) и др. Аббревиатуры (= сокращения) бывают разных типов, мы рассмотрим наиболее часто встречающиеся. Аббревиатуры регулярно используются в СМИ (средствах массовой информации).

**Примечание.** Некоторые субстантивированные слова, а также и сокращённые слова (аббревиатуры) желательно знать уже на начальном этапе обучения.

***Упражнение 201.*** **Прочитайте предложения. Найдите субстантивированные прилагательные, определите, что или кого они называют.** (Н)

1. Студенты пошли в столовую. 2. Врач пришел к больному. 3. Я пойду в ванную. 4. Люблю всё красивое! 5. Она в семье младшая. 6. Надо уважать старших. 7. Сто лет назад русские жили в основном в деревне.

***Упражнение 202.*** **Прочитайте предложения. Найдите субстантивированные прилагательные, определите, что или кого они называют.** (С)

1. Каждый знает, что такое экзамены. 2. Этот фильм — только для взрослых. 3. Левые в парламенте всегда предлагают всякие реформы. 4. Правые не всегда соглашаются с левыми. 5. Новое — это хорошо забытое старое. 7. Давай сходим в шашлычную! 8. Директор вышел в приёмную. 9. Она не ест ничего сладкого. 10. Что ты будешь на первое: щи или борщ? 11. Мясо или рыбу заказывать на второе? 12. Надо зайти в булочную.

***Упражнение 203.*** **Придумайте предложения со следующими субстантивированными прилагательными.** (С)

1. булочная. 2. душевая. 3. детская. 4. гостиная. 5. пивная. 6. парикмахерская. 7. пирожковая. 8. сосисочная. 9. новое. 10. старое. 11. прошлое. 12. будущее. 13. мороженое. 14. белое.

*Упражнение 204.* **Прочитайте предложения. Найдите субстантивированные причастия, определите, что или кого они называют.**

1. Где заведующий кафедрой русского языка? 2. Преподаватель занимается с отстающими. 3. Учащиеся получают стипендию. 4. Сегодня на уроке мы повторяем пройденное. 5. Ведущий программы — известный политолог. 6. Прибыл командующий армией. 7. На войне всегда много убитых и раненых. 8. Он ничего не говорит о случившемся. 9. Милиционеры ввели арестованного. 10. Первое мая — праздник всех трудящихся. 11. На экзамене тестирующий — это преподаватель. 12. Тестируемый — это студент.

*Упражнение 205.* **Придумайте предложения со следующими словами.**

1. заведующий. 2. учащиеся. 3. ведущий. 4. верующий. 5. говорящий и слушающий. 6. убитые и раненые. 7. новорождённые. 8. военнослужащий. 9. провожающие. 10. отдыхающие. 11. погибшие. 12. трудящиеся.

*Упражнение 206.* **Прочитайте предложения. Найдите субстантивированные прилагательные.**

1. Надо заботиться о близких! 2. Мы не заметили, что этот человек слепой. 3. Врач вошёл в операционную. 4. Да, это задачка с двумя неизвестными! 5. Ты уже в зимнем? 6. Что, ты совсем не ешь ничего мучного? 7. Хочешь заливного? 8. Если не уснуть, прими снотворное. 9. Надо купить что-нибудь из спиртного. 10. Как твоя курсовая? 11. Кто там? — Свои. 12. Он не хочет быть военным.

*Упражнение 207.* **Придумайте предложения со следующими субстантивированными прилагательными.**

1. новое. 2. прекрасное. 3. близкие. 4. летнее. 5. зимнее. 6. снотворное. 7. слепой. 8. глухой. 9. глухонемой. 10. пирожковая. 11. солёное. 12. мучное. 13. острое. 14. копчёное.

*Упражнение 208.* **Прочитайте предложения. Найдите субстантивированные прилагательные.**

1. Если температура, надо принять жаропонижающее. 2. Он военный, но ходит в штатском. 3. Эта женщина за войну получила две похоронные. 4. Если у тебя аллергия, старайся есть меньше цитрусовых! 5. Вороны, воробьи, голуби, чайки и утки — вот и все наши пернатые в городе. 6. Больной! Идите в перевязочную! 7. Надо написать докладную. 8. Из зарплаты у нас вычитают подоходный. 9. Мы отдыхали в Лебяжьем. 10. На уроках зоологии мы изучали млекопитающих. 12. Не пей, это наружное, для растирания!

*Упражнение 209.* **Придумайте предложения с некоторыми субстантивированными прилагательными.**

1. вчерашнее. 2. близкие. 3. трагическое. 4. первязочная. 5. цитрусовые. 6. слабительное. 7. подсознательное. 8. штатское. 9. сумчатые. 10. проходная. 11. докладная. 12. похоронная.

**!** Отметим, что в тексте, где есть сочетания существительных с прилагательными, существительные могут иногда пропускаться и используются только прилагательные. Только прилагательные (без существительных) используются в тех случаях, когда из контекста понятно, о чём идёт речь.

Обращайте внимание, где и как чаще используют такие пропуски русские.

***Упражнение 210.*** **В приведённых ниже фразах подчеркните или зачеркните слова, которые можно пропустить в разговорной речи.**

1. Ты учишься на филологическом факультете?
2. Он учится в университете на вечернем отделении.
3. Вы оформляете визу с какого по какое число?
4. Он много работал над своей курсовой работой.
5. Это твоя ручка? Очень похожа на мою ручку.
6. Сходи к зубному врачу.
7. Скоро у меня выходные дни.
8. Мой друг играет в оркестре на ударных инструментах.
9. Мы немного погуляли по Невскому проспекту.
10. Ко мне приходила моя крёстная мать.
11. Мать поёт ребёнку колыбельную песню.
12. Он расплатился наличными деньгами, а не чеком.

***Упражнение 211.*** **Прочитайте предложения. Найдите субстантивированные причастия, определите, что или кого они называют.**

1. Всегда есть победители и побеждённые. 2. Я начальник, а это мои подчинённые. 3. Не волнуйся, прими успокаивающее! 4. Пресмыкающиеся — это ящерицы. 5. Ввели осуждённого. 6. Следователь допрашивает подсудимого. 7. Каково число пострадавших? 8. Есть ли подозреваемые? 9. Мой отец — простой служащий. 10. Он не военнообязанный.

***Упражнение 212.*** **Придумайте предложения со следующими субстантивированными причастиями.**

1. подчинённые. 2. отжившее. 3. подсудимый. 4. обвиняемый. 5. пострадавший. 6. вычитаемое (математическое). 7. делимое (математическое). 8. происходящее. 9. вышеизложенное. 10. отжившее. 11. военнообязанные. 12. управляющий. 13. нижеподписавшиеся. 14. входящие и исходящие (на мобильном телефоне).

**!** Процесс субстантивации причастий (как и процесс субстантивации прилагательных) — процесс «живой», он тесно связан с контекстом употребления: пропуск существительного возможен именно потому, что основной смысл несёт в себе причастие (или прилагательное).

Рассмотрим некоторые характерные для русского языка случаи аббревиации. Существуют специальные словари сокращений, поскольку сокращений (аббревиатур) в русском языке очень много и постоянно появляются новые. Постараемся выбрать главное.

Обратите внимание на то, какими могут быть сокращенные слова и какими способами они могут быть образованы. Постарайтесь выбрать для себя понравившиеся вам варианты и запомните, как они пишутся!

***Упражнение 213.*** **Прочитайте аббревиатуры. Знаете ли вы, что они обозначают?**

РФ —
СССР —
США —
ЕЭС —
ООН —
МГУ —
СПбГУ —
НИИ —
ООО —
СМИ —

***Упражнение 214.*** **Прочитайте предложения. Найдите соответствия лексике предыдущего упражнения.**

1. Официальное название России — Российская Федерация. 2. В Союз Советских Социалистических Республик входило пятнадцать союзных республик. 3. Соединённые Штаты Америки находятся в Северной Америке. 4. Организация Объединенных Наций — это серьёзная организация. 5. Санкт-Петербургский государственный университет основан в 1724 году одновременно с Академией наук по указу Петра I. 6. Мой друг работает в Научно-исследовательском институте радиофизики. 7. Новгород — это областной центр или только районный центр? 8. Московский государственный университет основан в 1755 году. 9. Большой драматический театр имени Г.В. Товстоногова один из лучших в Петербурге. 10. Средства массовой информации (иное название: масс-медиа) включают в себя печатные издание, телерадиовещание, а также цифровые издания (электронные версии газет) и информационные агентства.

***Упражнение 215.*** **Прочитайте аббревиатуры. Знаете ли вы, что они обозначают?**

Госдума —
детсад —
райцентр —
стенгазета —
сбербанк —
Ленобласть —
замдекана —
драмтеатр —

***Упражнение 216.*** **Прочитайте предложения. Найдите соответствия лексике предыдущего упражнения.**

1. Новгород — это областной центр или только районный центр? 2. Государственная дума — это одна из двух палат Федерального собрания Российской Федерации, она принимает федеральные законы. 3. Надо купить карту Ленинградской области. 4. Когда принимает заместитель декана? 5. Рядом с нашим домом находится детский сад. 6. Ты знаешь, что у нас в университете есть свой драматический театр? 7. Где здесь сберегательный банк? 8. На втором этаже висит новая факультетская стенная газета.

***Упражнение 217.*** **Прочитайте и расшифруйте следующие аббревиатуры.**

СНГ —
МВД —
ОМОН —
загс (ЗАГС) —
РАН —
ТЮЗ —
ГИБДД (ГАИ) —
ЦПКиО —
МИД —
ФСБ —
ВМФ —
ВАК —
ЗАО —
ОАО —
НЛО —
ЦСКА —

***Упражнение 218.*** **Прочитайте предложения. Найдите соответствия лексике предыдущего предложения.**

1. После распада СССР в 1991 году было создано Содружество Независимых Государств. 2. Хочу работать в министерстве иностранных дел. 3. Министерство внутренних дел — это просто милиция. 4. Федеральная служба безопасности решает вопросы по обеспечению безопасности Российской Федерации. 5. День Военно-морского флота отмечают в последнее воскресенье июля. 6. Не все русские знают, что ОМОН — это отряды милиции особого назначения. 7. Тем более, не все русские знают полное название: «Запись актов гражданского состояния». 8. Государственная автоинспекция, которая следит за водителями и пешеходами, сейчас имеет очень трудное название: «Государственная инспекция безопасности дорожного движения». 9. Российская Академия наук сейчас находится в Москве, но первоначально она была создана как Петербургская Академия наук в 1724 году по указу Петра I. 10. В последнее время люди меньше стали интересоваться уфологией, в частности неопознанными летающими объектами. 11. Театры юного зрителя есть почти во всех крупных городах России. 12. В России профессионально-технические училища в настоящее время преобразованы в профессионально-технические лицеи. 13. Высшая аттестационная комиссия оценивает диссертационные работы и присуждает ученые степени. 14. Международная организация преподавателей русского языка и литературы была создана в 1967 году и регулярно проводит конгрессы и симпозиумы. 15. Центральный спортивный клуб армии — это футбольный клуб в Москве. 16. Центральный парк культуры и отдыха есть и в Москве, и в Петербурге.

***Упражнение 219.*** **Прочитайте и «расшифруйте» следующие аббревиатуры.**

| | |
|---|---|
| вуз — | Внешэкономбанк — |
| Минфин — | техобслуживание — |
| Минздрав — | роддом — |
| Госкомстат — | детдом — |
| теракт — | комсомол — |
| молзавод — | замминистра — |
| военкомат — | завкафедрой — |
| подлодка — | спецназ — |

***Упражнение 220.*** **Прочитайте предложения. Найдите соответствия лексике предыдущего упражнения.**

1. В высшие учебные заведения можно поступать, лишь закончив среднюю школу и имея аттестат о полном среднем образовании. 2. Министерство финансов находится, конечно, в Москве. 3. Кто возглавляет министерство здравоохранения? 4. Государственный комитет по статистике собирает и анализирует статистическую информацию. 5. Внешний экономический банк имеет свои филиалы в различных регионах. 6. В последнее время актуальной является проблема борьбы с терроризмом и предотвращение террористических актов. 7. Части специального назначения брошены на борьбу с терроризмом. 8. Подводная лодка плавает под водой. 9. Если парню восемнадцать лет, его вызывают в Военный комиссариат. 10. Комсомол — это Коммунистический союз молодёжи. 11. Его дядя — заместитель министра. 12. На каждой кафедре в университете есть заведующий кафедрой. 13. На каком молочном заводе делали этот йогурт? 14. Если у вас есть машина, вам надо знать, где находится ближайшая станция технического обслуживания. 15. Родители этой девочки погибли в автокатастрофе, и она воспитывалась в детском доме. 16. Муж отвёз жену в родильный дом.

! Сокращений может быть много. Мы познакомили вас только с некоторыми из них. Сокращения могут быть связаны с различными сферами деятельности, и тогда их могут понимать только специалисты. Мы советуем вам ограничиться теми сокращениями, которые понимает большинство ваших русских знакомых. Далее — по желанию и по мере необходимости — можете «набирать» коллекцию сокращений, которые вам нужны профессионально. Советуем не злоупотреблять количеством!

***Упражнение 221.*** **Прочитайте предложения. Возможно ли здесь что-нибудь сократить? Попробуйте сделать это сами. (Если возникнут трудности, смотрите следующее упражнение.)**

1. Стиральный порошок можно купить в хозяйственных товарах. 2. Мой друг делает ремонт и, конечно, он отправился в магазин, где продают строительные материалы. 3. Около нашего дома есть неплохая спортивная площадка. 4. Сельский совет — это административная власть в нашей деревне. 5. Бабушка оформляет пенсию в отделе социального обеспечения. 6. Мы долго искали в этом маленьком городке районный магазин. 7. Универсальный магазин — это не совсем супермаркет. 8. Вкусно пахнет свежим хлебом: недалеко от нас хлебный завод. 9. Теперь редко можно встретить мотоцикл-велосипед. 10. Если вы любите военную технику, то наверняка знаете, что такое эскадренный миноносец. 11. Мой дядя посол, он будет полномочным представителем нашей страны в Эфиопии. 12. Торговое представительство России находится недалеко от центра. 13. После юридического факультета он хочет работать в уголовном розыске. 14. Проблемами образования занимается городской отдел народного образования. 15. Коллективные хозяйства сначала были заменены совхозами, а потом — фермерскими хозяйствами. 16. Для ремонта велосипеда надо купить запасные части.

***Упражнение 222.*** **Посмотрите, какие могут быть сокращения. Выберите себе некоторые из этих аббревиатур, если вам это нужно для активного использования.**

| | |
|---|---|
| хозтовары — | мопед — |
| стройтовары — | запчасти — |
| промтовары — | собес — |
| спортплощадка — | раймаг — |
| универсам — | эсминец — |
| универмаг — | полпред — |
| сельсовет — | торгпредство — |
| хлебозавод — | гороно — |
| колхоз — | угрозыск — |

! Как мы уже говорили, любую информацию можно расширять, если это необходимо. Сокращений в русском языке в настоящее время необоснованно много, но так мы экономим время, поскольку эти слова такие короткие! Очевидно, вы уже встречали какие-либо сокращения (аббревиатуры), которые не смогли понять. В некоторых случаях можно обращаться к специальным словарям сокращений или искать их в Интернете: русские также не знают многих современных сокращений. Тем более, что есть специальные сокращения в экономике, технике, физике и других областях знания.

Надеемся, что пока знаний по этой теме вам будет достаточно.

При работе с субстантивированными словами и с аббревиатурами не забывайте обращать внимание на стиль текста!

# 3. ТЕМЫ ДЛЯ ИЗУЧЕНИЯ ПРИ ВЫСОКОМ УРОВНЕ ВЛАДЕНИЯ РУССКИМ ЯЗЫКОМ

## БЛИЗКИЕ ПО ЗНАЧЕНИЮ СЛОВА

Мы рассмотрим слова, близкие по значению. В этой главе это будут разные слова типа: *булка — хлеб*, а в следующей главе — слова однокоренные и близкие по звучанию (то есть паронимы, например: *экономический — экономный*).

Слова, близкие по значению, всё-таки отличаются друг от друга: например: *хлеб* может быть белый и чёрный, но *булка* — это белый хлеб. Вопросов по этой теме много. Они интересные. Отличаются ли по значению слова *мыть* и *стирать*? Слова *корабль — пароход — судно*? Есть ли разница между словами *катер* и *теплоход*? Как сейчас говорят русские?

Достаточно ли вам этих слов или вы хотите расширить вашу лексику? Важно то, что вы будете сопоставлять и изучать не только отдельные новые слова, но и их связи, то есть сочетаемость с другими словами. Например: *стирать* одежду; *мыть* руки, голову и т. д.

Предлагаем вам ту же систему работы, что и раньше: мы даём вам в упражнениях минимальную лексику, идею и инструмент работы. Далее — расширяем вашу лексику. По вашему желанию список лексики вы можете для себя продолжить самостоятельно.

**Примечание.** Если при объяснении значений слов в упражнениях 1–11 у вас возникли трудности, начните сразу с упражнения 12: в контексте вам будет легче понять значения изучаемых слов. Затем можно вернуться к спискам слов в упражнениях 1–11.

*Упражнение 1.* **Объясните различия в значении слов каждой группы, придумайте с этими словами предложения.** Н

1. булка — хлеб — батон — булочка. 2. парламент — дума. 3. король — царь. 4. королева — царица. 5. принцесса — царевна. 6. шапка — шляпа — кепка. 7. имя — название. 8. момент — эпоха. 9. метро — метрополитен. 10. бумаги — документы. 11. задача — задание — упражнение. 12. гольфы — чулки — носки.

*Упражнение 2.* **Объясните различия в значении слов каждой группы, придумайте с этими словами предложения.** С

1. дело — работа — занятие. 2. ошибка — опечатка — оговорка. 3. путь — дорога — маршрут. 4. праздник — карнавал — бал — пир. 5. мыть — чистить — стирать — убирать. 6. посчастливилось — удалось — сумел(а) — успел(а). 7. взять — схватить. 8. любопытно — интересно. 9. занять — взять. 10. теперь — сейчас. 11. грипп — простуда. 12. ручей — речка — река.

*Упражнение 3.* **Объясните различия в значении слов каждой группы, придумайте с этими словами предложения.** С

1. некрасиво — некультурно. 2. базар — рынок. 3. осёл — ишак. 4. стал — начал. 5. перестал — кончил — бросил. 6. магазин — лавка — ларёк — киоск. 7. шофёр — водитель. 8. миф — сказка — легенда. 9. поле — луг — поляна. 10. произойти — быть — случиться. 11. есть — кушать. 12. тащить — нести.

*Упражнение 4.* **Объясните различия в значении слов каждой группы, придумайте с этими словами предложения.**

1. сад — огород — сквер — парк. 2. смеяться — улыбаться — хохотать. 3. туча — облако. 4. вдруг — случайно — неожиданно. 5. время — эпоха — эра — период — момент. 6. смелый — храбрый — решительный — бесстрашный — отважный. 7. бороться — сражаться — биться — воевать. 8. переворот — революция. 9. нравиться — любить — обожать — боготворить. 10. туча — облако. 11. диплом — сертификат — аттестат — справка. 12. пасмурно — дождливо.

*Упражнение 5.* **Объясните различия в значении слов каждой группы, придумайте с этими словами предложения.**

1. ребёнок — детёныш — птенец. 2. шеф — босс — глава — главарь. 3. убить — казнить. 4. спать — дремать. 5. рыть — копать. 6. бросать — швырять. 7. питаться — есть — кушать. 8. нюхать — чувствовать — слышать. 9. ремонтировать — чинить. 10. воровать — грабить — похищать. 11. дым — пар — туман. 12. слава — известность.

*Упражнение 6.* **Объясните различия в значении слов каждой группы, придумайте с этими словами предложения.**

1. вывеска — объявление — афиша. 2. спектакль — представление — шоу. 3. увидели — заметили — установили — выяснили. 4. грустить — унывать — горевать. 5. подпись — автограф. 6. мазь — крем. 7. вор — бандит — грабитель — разбойник — пират. 8. водитель — машинист — извозчик. 9. конкурент — противник — соперник. 10. несчастье — катастрофа. 11. закрыть — запереть. 12. потушить — погасить — выключить.

*Упражнение 7.* **Объясните различия в значении слов каждой группы, придумайте с этими словами предложения.**

1. корабль — лодка — катер — паром — судно — яхта. 2. маленький — малюсенький — крошечный (крохотный). 3. чудесный — сказочный — вымышленный — мифический. 4. очевидец — свидетель. 5. мой — личный — собственный — индивидуальный — персональный. 6. ценный — драгоценный. 7. есть — жрать. 8. выручка — прибыль — гонорар. 9. гнев — недовольство. 10. уютно — удобно — комфортно — приятно. 11. хранить — беречь. 12. прочный — крепкий. 13. застенчивый — несмелый — трусливый. 14. стричь — резать.

*Упражнение 8.* **Объясните различия в значении слов каждой группы, придумайте с этими словами предложения.**

1. волшебник — колдун. 2. традиция — обычай — обряд. 3. почёт — уважение — честь. 4. производить — вырабатывать — изготовлять — делать. 5. древний — старый — дряхлый. 6. лакей — прислуга — слуга — обслуживающий персонал. 7. суть — сущность — смысл. 8. кивать — качать. 9. группа — толпа — стая — стадо. 10. предел — граница — рубеж. 11. недостаток — порок — изъян. 12. наследник — последователь — потомок.

*Упражнение 9.* **Объясните различия в значении слов каждой группы, придумайте с этими словами предложения.**

1. образец — модель — эталон. 2. тронуть — задеть — толкнуть. 3. чудесный — прелестный — великолепный — прикольный — супер. 4. повздорить — поспорить — поссориться.

5. кричать — орать — вопить — визжать. 6. стучать — шуметь — скрипеть. 7. еда — пища — корм. 8. бить — наказывать — пороть — шлепать. 9. куча — кипа — горсть — щепотка. 10. пешком — верхом — вплавь — вброд. 11. вид — сорт — порода — разновидность. 12. болтать — разговаривать — трепаться.

*Упражнение 10.* **Объясните различия в значении слова каждой группы, придумайте с этими словами предложения.**

П

1. стыд — срам — позор. 2. загореться — вспыхнуть. 3. тлеть — гореть — полыхать. 4. батарея — обогреватель — отопление. 5. песня — мелодия — мотив — песнопение. 6. пособник — помощник. 7. любопытный — любознательный. 8. самолюбие — себялюбие. 9. уверен в себе — самоуверен. 10. девушка — девица — девка. 11. завидовать — ревновать. 12. пожениться — обвенчаться — расписаться — вступить в брак — зарегистрироваться.

Обратите внимание на стиль высказывания, он может быть официальным, например: *вступить в брак*.

*Упражнение 11.* **Объясните различия в значении слов каждой группы, придумайте с этими словами предложения.**

П

1. кошелёк — бумажник — портмоне — косметичка. 2. техника — аппаратура — приборы. 3. гвоздь — винт — болт. 4. битва — бой — сражение — война. 5. разойтись — развестись — расторгнуть брак. 6. крутиться — вертеться — вращаться. 7. искренний — честный — правдивый. 8. люстра — бра — торшер. 9. диван-кровать — кресло-кровать — раскладушка. 10. окурок — огрызок. 11. хлопотно — сложно. 12. наугад — наобум — наудачу.

**Примечание.** Итак, некоторые слова мы повторили, некоторые — узнали. Надеемся, что ваш преподаватель проверил составленные вами примеры. Выберите из этих примеров правильные. Выучите эти примеры!

Переходим к следующему виду работы — упражнения на подстановку. Выполнять упражнения вы можете самостоятельно, но затем проверьте их вместе с преподавателем или по ключам в конце книги. Если варианты правильные — постарайтесь **запомнить** их и использовать в дальнейшем. Ваша задача — запоминать лексику в контексте!

*Упражнение 12.* **Выберите один из вариантов. Возможен ли другой вариант? Объясните почему?**

С

1. Надо зайти в булочную и купить ... . (белый хлеб — булку) 2. В России принимает законы ... . (парламент — Государственная дума) 3. Я забыл ... ресторана, в котором мы вчера были. (имя — название) 4. Екатерина Вторая — это известная русская ... . (царица — королева) 5. Я выпью кофе с ... . (с хлебом — с батоном — с булочкой). 6. Принцесса — это дочь ... . (царя — короля) 7. Домой мы поедем на ... . (на метро — на метрополитене) 8. Форма футболистов — это специальный костюм и ... . (носки — гольфы — чулки) 9. Мы решили ... . (трудную задачу — трудное упражнение) 10. Директор подписал ... . (документ — бумагу) 11. Если поедешь в Сибирь зимой, купи зимнюю ... . (шляпу — шапку — кепку) 12. Правление Петра Первого — это ... в русской истории. (значительный момент — значительная эпоха)

*Упражнение 13.* **Выберите один из вариантов. Возможен ли другой вариант? Объясните почему.**

1. Он любит ... по разным городам. (ездить — путешествовать) 2. Мы часто ... в разные страны. (ездим — путешествуем) 3. Это очень ... художник. (известный — знаменитый) 4. Если заболит горло, пойду в ... . (больницу — поликлинику) 5. Он очень любит музыку и ... . (картины — живопись) 6. Она поставила перед собой ... — поступить в аспирантуру. (трудную задачу — трудное задание) 7. Наташа хочет получить высшее ... . (обучение — образование) 8. Если придётся делать операцию, надо ложиться в ... . (госпиталь — больницу) 9. Девушка пошла в кино с ... . (с мальчиком — с парнем — с юношей) 10. Мой друг хочет написать ... . (картину — живопись) 11. Экзамен надо ... . (сдать — решить) 12. Задачу будем ... . (сдавать — решать)

*Упражнение 14.* **Выберите вариант, который вам понравится. Возможен ли другой вариант? Объясните почему.**

1. Ты теперь уже взрослая ... : ты закончила школу. (девочка — девушка) 2. К нам подошли какие-то ... . (парни — молодые люди) 3. Он был в Петербурге два года назад, а сейчас ... и будет учиться здесь ещё шесть месяцев. (приехал — вернулся) 4. Мои стихи ... в университетской газете! (напечатали — опубликовали — издали) 5. У нашего профессора двое детей: мальчик и ... . (девочка — девушка) 6. Они недавно поженились, он её ... . (муж — любовник) 7. Если вам что-то непонятно, пожалуйста, ... вопросы. (спрашивайте — задавайте) 8. Классы моет ... . (дворник — уборщица) 9. Ты помнишь ... своей гостиницы? (имя — название) 10. ... всегда работает на улице. (Дворник — Уборщица) 11. Они брат и сестра, но по характеру совсем ... . (другие — разные) 12. Его ... сыну пять лет. (старому — старшему)

*Упражнение 15.* **Выберите наиболее удачный вариант, максимально соответствующий контексту.**

1. В тексте доклада мы нашли две ... . (оговорки — опечатки) 2. Надо ... одежду. (помыть — постирать) 3. Не люблю ... посуду. (мыть — стирать) 4. Я буду ... пол. (мыть — убирать) 5. По какому ... идёт этот автобус? (маршруту — пути) 6. Она пришла в костюме Снегурочки на новогодний ... . (карнавал — пир — праздник) 7. В русских сказках часто царь устраивает для своих гостей ... на весь мир. (карнавал — пир — праздник) 8. Хорошо, когда ребёнок занят ... . (делом — занятием — работой) 9. Обижать слабых — это ... . (некрасиво — некультурно) 10. Фрукты лучше покупать на ... . (базаре — рынке) 11. Какую глупость я сделал, какой я ... ! (осёл — ишак) 12. Когда ты ... заниматься спортом? (начал — стал)

*Упражнение 16.* **Выберите наиболее удачный вариант, максимально соответствующий контексту.**

1. Ты знаешь, Иван ... курить. (кончил — бросил — перестал) 2. Иван ... курить в комнате. (кончил — бросил — перестал) 3. Девушки ... разговаривать. (перестали — бросили) 4. Газету можно купить в ... . (палатке — ларьке — киоске) 5. ... трамвая с пассажирами не разговаривает. (Шофёр — Водитель) 6. Люблю читать ... Древней Греции. (мифы — сказки — легенды) 7. На уроке мы читали русские народные ... . (мифы — сказки — легенды) 8. Утром я очень спешил на работу, но всё-таки ... позавтракать. (сумел — успел) 9. Он грубо ... меня за руку. (взял — схватил) 10. Очень ... , куда это они пошли вместе? (любопытно — интересно) 11. Он ... у меня двести рублей. (взял — занял) 12. Мой друг перешёл в другую группу, и ... он будет учится лучше. (теперь — сейчас)

***Упражнение 17.*** **Выберите наиболее удачный вариант, максимально соответствующий контексту.**

1. У него нет кашля и насморка, только очень высокая температура, наверное, это ... . (грипп — простуда) 2. Температура небольшая, насморк и горло болит, это не ... ! (грипп — простуда) 3. В 1917 году в Петрограде ... Октябрьская революция. (произошла — случилась) 4. Станция метро называется «Чёрная ... » . (река — речка) 5. Можно перепрыгнуть через ... . (реку — ручей) 6. Спасибо, я не хочу ... . (есть — кушать) 7. Угощайтесь, ... , дорогие мои гости! (ешьте — кушайте) 8. ... в лесу! (Какое красивое поле — Какая красивая поляна) 9. Сумка была такая тяжёлая, что мы ... её по земле. (несли — тащили) 10. Овощи обычно растут ... . (в саду — в огороде) 11. В Петербурге есть Летний ... . (сквер — парк — сад) 12. Посмотри, какие тёмные ... на небе, — будет дождь! (облака — тучи)

***Упражнение 18.*** **Выберите наиболее удачный вариант, максимально соответствующий контексту.**

1. V в. до н. э. — надо читать как «пятый век до нашей ... » . (эпохи — эры) 2. Не надо ... надо мной! (улыбаться — смеяться) 3. Было так смешно, что мы ... , наверное, полчаса. (смеялись — хохотали) 4. Мы не виделись лет пять, и ... я встретил её в Лондоне. (вдруг — случайно — неожиданно) 5. Ты молодец, что отказал ему, ты довольно ... человек. (смелый — храбрый — решительный) 6. Этот человек — герой, очень ... человек! (храбрый — решительный — бесстрашный) 7. Некоторые парни мечтают попасть на настоящую войну — ... с врагом. (сражаться — бороться) 8. С недостатками надо ... . (сражаться — биться — бороться) 9. ... играть в компьютерные игры. (мне нравится — я обожаю) 10. Я ... гулять под дождём. (люблю — боготворю) 11. Солнце зашло за тучу, опять будет ... день. (пасмурный — дождливый) 12. По окончании университета вы получаете ... . (аттестат — диплом — сертификат)

***Упражнение 19.*** **Выберите вариант, который вам больше нравится. Возможен ли другой вариант? Объясните почему.**

1. Премьер-министр — это ... кабинета министров. (шеф — босс — глава — главарь) 2. Если ты хочешь получить повышение, поговори с ... . (шефом — боссом — главой — главарём) 3. Я считаю, что даже по приговору суда мы не имеем права ... человека. (убивать — казнить) 4. Я думаю, что смогу ... компьютер. (отремонтировать — починить) 5. Мы ехали два часа на электричке, и я ... немного. (поспал — подремал) 6. Бандиты ... банк. (украли — ограбили — похитили) 7. Преступники ... ребёнка. (украли — ограбили — похитили) 8. В троллейбусе у меня ... кошелёк. (украли — ограбили — похитили) 9. Свинья ... носом землю. (роет — копает) 10. Он взял лопату и ... яму. (вырыл — выкопал) 11. Она хочет стать артисткой и мечтает ... . (о славе — об известности) 12. Все знают, что в Лондоне часто бывает ... . (дым — пар — туман)

***Упражнение 20.*** **Выберите наиболее удачный для данного контекста вариант.**

1. Когда вода нагревается, от неё идёт ... . (дым — пар — туман) 2. Возьми лопату и ... это дерево: его надо пересадить. (вырой — выкопай) 3. В автобусе у него ... бумажник. (вытащили — похитили) 4. Собака ... носом. (чувствует — нюхает — слышит) 5. Какой чудесный запах я ... ! (чувствую — слышу — ощущаю) 6. Кофточка совсем старая, но я попробую её ... . (отремонтировать — починить) 7. Что горит? Откуда так много ... ? (дыма — пара — тумана) 8. Один наш писатель знаком с ... некоторых преступных группировок. (главами — шефами — боссами — главарями) 9. Чем ... крокодилы? (питаются — едят — кушают) 10. Спасибо, я не хочу есть, я уже ... .

(поел — покушал) 11. Не ... другому яму, сам в неё попадешь. (рой — копай) 12. Знаете ли вы, что у кенгуру ... рождаются совсем крошечными? (дети — детёныши — птенцы)

***Упражнение 21.*** **Выберите наиболее удачный для данного контекста вариант.** П

1. В парке у ворон гнездо, и там несколько ... . (детей — детёнышей — птенцов) 2. Зачем ты ... тетрадь на шкаф? (забросил — зашвырнул) 3. Я иду по улице и читаю ... : «Ресторан», «Магазин», «Парикмахерская». (вывески — объявления — афиши) 4. В газете «Реклама-шанс» очень много рекламы и ... . (вывесок — объявлений — афиш) 5. В цирке можно посмотреть ... . (спектакль — представление — шоу) 6. Не люблю смотреть телевизионные ... . (спектакли — представления — шоу) 7. На кораблях с чёрными флагами плавали ... . (воры — грабители — пираты) 8. На улице произошла небольшая автомобильная ... . (авария — катастрофа) 9. Я совсем не подготовился к экзамену — это просто ... ! (горе — несчастье — катастрофа) 10. Не печалься, не ... ! (горюй — унывай — грусти) 11. Не вешай нос, не ... ! (горюй — унывай — грусти) 12. Учёные ... , что при нагревании тела расширяются. (увидели — заметили — установили)

***Упражнение 22.*** **Выберите наиболее удачный для данного контекста вариант.** П

1. Я очень люблю драматические ... . (спектакли — представления — шоу) 2. В театральной кассе развешаны ... . (вывески — объявления — афиши) 3. В толпе я даже не ... своего старого школьного друга. (увидел — заметил — установил) 4. Поездом управляет ... . (водитель — шофёр — машинист — извозчик) 5. А вот лошадьми управляет ... . (водитель — шофёр — машинист — извозчик) 6. Рука воспалена, надо помазать ... . (мазью — кремом) 7. Пожалуйста, ... дверь, но не на ключ. (запри — закрой) 8. У знаменитых артистов и спортсменов поклонники всегда просят ... . (подпись — автограф) 9. ... газ на кухне! (Потуши — Погаси — Выключи) 10. Мы поедем в Петергоф на ... . (корабле — судне — пароходе — теплоходе) 11. В Финляндию мы поплывём на ... . (корабле — теплоходе — пароме) 12. Недавно один мой знакомый купил ... . (корабль — судно — яхту)

***Упражнение 23.*** **Выберите наиболее удачный для данного контекста вариант.** П

1. Милиция опрашивает всех ... дорожной аварии. (очевидцев — свидетелей) 2. Это довольно интересный журнал, называется он «Новый ... ». (очевидец — свидетель) 3. Наконец пожарным удалось ... пламя. (потушить — погасить — выключить) 4. Уходя, ... свет! (тушите — гасите — выключайте) 5. Эти два теннисиста — оба сильные ... . (конкуренты — противники — соперники) 6. Профессор страшно рассердился, он был вне себя от ... . (недовольства — гнева) 7. В финале балета «Щелкунчик» Маша и принц отправляются в ... путешествие. (сказочное — вымышленное — мифическое) 8. Он ... как заяц. (застенчивый — несмелый — трусливый) 9. Фирма наша разоряется, но пока ещё приносит ... доход. (крохотный — малюсенький) 10. Приглашаем на экскурсию по рекам и каналам Петербурга на ... ! (катерах — кораблях — яхтах) 11. Деньги лучше ... в Сбербанке. (беречь — хранить) 12. Надо ... здоровье. (беречь — хранить)

***Упражнение 24.*** **Выберите наиболее удачный для данного контекста вариант.** П

1. Бриллиант, изумруд, рубин, сапфир, аметист — это ... камни. (ценные — драгоценные) 2. Надо беречь своё ... здоровье. (ценное — драгоценное) 3. В банке хранятся деньги и ... бумаги. (ценные — драгоценные) 4. Я себя чувствую в новом костюме ещё не совсем ... . (уютно — комфортно — приятно) 5. В новом коллективе мне ещё не совсем ... . (уютно — комфортно — приятно) 6. У него ... нервы. (крепкие — прочные) 7. Этот сплав металлов очень ... . (крепкий — проч-

ный) 8. Это ... рекорд этого спортсмена. (личный — собственный — индивидуальный) 9. Вы несёте ... ответственность за порученное вам дело. (собственную — персональную — индивидуальную) 10. Он ... бутерброд. (съел — сожрал) 11. За свои статьи журналист получает большие ... . (гонорары — прибыли) 12. Ребёнок не хочет ... ногти. (стричь — резать)

***Упражнение 25.*** **Проследите, возможны ли варианты.**

1. Верёвка очень ... . (крепкая — прочная) 2. Это был ... вечер! (чудесный — сказочный — мифический) 3. За оставленные в гардеробе ... вещи администрация ответственности не несёт. (ценные — драгоценные) 4. Как мне ... в этом кресле! (уютно — комфортно — удобно) 5. Он не может признаться своей девушке в любви, потому что он очень ... . (робкий — нерешительный — застенчивый — трусливый) 6. Мы победили! Это хоть и ... , но всё же успех! (крошечный — маленький — малюсенький) 7. Баба-яга, Кощей Бессмертный, Змей Горыныч — это всё ... персонажи. (чудесные — сказочные — вымышленные — мифические) 8. Я буду ... твои письма всю жизнь. (хранить — беречь) 9. Он сделал неплохую карьеру, сейчас у него есть ... автомобиль и ... шофёр. (свой — личный — собственный — индивидуальный — персональный) 10. Кошка ... мышку. (съела — сожрала) 11. Чёлку надо ... на один сантиметр. (подстричь — подрезать) 12. У меня есть ... . (лодка, катер, яхта)

***Упражнение 26.*** **Проследите, возможны ли варианты.**

1. В балете «Лебединое озеро» на сцене появляется страшный ... . (волшебник — колдун) 2. Красить яйца на Пасху — это очень ... . (старая традиция — старый обычай — старый обряд) 3. В церкви происходит ... венчания жениха и невесты. (традиция — обычай — обряд) 4. В спектакле у господина есть ... . (прислуга — слуга — лакей — обслуживающий персонал) 5. Что ... на этой фабрике? (производят — вырабатывают — изготовляют) 6. Здесь ... легковые машины. (производят — вырабатывают — изготовляют) 7. Смотри, старик совсем ... . (старый — древний — дряхлый) 8. Новгородский кремль довольно ... . (старый — древний — дряхлый) 9. Я хочу понять ... проблемы. (суть — сущность — смысл) 10. Спасибо, что вы пришли, вы оказали нам ... ! (почёт — уважение — честь) 11. Жаль, если у этого талантливого учёного в науке не будет ... . (наследника — последователя — потомка) 12. Ты ... головой, значит, ты со мной не согласна? (киваешь — качаешь)

***Упражнение 27.*** **Проследите, возможны ли варианты.**

1. Директор гостиницы собрал на совещание ... . (всех лакеев — всех слуг — весь обслуживающий персонал) 2. Мы увидели ... журавлей. (толпу — стаю — стадо) 3. Он получил образование за ... . (границей — рубежом) 4. Из нефти ... бензин. (производят — вырабатывают — изготовляют) 5. Этого я не могу сделать, это за ... человеческих возможностей! (пределами — границей — рубежом) 6. ... может быть злым или добрым. (волшебник — колдун) 7. Наверное, у всех людей есть какие-либо скрытые ... . (недостатки — пороки — изъяны) 8. Подлость — это уже ... . (недостаток — порок — изъян) 9. После его смерти весь капитал достанется ... . (наследникам — последователям — потомкам) 10. Извините, я нечаянно вас ... ! (тронул — задел — толкнул) 11. Он ... меня за руку и что-то тихо спросил. (тронул — задел — толкнул) 12. Эта музыка ... меня за живое. (тронула — задела — толкнула)

*Упражнение 28.* **Проследите, возможны ли варианты.**

1. Эта девушка — ... женской красоты! (образец — модель — эталон) 2. Выполните упражнения по ... . (образцу — модели — эталону) 3. Какие у неё милые, ... черты лица! (чудесные — прелестные — прикольные) 4. Фильм ... ! (чудесный — великолепный — прикольный — супер) 5. Перестань на меня ... ! (кричать — орать — вопить — визжать) 6. Мальчишка ... от страха. (заорал — завопил — завизжал) 7. Свинья ... очень громко. (орёт — вопит — визжит) 8. Жаль, что мы вчера ... ! (повздорили — поспорили — поссорились) 9. Старая кровать всегда ... , когда я ложусь на неё. (стучит — шумит — скрипит) 10. Не ... — соседи спят! (стучите — шумите — скрипите) 11. Мелкие животные служат ... для львов. (едой — пищей — кормом) 12. Надо зайти в зоомагазин и купить ... для рыб. (еду — пищу — корм)

Обратите внимание на стиль высказывания, он может быть сниженным, например: *орать, вопить* и др.

*Упражнение 29.* **Проследите, возможны ли варианты.**

1. Философы любят ... . (спорить — ссориться) 2. Отец никогда не ... сына. (бил — порол — шлёпал) 3. Родители ... ребёнка так: либо не разрешали играть в компьютер, либо не покупали сладостей. (пороли — шлёпали — наказывали) 4. Он ... меня кулаком. (ударил — выпорол — шлёпнул) 5. На столе — ... бумаг. (куча — кипа — горсть — щепотка) 6. Чтобы посолить суп, достаточно пол-ложки соли, это ... . (куча — горсть — щепотка). 7. У тебя замёрзли щёки! Возьми ... снега и разотри щёки! (кучу — горсть — щепотку) 8. Я люблю путешествовать ... . (пешком — верхом — вплавь) 9. Через реку можно перебраться ... . (пешком — вплавь — вброд) 10. Это какой ... яблок? (сорт — порода) 11. Овчарка — это ... собак. (сорт — вид — разновидность — порода) 12. О чём это вы ... всю дорогу? (болтали — разговаривали — трепались)

*Упражнение 30.* **Проследите, возможны ли варианты.**

1. У каждого человека должно быть ... . (самолюбие — себялюбие) 2. ... — это плохое качество. (самолюбие — себялюбие) 3. Не чистить зубы — это просто ... ! (стыд — срам — позор) 4. Если в деревне есть вор, это ... для всей деревни! (стыд — срам — позор) 5. Жилищное управление летом отключает ... . (батареи — обогреватели — отопление) 6. Зимой в комнате холодно, надо купить ещё ... . (одну батарею — один обогреватель — одно отопление) 7. Его девушка танцевала с другим парнем, и он ... . (её ревнует — ей завидует) 8. Пожалуйста, не ... , что я еду во Францию, а ты нет! (ревнуй меня — завидуй мне) 9. Ты знаешь, Наташа и Николай хотят ... в церкви! (обвенчаться — вступить в брак — зарегистрироваться) 10. Лица, ... , должны подтвердить своё согласие. (расписывающиеся — вступающие в брак — регистрирующиеся) 11. Хорошо, когда человек ... . (уверен в себе — самоуверен) 12. Плохо, что ты очень ... . (уверен в себе — самоуверен)

*Упражнение 31.* **Проследите, возможны ли варианты.**

1. Он очень много читает, он очень ... молодой человек. (любознательный — любопытный) 2. Не надо лезть не в свои дела, а то скажут, что ты ... ! (любознательный — любопытный) 3. Знакомьтесь, это мой незаменимый ... в работе! (помощник — пособник) 4. Отец порол сына ... . (поясом — ремнём). 5. Он купил новый кожаный ... . (пояс — ремень) 6. Посмотри, какой огонь любви ... в её глазах! (вспыхнул — загорелся) 7. Она вся ... от стыда. (вспыхнула — загорелась) 8. Свет ... и сразу же погас. (вспыхнул — загорелся) 9. Этот человек был ... бандитов. (помощником — пособником) 10. Ты можешь напеть ... «Подмосковных вечеров»? (песню — мотив — ме-

лодию) 11. В церкви мы слушали ... . (песни — мелодии — песнопения) 12. Я уронил на пол свечку, и огонь моментально ... . (вспыхнул — загорелся)

*Упражнение 32.* **Проследите, возможны ли варианты.**

1. Костёр ... . (тлеет — горит — полыхает) 2. Пламя ... . (тлеет — горит — полыхает) 3. Её щеки ... огнём. (тлеют — горят — полыхают) 4. Порядочная ... не гуляет по ночам одна. (девушка — девица — девка) 5. Они вчера ... . (поженились — обвенчались — расписались) 6. Где твой ... ? (кошелёк — бумажник) 7. Она положила губную помаду в ... . (кошелёк — бумажник — косметичку) 8. Профессор вынул из портфеля ... . (кошелёк — бумажник — портмоне) 9. Вы знаете, когда ... ? (была Полтавская битва — был Полтавский бой — было Полтавское сражение) 10. Русские победили в ... . (Куликовской битве — Куликовском бою — Куликовском сражении) 11. Он поженились, но уже через полгода ... . (развелись — разошлись — расторгли брак) 12. Где гости будут спать? У нас есть свободный диван, и в кладовке есть ... . (диван-кровать — кресло-кровать — раскладушка)

*Упражнение 33.* **Проследите, возможны ли варианты.**

1. У тебя в гостиной висит ... ! (замечательная люстра — замечательное бра — замечательный торшер) 2. Думаю, что Володя не обманывает, он всегда был ... человеком. (искренним — честным — правдивым) 3. Он говорит очень ... . (искренне — честно — правдиво) 4. У него в квартире полно ... : компьютер, видео, телевизоры, телефоны! (техники — аппаратуры — приборов) 5. Лётчик следит за показаниями ... . (техники — аппаратуры — приборов) 6. День сменяется ночью по той простой причине, что наша Земля ... . (крутится — вертится — вращается) 7. Он целыми днями на работе ... как белка в колесе. (крутится — вертится — вращается) 8. В космическом корабле много ... . (различной техники — различной аппаратуры — различных приборов) 9. На параде демонстрировали ... . (военную технику — военные приборы) 10. Куда можно выбросить ... от яблока? (огрызок — окурок) 11. В «Пиковой даме» Пушкина Германн вытащил ... одну карту, и оказалось, что это пиковая дама. (наугад — наобум — наудачу) 12. Оформлять визу — это довольно долго и довольно ... . (хлопотно — сложно)

Надеемся, что наши упражнения помогли вам. Надеемся, что вы уяснили различие в значении выбранных нами слов, а также различия в их стилистической принадлежности.

Повторяем: эту работу можно продолжить самостоятельно – без преподавателя и без учебника. Мы показали вам основные принципы работы с такой лексикой.

Упражнения по объяснению слов очень полезны. Хотя объяснить значение слов и различие в значениях не всегда просто, иногда даже очень трудно! Вы можете гордиться собой, практически вы проделали работу, которую можно сравнить с составлением толкового словаря. Спасибо!

# ПАРОНИМЫ

В русском языке большое количество префиксов и суффиксов. Именно поэтому так много похожих (внешне и по звучанию) слов, например: *дипломатичный* и *дипломатический*, *экономный* и *экономический* и т. д. Такие слова мы называем паронимами. Это однокоренные слова, имеющие словообразовательное сходство.

В некоторых случаях наряду с паронимами (напр.: *дружный — дружеский*) мы будем рассматривать слова, которые в строгом смысле не являются паронимами, но должны изучаться в курсе русского языка как иностранного (напр.: *дружный — дружелюбный, разный — различный* и др.).

Мы отобрали для вас достаточно большое количество интересных вариантов, которые вы найдёте в упражнениях. Варианты эти достаточно употребительны в русском языке, именно поэтому их часто включают в сертификационные тесты ТРКИ-2, ТРКИ-3, ТРКИ-4 для контроля лексики. Заметим: это лишь часть огромной группы паронимов. Мы, как и раньше, даём вам систему и принцип работы. Набирать лексику в большем объёме (это необходимо на самом высоком уровне — профессиональных переводчиков) вы можете сами — по нашей системе.

***Упражнение 1.*** **Выберите правильный вариант.** (С)

1. Этот корабль ... «Петр Великий». (зовут — называется) 2. Мы ни разу не были в ... театре. (драматическом — драматургическом) 3. Он хотел бы изучать ... науки. (гуманные — гуманитарные) 4. У меня дома ... телевизор. (цветной — цветочный) 5. Наша группа очень ... .(дружеская — дружная) 6. ... и сознание — важные философские понятия. (быт — бытие) 7. У него ... волосы. (длинные — долгие) 8. Ломоносова ... отцом Московского университета. (зовут — называют) 9. Наконец они встретились после ... разлуки. (длинной — долгой) 10. В Петербурге порядка пяти миллионов ... . (жильцов — жителей) 11. Автомобили в городе появились ещё до Первой ... войны. (мирной — мировой) 12. Моя подруга учится на ... факультете. (экономическом — экономном)

***Упражнение 2.*** **Выберите правильный вариант.** (П)

1. Надо быть более ... человеком! (экономичным — экономным) 2. Он ... куртку. (надел — одел) 3. Надо ... ребёнка и вывести его погулять в парк. (надеть — одеть) 4. М.В. Ломоносов ... Московский университет. (основал — обосновал) 5. У моей приятельницы ... волосы. (короткие — краткие) 6. Имена людей и клички животных пишутся с ... буквы. (главной — заглавной) 7. Он уехал в ... командировку. (длинную — длительную) 8. Ученые исследуют богатства ... океана. (мирового — мирного — мирского) 9. У неё ... пальто. (кожаное — кожное — кожистое) 10. Они вели ... беседу. (дружескую — дружную) 11. Мой сосед — очень ... человек. (дружный — дружелюбный) 12. Выступление фигуристов можно посмотреть в ... дворце. (Ледниковом — Ледовом — Ледяном)

***Упражнение 3.*** **Выберите правильный вариант.** (П)

1. Надо купить ... проездной билет. (единичный — единственный — единый) 2. На ёлку вешают ... украшения. (еловые — ёлочные) 3. Осень — самое ... время года. (дождевой — дождливый) 4. Зимой ветер с Невы просто ... ! (ледниковый — ледовый — ледяной) 5. Суд ... преступника. (обсудил — осудил) 6. Сегодня на семинаре мы ... интересную тему. (обсуждали — осуждали) 7. Антикварный магазин принимает на комиссию и продаёт ... вещи. (старинные — старые)

8. Один из видов услуг мобильной связи — ... связь. (голосистая — голосовая) 9. Надо быть более ... человеком. (гуманистическим — гуманным) 10. Мои знакомые — очень ... люди. (дипломатические — дипломатичные) 11. Родственники встретили меня очень ... . (духовно — душевно) 12. Мы изучаем ... русский язык. (практический — практичный)

**!** Сейчас повторим пройденный материал — придумаем свои примеры. Примеры должны быть короткими и грамматически правильными.

Мы немного усложним задание: кроме лексики, рассмотренной в предыдущих упражнениях, используем также новые варианты. Для того чтобы вы чувствовали себя более уверенно, мы поможем вам: дадим не просто слова, а словосочетания. Успеха вам! Смотрите на часы: на один пример — не более тридцати секунд!

***Упражнение 4.* Придумайте свои примеры с некоторыми из данных сочетаний слов. Примеры должны быть короткими и грамматически правильными!** (П)

1. его зовут — ресторан называется. 2. меня зовут — Пушкина называют. 3. гуманный человек — гуманитарный университет. 4. драматический театр — драматургическая литература. 5. длинная река — долгие годы. 6. длинный доклад — долгий гласный звук.7. дипломатичный человек — дипломатические отношения. 8. экономный человек — экономические вопросы. 9. цветной телевизор — цветочный магазин. 10. единый билет — единственная библиотека.

***Упражнение 5.* Придумайте свои примеры с некоторыми из данных сочетаний слов. Обратите внимание на грамматику!** (П)

1. дружный коллектив — дружелюбный сосед. 2. дружная семья — дружеский привет. 3. старый человек — старинная мебель. 4. практичный человек — практическая грамматика. 5. надеть шапку — одеть ребёнка. 6. обсудить проблемы — осудить преступника. 7. единственная возможность — единая система. 8. дождевые капли — дождливое лето. 9. мирные переговоры — мировой океан. 10. ледовый поход — ледяной холод.

***Упражнение 6.* Придумайте свои примеры с некоторыми из данных сочетаний слов.** (П)

1. жильцы дома — жители города. 2. единственный друг — единичные случаи заболевания. 3. дипломатическая служба — дипломатичный ответ. 4. народный быт — общественное бытие. 5. драматические спектакли — драматургические жанры. 6. долгая полярная ночь — длительный срок. 7. главная задача — заглавная буква. 8. голосистый петух — голосовые мышцы. 9. духовный мир человека — душевные переживания. 10. еловый лес — ёлочные игрушки.

***Упражнение 7.* Выберите вариант, который вам больше нравится. Обратите внимание на то, что часто возможен также другой вариант.** (П)

1. Наша группа очень ... . (дружная — дружеская) 2. Обстановка была очень ... . (дружеская — дружественная) 3. Это ... дом, он был построен в конце XVIII века. (старинный — старый) 4. Они встретились после ... разлуки. (длительной — долгой) 5. Ты моя ... любовь на всю жизнь. (единая — единственная) 6. Перед нами ... магазин. (цветной — цветочный) 7. Сколько ... в этом доме? (жильцов — жителей) 8. Для царя построили ... дом. (ледовый — ледяной) 9. ... проводы — лишние слёзы. (Долгие — Длительные) 10. Мы восхищались ... красотой этого человека. (духовной — душевной) 11. ... водой раньше в деревне мыли волосы. (Дождевой — Дождливой) 12. В лесу дети собирали ... шишки. (еловые — ёлочные)

*Упражнение 8.* **Выберите правильный вариант.**

1. В Смольном соборе состоится концерт ... музыки XIX века. (духовной — душевной) 2. Передай ему мой ... привет! (дружеский — дружественный — дружелюбный) 3. Мой знакомый решил делать ... карьеру. (военную — воинствующую) 4. Когда делаете рентген, надо сначала ... , а потом выдохнуть. (вдохнуть — вздохнуть) 5. Постель очень ... . (жёсткая — жестокая) 6. Прежние ... дома, похоже, никогда не делали здесь ремонт. (жильцы — жители) 7. Деревенские ... сильно отличаются от горожан. (жильцы — жители) 8. Врачам нужны ... средства лечения онкологических заболеваний. (эффективные — эффектные) 9. Пчёлы собирают ... нектар. (цветовой — цветочный — цветной) 10. Какая замечательная ... гамма! (цветовая — цветная)

*Упражнение 9.* **Выберите правильный вариант.**

1. Битва была очень ... . (жёсткая — жестокая) 2. Да, Петербург построили на ... месте! (болотном — болотистом) 3. Внешность у этой красотки очень ... . (эффективная — эффектная) 4. Она пришла в шёлковом ... платье с поясом. (цветочном — цветном) 5. Она опустила голову и тяжело ... . (вдохнула — вздохнула) 6. Этот ребёнок слишком ... . (впечатлительный — впечатляющий) 7. Фильм очень ... ! (впечатлительный — впечатляющий) 8. ... армия наступала на город. (враждебная — вражеская) 9. Старик начал писать мемуары, то есть свои ... . (воспоминания — напоминания) 10. Этот школьник никогда не сядет за уроки без ... родителей. (воспоминания — напоминания)

*Упражнение 10.* **Выберите правильный вариант.**

1. Фейерверк — это ... зрелище! (впечатлительное — впечатляющее) 2. Кулик — это ... птица. (болотная — болотистая) 3. Я с трудом выдержал его ... взгляд. (враждебный — вражеский) 4. Я забыл его адрес, никак не могу его ... ! (вспомнить — напомнить) 5. Пожалуйста, ... мне завтра позвонить профессору. (вспомни — напомни) 6. Я весь день учу, весь день ... новые русские слова! (вспоминаю — запоминаю — напоминаю) 7. Ребёнок был очень ... и с удовольствием слушал наши рассуждения. (понятливым — понятным) 8. Мой собеседник оказался человеком крайне боязливым, ... и с неохотой говорил о политике. (опасливым — опасным) 9. Мы услышали ... выстрел. (далёкий — дальний) 10. Она моя ... родственница. (далёкая — дальняя)

*Упражнение 11.* **Выберите правильный вариант.**

1. Этот знаменитый профессор говорил доходчивым, простым, ... всем нам языком. (понятливым — понятным) 2. Восхождение на эту вершину — дело очень ... . (опасливое — опасное) 3. Он углубился в ... воспоминания. (далёкие — дальние) 4. Ребёнок был очень смышлен, ... . (понятлив — понятен) 5. Его поступки были ... . (понятливы — понятны) 6. Никак не могу ... , где я записал его электронный адрес. (вспомнить — запомнить) 7. У них старый дом, плохие ... условия. (жилищные — жилые) 8. Это здание давно уже не ... . (жилищное — жилое) 9. В экономике существует ... . (долгосрочное планирование — долгосрочная планировка) 10. В нашей квартире не совсем ... . (удачное планирование — удачная планировка)

*Упражнение 12.* **Выберите правильный вариант.**

1. На мой взгляд, путешествие будет не очень ... . (опасливым — опасным) 2. ... экспедиции в тайгу — дело администрации. (планирование — планировка) 3. Мне тоже свойственно обычное ... любопытство. (человеческое — человечное) 4. Наш экзаменатор — очень ... мужчина. (че-

ловеческий — человечный) 5. У меня был очень ... попутчик. (шутливый — шуточный) 6. Двигатель на этой машине очень ... . (экономический — экономичный) 7. Хозяйка была очень ... . (экономической — экономичной — экономной) 8. Для молодой семьи немаловажной является ... проблема. (жилищная — жилая) 9. Я люблю рыбу, но никогда не ем ... головы. (рыбьи — рыбные) 10. Уха — это ... суп. (рыбий — рыбный — рыболовный)

***Упражнение 13.* Придумайте предложения с некоторыми из данных сочетаний слов. На один пример — 30 секунд!**

1. впечатлительная девушка — впечатляющая причёска. 2. опасливый человек — опасная дорога. 3. эффективное средство — эффектная поза. 4. запомнить новый номер телефона — вспомнить старый номер. 5. запомнить расписание — напомнить об экскурсии. 6. понятный почерк — понятливые соседи. 7. шутливый взгляд — шуточные частушки. 8. разноцветный ковёр — цветные карандаши. 9. рыбья чешуя — рыбные консервы. 10. тяжело вздохнуть — вдохнуть воздух.

***Упражнение 14.* Придумайте предложения с некоторыми из данных сочетаний слов.**

1. рыболовное судно — рыбный магазин. 2. вопросы планирования — удачная планировка. 3. жёсткий график — жестокий век. 4. всеобщая воинская обязанность — военная академия. 5. воинствующие невежды — военная дисциплина. 6. враждебное отношение — вражеская пуля. 7. болотная трава — болотистая почва. 8. цветовое сочетание — цветочный мёд. 9. далёкое детство — дальняя поездка. 10. жилищная проблема — жилой массив.

***Упражнение 15.* Придумайте предложения с некоторыми из данных сочетаний слов.**

1. человечное отношение — человеческие проблемы. 2. жилищный кодекс — жилой дом. 3. воспоминание о прошлой поездке — напоминание о будущей поездке. 4. духовный мир — душевные переживания. 5. национальные отношения — националистические настроения. 6. реальная жизнь — реалистическое направление искусства. 7. поэтические жанры — поэтичный пейзаж. 8. правдивый писатель — правильное воспитание. 9. заплатить за квартиру — оплатить обучение. 10. оплатить проезд — заплатить за проезд в транспорте.

****Упражнение 16.* Выберите вариант, который вам больше нравится. Обратите внимание на то, что часто другой вариант также возможен.**

1. Стихи были написаны в ... форме, мы долго смеялись над ними. (шутливой — шуточной) 2. Как парни относятся к ... службе? (к военной — к воинской) 3. Мне часто снятся ... страны. (далёкие — дальние) 4. Это ... дом. (высокий — высотный) 5. Да, это очень ... дом. (высокий — высотный) 6. Кошка не хочет есть ... головы. (рыбьи — рыбные) 7. Она пришла в ... платьице. (в цветастом — в разноцветном) 8. Повесть очень ... . (правдивая — правильная) 9. Как же мне ... все эти формулы?! (вспомнить — запомнить) 10. Это очень ... путь решения данной проблемы. (экономичный — экономный)

***Упражнение 17.* Выберите правильный вариант.**

1. Надо ... за общежитие. (заплатить — оплатить) 2. Граждане пассажиры! ... проезд! (платите — оплачивайте) 3. Я патриот, но мне чужды ... настроения. (националистические — национальные) 4. Каждый народ имеет право развивать свою ... культуру. (националистическую — на-

циональную) 5. Луна, звёзды на небе — какая ... картина! (поэтическая — поэтичная) 6. Пушкин — глубоко ... писатель. (реалистический — реальный) 7. Думаю, он не лжёт, история, рассказанная им, выглядит ... . (правдивой — правильной) 8. Он увидел ... небо у себя над головой. (высокое — высотное) 9. Ему не присущи ... чувства. (высокие — высотные) 10. Этот архитектор занимается ... строительством. (высоким — высотным)

***Упражнение 18.*** **Выберите правильный вариант.**

1. В истории нашей планеты был ... период. (ледяной — ледовый — ледниковый) 2. Сокровища Эрмитажа — ... достояние России. (националистическое — национальное) 3. Он занимает ... положение в обществе. (высокое — высотное) 4. Есть мельницы ветряные, а есть ... . (водные — водяные) 5. Транспорт может быть воздушный, а может быть ... . (водный — водяной) 6. Товарный поезд предназначен для перевозки ... . (грузов — нагрузки) 7. Если спортсмены сильно устают, необходимо уменьшить ... на тренировках. (груз — нагрузку) 8. Эта ткань очень ... , очень прочная. (добротная — добрая) 9. Можно считать, что с появлением Интернета произошла ... революция. (информативная — информационная) 10. Если ты хочешь уточнить какую-либо информацию, загляни в ... справочник. (информативный — информационный)

***Упражнение 19.*** **Выберите правильный вариант.**

1. Спасибо вам за ваше ... отношение ко мне! (добротное — доброе) 2. Марина — очень ... девушка. (добротная — добрая) 3. Эта статья достаточно ... , содержательная. (информативная — информационная) 4. У него какие-то пятна на руках — возможно, это какое-то ... заболевание. (кожаное — кожное) 5. После смерти деда внукам в ... достался большой двухэтажный дом. (наследие — наследство) 6. Переломы рук — это ... аварии. (наследство — последствие) 7. «Долговязый» — это очень ... школьное прозвище. (обидное — обидчивое) 8. Почему ты такой ... человек? (обидный — обидчивый) 9. Завтрак, университет, библиотека, ужин — это его ... рабочий распорядок дня. (обыкновенный — обычный) 10. У И.А. Гончарова есть роман, который называется « ... история». (обыкновенная — обычная)

***Упражнение 20.*** **Выберите правильный вариант.**

1. У прадедушки, дедушки, отца было крепкое здоровье, и у него тоже, это ... . (наследие — наследственность) 2. Никто не сделает этого по ... воле. (добротной — доброй) 3. Шедевры Третьяковской галереи — ... наших предков. (наследие — наследственность) 4. У него такой ... характер! (обидный — обидчивый) 5. У меня ... мнение по этому вопросу. (особенное — особое) 6. Она смотрела на меня с какой-то ... добротой и теплотой. (особенной — особой) 7. Банк ... своим клиентам долгосрочные кредиты. (представляет — предоставляет) 8. Я хочу выступить: ... мне слово! (представьте — предоставьте) 9. Я не могу пойти с тобой в театр, у меня сегодня ещё много ... дел. (разнообразных — разных) 10. Они муж и жена, но спят в ... комнатах. (различных — разнообразных — разных)

***Упражнение 21.*** **Выберите правильный вариант.**

1. Ты ... : за весь вечер мы не сказали друг другу ни слова! (предоставляешь — представляешь) 2. У него беспорядок: всегда на столе валяется ... хлам. (разнообразный — разный) 3. Он изучает ... экономики. (основания — основы) 4. Мы занимаем эту квартиру на законных ... . (основаниях — основах) 5. Прежде чем писать диссертацию, аспирант должен написать ... темы диссертации. (основу — основание — обоснование) 6. В магазине «Охота и рыболовство» мож-

но купить все ... принадлежности. (рыбьи — рыбные — рыболовные) 7. В свободных экономических зонах должно быть местное ... . (самоуправление — самоуправство) 8. Наш директор — самодур, он занимается ... . (самоуправлением — самоуправством) 9. Мой сосед — очень ... человек. (скрытый — скрытный) 10. Внимание: нас снимает ... камера! (скрытая — скрытная)

***Упражнение 22.*** **Придумайте свои примеры с некоторыми из данных сочетаний слов. На один пример — 30 секунд!**

1. заплатить за ужин — оплатить обучение. 2. Ледовый дворец — ледниковый период. 3. кожаная куртка — кожная инфекция. 4. водные процедуры — водяные брызги. 5. добрый человек — добротная вещь. 6. национальная политика — националистические выходки. 7. информационный бюллетень — информативная статья. 8. великое наследие прошлого — бабушкино наследство. 9. большое наследство — плохая наследственность. 10. обидчивый человек — обидные слова.

***Упражнение 23.*** **Составьте предложения с некоторыми из данных сочетаний слов.**

1. тяжёлый груз — большая нагрузка на организм. 2. последствия болезни — получить наследство. 3. в обычном порядке — самый обыкновенный человек. 4. особые права — особенная доброта. 5. представить ситуацию — предоставить право решать самому. 6. разные люди — разнообразные впечатления. 7. занят различными делами — это разные вещи. 8. основа конуса — на каком основании. 9. самоуправление в области — преступное самоуправство. 10. скрытая камера — скрытный человек.

***Упражнение 24.*** **Составьте предложения с некоторыми из данных сочетаний слов.**

1. рыболовное судно — рыбный супчик. 2. обоснование темы — основа слова. 3. бросить спасательный круг — спасительная сила любви. 4. скрытая угроза — скрытный человек. 5. убедительная просьба — убеждённый социалист. 6. шумовой эффект — шумный успех. 7. дарёное ружьё — дарственные документы. 8. даровая рабочая сила — дарёный конь. 9. деловые отношения — деловитый человек. 10. деятельный человск — дельный совет.

***Упражнение 25.*** **Выберите вариант, который вам больше нравится. Обратите внимание на то, что второй вариант также часто возможен.**

1. Хорошая ... передача! (информативная — информационная) 2. После смерти художника была создана комиссия по распоряжению его ... . (наследием — наследством) 3. Мой друг ничем не примечателен, он самый ... человек, каких много. (обыкновенный — обычный) 4. В её словах и жестах читалось какое-то ... расположение ко мне. (особенное — особое) 5. Что является ... пирамиды? (основой — основанием) 6. Он составил букет из ... цветов. (разных — разнообразных) 7. У нас ... точки зрения на эту проблему. (разные — различные) 8. Да, это ... ! (большой груз — большая нагрузка) 9. Это пример ... политики правительства. (национальной — националистической) 10. Он очень ... человек. (деловой — деловитый)

***Упражнение 26.*** **Выберите правильный вариант.**

1. Сразу же после землетрясения начались ... работы. (спасательные — спасительные) 2. Он доказал свою правоту ... примерами. (убедительными — убеждёнными) 3. Эта улица слишком ... . (шумная — шумовая) 4. Ты будешь отвечать за ... оформление спектакля. (шумное — шумо-

вое) 5. ... коню в зубы не смотрят. (дарёному — даровому) 6. Иммигранты — это почти ... рабочая сила. (дарёная — даровая) 7. Хочу дать тебе ... совет. (деловитый — дельный) 8. Мой друг — очень ... человек. (действенный — деятельный) 9. Они сидели в ... землянке. (дымовой — дымной) 10. На съёмках фильма использовали ... шашки. (дымовые — дымные)

*Упражнение 27.* **Выберите правильный вариант.**

1. Это лекарство просто чудо, замечательное ... средство от простуды! (действенное — деятельное) 2. Он ... женоненавистник. (убедительный — убеждённый) 3. Мы смотрели на ... костёр. (дымовой — дымящийся) 4. Кот не серый, а ... . (дымный — дымовой — дымчатый) 5. Монахи должны отрешиться от ... жизни. (мирной — мировой — мирской) 6. Зачастую многие пожилые люди — очень ... люди. (одинокие — одиночные) 7. Какой ... плакат вы нарисовали! (красочный — красящий) 8. В этом фильме есть такие ... сцены, что можно даже заплакать. (драматические — драматичные) 9. У всех людей есть как достоинства, так и ... . (недостатки — недостаточность) 10.В сельском хозяйстве ... труда являются плуг, лопата, грабли и т. п. (орудием — оружием)

*Упражнение 28.* **Выберите правильный вариант.**

1. Фигурное катание может быть парным, а может быть ... . (одиноким — одиночным) 2. Мы услышали ... выстрелы на улице. (одинокие — одиночные) 3. Какие ... вещества используются на ткацкой фабрике? (красочные — красящие) 4. Он страдал от ... , это такое заболевание. (сердечных недостатков — сердечной недостаточности) 5. Пистолет — это огнестрельное ... . (орудие — оружие) 6. Фабрика ... выпуск новой продукции. (освоила — усвоила) 7. По словам профессора, студенты хорошо ... пройденный материал. (освоили — усвоили) 8. В амбаре превосходное, ... зерно. (отборочное — отборное) 9. Волосы у него такие жидкие, ... . (редкие — редкостные) 10. Все люди ... . (смертельны — смертны)

*Упражнение 29.* **Выберите правильный вариант.**

1. Состоялся ... матч по футболу. (отборочный — отборный) 2. У неё были ... музыкальные способности. (редкие — редкостные) 3. Эта доза яда может быть ... . (смертельной — смертной) 4. По Библии, существует семь ... грехов. (смертельных — смертных) 5. Она хочет работать няней и привезла вам ... письмо. (рекомендательное — рекомендованное) 6. Вот ... профессором список литературы. (рекомендательный — рекомендованный) 7. Вот брошюра, там есть ... к поступающим в вузы. (требования — требовательность) 8. Нам начинает надоедать ... режиссёра. (излишнее требование — излишняя требовательность) 9. Ужин просто ... ! (царский — царственный) 10. Он идёт ... шагом по сцене. (царским — царственным)

*Упражнение 30.* **Придумайте примеры с некоторыми из данных сочетаний слов.**

1. цветная капуста — цветочная гирлянда. 2. драматический театр — драматичный финал. 3. недостаток кислорода — острая недостаточность. 4. корабельные орудия — ядерное оружие. 5. дымчатый кот — дымовая завеса. 6. одинокий человек — одиночные выстрелы. 7. дымящиеся угли — дымно в помещении. 8. красящие средства — красочные народные костюмы. 9. освоить целину — усвоить правила поведения. 10. отборочные соревнования — отборная ругань.

*Упражнение 31.* **Придумайте примеры с некоторыми из данных сочетаний слов.**

1. царские слуги — царственная осанка. 2. рекомендованные произведения — рекомендательное письмо. 3. смертельный номер в цирке — смертная казнь. 4. редкий гость — редкостный негодяй. 5. требовательность к себе и к другим — требование на книгу в библиотеке. 6. мирская суета — мировая революция. 7. отборная картошка — отборочное прослушивание. 8. одиночная камера — одинокая женщина. 9. обоснование темы — разрушить до основания. 10. нарушить покой — разрушить семью.

*Упражнение 32.* **Придумайте примеры с некоторыми из данных сочетаний слов.**

1. скрытая усмешка — скрытный человек. 2. орудие убийства — без оружия. 3. интересные факты — человеческий фактор. 4. хлопотливая хозяйка — хлопотное дело. 5. эстетичный вид — эстетическая наука. 6. показ новых моделей одежды — свидетельские показания. 7. машины сигналят — сигнализировать о недостатках в работе. 8. тема урока — тематика современных песен. 9. грубиян, невежа — полный невежда в живописи. 10. служба в армии — служение искусству.

*Упражнение 33.* **Выберите правильный вариант.**

1. На развитие растений влияет множество ... : температурные условия, освещение и т. п. (фактов — факторов) 2. Есть еженедельная газета «Аргументы и ... ». (факты — факторы) 3. ... пчёлы работают весь день. (хлопотливые — хлопотные) 4. Пилот следит за ... приборов. (показом — показаниями) 5. Машины громко ... . (сигнализировали — сигналили) 6. Больше внимания надо уделять ... воспитанию молодежи. (эстетическому — эстетичному) 7. На конференции представлена широкая научная ... . (тема — тематика) 8. Только ... может позволить себе ругаться матом в присутствии женщин. (невежа — невежда) 9. Он был великим учёным и полностью посвятил себя ... науке. (службе — служению) 10. Водитель транспортного средства не должен ... правила дорожного движения. (нарушать — разрушать)

*Упражнение 34.* **Выберите правильный вариант.**

1. Картина производит колоссальное ... впечатление на посетителей. (эстетическое — эстетичное) 2. В технике я чувствую себя полным ... . (невежей — невеждой) 3. Как позвонить в ... ? (аварийную службу — аварийное служение) 4. Взрыв ... здание до самого основания. (нарушил — разрушил) 5. Мой друг — очень ... человек. (рискованный — рисковый) 6. Это был слишком ... поступок. (рискованный — рисковый) 7. Онежское озеро довольно ... . (глубинное — глубокое) 8. В «Слове о полку Игореве» показана ... борьба против иноземных захватчиков. (героическая — геройская) 9. Эти учёные — ... российской науки. (гордость — гордыня) 10. У нашего начальника просто непомерная ... . (гордость — гордыня)

*Упражнение 35.* **Выберите правильный вариант.**

1. Учёные, опускаясь на дно моря, делают ... записи. (глубинные — глубокие) 2. Зачем вы ... моё уединение? (нарушили — разрушили) 3. Мне близки ... принципы русской литературы. (гуманитарные — гуманистические — гуманные) 4. ... Янус — это языческий бог. (Двуликий — Двуличный) 5. Он плохой человек, ... ! (двуликий — двуличный) 6. Витамины — ... средство против гриппа. (действенное — действительное) 7. В университете работают ... курсы иностранных языков. (двухгодичные — двухгодовалые) 8. В Доме кино состоится ... японских фильмов. (показ —

показание) 9. В ... зале можно ознакомиться с интересной экспозицией. (демонстративном — демонстрационном) 10. Есть такой термин — ... равновесие. (динамическое — динамичное)

***Упражнение 36.*** **Выберите правильный вариант.**

1. Его поспешный уход был слишком уж ... . (демонстративным — демонстрационным) 2. Во время войны была создана ... армия. (добровольная — добровольческая) 3. Мы работаем в больнице на ... началах. (добровольных — добровольческих) 4. Запишите, пожалуйста, ... задание. (домашнее — домовитое — домовое) 5. ... книга — это книга регистрации жильцов. (Домашняя — Домовитая — Домовая) 6. Старик был очень ... . (домовитым — домовым) 7. О чём-либо обыденном говорят: «Это дело ... ». (жизненное — житейское) 8. Шестьдесят километров в час — ... разрешённая скорость движения в черте города. (максималистская — максимальная) 9. На заводе работает ... бюро. (конструктивное — конструкторское) 10. ... эстетика относится к направлению конструктивизма — направлению в искусстве XX века. (Конструктивистская — Конструкторская — Конструктивная)

***Упражнение 37.*** **Придумайте примеры с некоторыми из данных сочетаний слов.**

1. рискованный поступок — рисковая девчонка. 2. глубинное течение — глубокий смысл. 3. героический эпос — геройское поведение. 4. обуздать свою гордыню — гордость за сына. 5. гуманистическая идея служения народу — гуманитарная помощь. 6. двуличное поведение — двуликое изображение. 7. действительные билеты — действенное средство. 8. двухгодичные курсы — двухгодовалый жеребёнок. 9. демонстративная выходка — демонстрационное помещение. 10. динамическая теория — динамичная игра актёра.

***Упражнение 38.*** **Придумайте примеры с некоторыми из данных сочетаний слов.**

1. на добровольных началах — добровольческая армия. 2. домашний кинотеатр — домовой комитет. 3. домовитая хозяйка — домашняя работа. 4. жизненные силы — дело житейское. 5. конструктивное предложение — конструкторское бюро. 6. жизненный путь — житейские заботы. 7. максимальное внимание — максималистские настроения. 8. коренное население — корневая система растения. 9. коренной москвич — корневой гласный. 10. каменный век — каменистая местность.

******Упражнение 39.*** **Выберите вариант, который вам больше нравится. Обратите внимание на то, что часто возможен также и другой вариант.**

1. Преподаватель указал на ... моих знаний в этой области. (недостаток — недостаточность) 2. Пушка — мощное ... ! (орудие — оружие) 3. Если верить Дарвину, первым ... труда в руках первобытного человека стала палка. (орудием — оружием) 4. Сначала мы должны ... азы науки. (освоить — усвоить) 5. Это девушка ... красоты. (редкой — редкостной) 6. Она идёт ... походкой. (царской — царственной) 7. Оформление документов — всегда дело очень ... . (хлопотливое — хлопотное) 8. Это просто ... поступок! (героический — геройский) 9. ... опыт никогда никому не помешает. (Жизненный — Житейский) 10. В церкви начинается ... . (служба — служение)

***Упражнение 40.*** **Выберите правильный вариант.**

1. В жизни страны произошли ... изменения. (коренные — корневые) 2. ... век — это период первобытной культуры. (каменный — каменистый) 3. Я очень люблю ... спорт. (конный — конский) 4. Моя соседка — очень ... девушка. (медленная — медлительная) 5. Не люблю ... людей!

(мелких — мелочных) 6. Он решил стать монахом и посвятить себя ... Богу. (службе — служению) 7. Я знаю, что он уже пожилой человек, но вид у него довольно ... . (моложавый — молодой) 8. Он с ... криком ринулся в драку. (моложавым — молодым — молодецким) 9. Казино — это и есть ... дом. (игорный — игровой — игральный) 10. Я испытываю ... радость: потому что приехал сюда и потому что снова увидел вас! (двойную — двойственную)

***Упражнение 41.*** **Выберите правильный вариант.**

1. Я очень люблю ... танцы. (медленные — медлительные) 2. У тебя есть ... деньги? (мелочные — мелкие) 3. Художественный фильм — это ... фильм. (игральный — игорный — игровой) 4. В чемодане контрабандиста ... дно. (двойное — двойственное) 5. У меня к этому человеку ... отношение: с одной стороны, он мой учитель, с другой стороны — он не всегда поступает по совести. (двойное — двойственное) 6. У ласточки ... хвост. (двойной — двойственный — раздвоенный) 7. Суд признал обвиняемого ... в совершении преступления. (виноватым — виновным) 8. Жизнь у супругов не сложилась, трудно сказать, кто ... в этом. (виноват — виновен) 9. ... голову меч не сечёт! (Виноватую — Виновную — Повинную) 10. Лето было знойное, пыльное, ... . (ветреное — ветровое)

***Упражнение 42.*** **Выберите правильный вариант.**

1. Моя тётя — очень ... женщина. (рассудительная — рассудочная) 2. От этого стирального порошка ... польза, можно и постирать, и одновременно бельё отбелить. (двойственная — двойная) 3. Суд присяжных вынес приговор: « ... !» (Виноват — Виновен — Повинен) 4. Он хороший человек, но немного ... . (ветреный — ветровой) 5. Дон Кихот сражался с ... мельницами. (ветреными — ветряными) 6. Обычно ... и осторожные, зимой лоси стали понемногу приближаться к деревне. (пуганые — пугливые) 7. Дождь заливает ... стекло. (ветреное — ветровое) 8. Я увидел дикий край ... птиц, ... животных. (непуганых — непугливых) 9. Он не был эмоциональным человеком, скорее был склонен к чисто ... , иногда холодному анализу. (рассудительному — рассудочному) 10. Наш шеф — человек жёсткий, требовательный, ... к чужим недостаткам. (нестерпимый — нетерпимый)

***Упражнение 43.*** **Выберите правильный вариант.**

1. В день юбилея ему вручили ... подарок. (памятливый — памятный) 2. ... ворона куста боится. (Пуганая — Пугливая) 3. Он почувствовал ... боль. (нестерпимую — нетерпимую) 4. Лещ — рыба хорошая, но уж очень ... . (костлявая — костная) 5. Это была здоровенная, ... лошадь. (костистая — костлявая) 6. У генерала есть ... именное оружие. (личное — личностное) 7. ... сознание индивида — довольно важная психологическая категория. (Личное — Личностное) 8. Мы сидели в зрительном зале, ... игрой актеров. (очарованные — очаровательные) 9. У Н.С. Лескова есть повесть « ... странник». (Очаровательный — Очарованный) 10. Наводнение нанесло ... ущерб сельскому хозяйству. (неисправимый — непоправимый)

***Упражнение 44.*** **Придумайте примеры с некоторыми из данных сочетаний слов.**

1. конный завод — конское ржание. 2. медлительный человек — медленный фокстрот. 3. мелкие деньги — мелочный человек. 4. молодой человек — моложавый вид. 5. служба в армии — служение искусству. 6. игорный дом — игральные карты. 7. двойной эффект — двоякая выгода. 8. немного раздвоенный подбородок — двойной удар. 9. виновен в преступлении — виноват перед отцом. 10. ветреная погода — ветряная мельница.

***Упражнение 45.* Придумайте примеры с некоторыми из данных сочетаний слов.**

1. двойные рамы — двойственное отношение. 2. игровая площадка — игральные карты. 3.ни в чем не виноват — суд признал виновным. 4. ветреный человек — ветровое стекло в машине. 5. личная свобода — личностные характеристики. 6. пугливый заяц — пуганая ворона. 7. рассудительный человек — рассудочные действия. 8. памятный подарок — памятливый на даты. 9. нестерпимая боль — нетерпимое поведение. 10. тощий костлявый пёс — костный туберкулёз.

***Упражнение 46.* Придумайте свои примеры с некоторыми из данных сочетаний слов.**

1. памятная дата — памятливый на обиды. 2. костяные украшения — костный мозг. 3. личный шофёр — межличностные отношения. 4. ветряной двигатель — обветренное лицо. 5. очаровательная девушка — очарованный красотой девушки молодой человек. 6. мелочная женщина — медлительная женщина. 7. моложавый вид — молодецкая удаль. 8. конный милиционер — конские каштаны. 9. неисправимый хвастун — непоправимый вред. 10. непоправимая беда — неисправимый холостяк.

****Упражнение 47.* Выберите вариант, который вам больше нравится. Обратите внимание на то, что часто также возможен и второй (и третий!) вариант.**

1. Все его движения были плавными, ... . (медленными — медлительными) 2. Да, он не герой, я бы даже сказал больше: он человек ... ! (мелкий — мелочный) 3. Передо мной был очень ... на вид мужчина. (молодой — моложавый) 4. Дети любят развлечения, любят ... автоматы. (игральные — игровые) 5. Он не ... в её смерти. (виноват — виновен — повинен) 6. Какой у тебя ... вид — залюбуешься! (молодецкий — моложавый) 7. У меня к этому человеку ... отношение. (двойственное — двоякое) 8. Это чистящее средство обладает ... эффектом действия. (двойным — двояким) 9. Это была ... ошибка. (неисправимая — непоправимая) 10. Это наши ... отношения. (личные — личностные)

**!** Итак, мы закончили главу «Паронимы». Надеемся, что вы уяснили две истины.

Во-первых, паронимы — слова разные и используются обычно в разных контекстах.

Во-вторых, паронимы иногда могут выступать как синонимы, такие упражнения мы пометили знаком *.

В-третьих, имейте в виду, что чтение художественной литературы, с одной стороны, помогает вам (вы набираете богатую пассивную лексику), но, с другой стороны, мешает вам (писатели любят использовать не обычные, общеупотребительные варианты, которые вам нужны в первую очередь, а варианты оригинальные, часто далёкие от общепринятой словарной нормы).

В заключение отметим также, что работа с подобной лексикой требует от преподавателя очень высокой квалификации. (Работа профессиональная, нелёгкая, и здесь вам не всегда могут помочь ваши русские друзья, как, например, при изучении антонимов.) Для иностранных студентов такая работа – замечательный шанс выработать хорошее чувство русского языка, научиться обобщать информацию.

И последнее: как обычно, список лексики можно продолжить (сколько угодно). Мы дали вам систему работы и самые необходимые примеры. Дерзайте!

# ЛЕКСИЧЕСКАЯ СОЧЕТАЕМОСТЬ

Вы уже изучали и хорошо знаете сочетаемость синтаксическую, когда необходимо знать, какую зависимую синтаксическую форму (в каком падеже и с каким предлогом или без него) следует ставить после того или иного глагола или в той или иной конструкции, например: *добиться + чего? (родительный падеж); стремиться + к чему? (дательный падеж); управлять + чем? (творительный падеж)*.

Лексическая сочетаемость представляет собой более сложный уровень изучения, это своеобразный «пик» языковой и речевой компетенции при изучении иностранного языка. Например: *добиться + цели, успеха, результата; стремиться + к цели; к тому, чтобы ... ; управлять + страной, государством, самолетом, машиной* и т. д.

Именно с лексической сочетаемостью связано не менее 90 % ошибок при изучении русского языка иностранцами — на высоком уровне владения языком. Сравните, что лучше: *добиться успеха* или *достигнуть (достичь) успеха* (или хороши оба варианта); *добиться признания* или *достигнуть (достичь) признания*? К чему можно *стремиться — к успеху, к славе*? Да, а вот *к любви* — уже не по-русски, так обычно не говорят (такое вы можете найти разве что в художественной литературе). Нормативно ли это по-русски: *руководить страной* или *командовать страной*? *Командовать солдатами* или *руководить солдатами*? Уровень анализа достаточно высокий, поэтому русские здесь тоже должны немного подумать, прежде чем ответить на эти вопросы. Иногда русские тоже допускают ошибки в подобных случаях.

Аналогичные ошибки у иностранцев неизбежны, если они никогда ранее не изучали тему «Лексическая сочетаемость». Итак, тему «Лексическая сочетаемость» следует изучать не менее, а даже более серьезно, чем грамматику, поскольку лексики в языке неизмеримо больше, чем синтаксических конструкций.

Как изучать эту тему? Мы предлагаем вам, во-первых, с самого первого дня обучения иностранному языку помнить, что такая проблема существует, и запоминать, даже заучивать, какие слова с какими соединяются, то есть принять лексическую сочетаемость как тему, которую надо системно изучать (к сожалению, это обычно не делается!). Во-вторых, поскольку мы знаем, что соединение слов играет такую же важную роль (если не большую), как грамматика, посмотрим на весь материал, который вы уже изучали (или будете изучать), через призму лексической сочетаемости. Так легче организовать лексику — либо через нашу так называемую разговорную тему, либо через тему грамматическую:

— тема «Синонимы» (лексическая сочетаемость служит для разграничения значений и употребления синонимов, например: *частый лес — густой суп*);

— тема «Иностранные слова» (иностранные слова часто имеют русские слова-синонимы, например: *контролировать ребёнка — проверять контрольные работы*);

— тема «Паронимы» (сложная и красивая тема, именно здесь лексическая сочетаемость помогает нам увидеть оттенки значений: *дружная семья — дружеский привет*);

— тема «Префиксальные глаголы» (лексическая сочетаемость помогает легко запомнить множество значений приставочных глаголов: *выписать рецепт — выписать лекарство — прописать лекарство*);

— тема «Управление глаголов» (*экзамен — сдавать, работу — делать, выполнять; восхищаться — концертом, любоваться — природой*).

Таким образом, при изучении любого аспекта иностранного языка мы обязательно контролируем и запоминаем лексическую сочетаемость!

**!** Изучая эту тему, мы постараемся предупредить возможные ошибки в лексической сочетаемости. Тема эта большая, поэтому мы следуем нашему принципу: во-первых, показываем систему, показываем, как с ней работать, и, во-вторых, даём ограниченное число примеров и упражнений. Ваша цель — воспринять систему и дополнить её своими, необходимыми вам примерами из русского языка, который вы слышите, видите и хотите активно использовать. Успеха вам!

***Упражнение 1.*** **Прочитайте предложения, обратите внимание, как соединяются слова в русском языке.** (Н)

1. Завтра мы будем сдавать экзамен. 2. Ты будешь задавать вопросы. 3. Я буду отвечать на вопросы. 4. Почему родители так любят давать советы? 5. В семь лет мальчик пошёл в школу. 6. После школы он поступил в университет. 7. Пойду приготовлю ужин. 8. Хочу сегодня раньше лечь спать. 9. Утром и вечером надо чистить зубы. 10. Помоги мне убрать в комнате. 11. Кто будет мыть посуду? 12. Ты будешь сегодня стирать? 13. Собаку зовут Жучка. 14. Гостиница называется «Москва».

***Упражнение 2.*** **Ответьте на вопросы.** (Н)

1. Вы будете отвечать на мои вопросы? 2. Кто будет задавать вопросы? 3. Кто будет готовить ужин? 4. Ты поможешь мне убрать в комнате? 5. Когда ты закончишь университет? 6. Ты всегда моешь руки перед едой? 7. Твой друг любит мыть посуду? 8. Когда он вчера лёг спать? 9. Твои родители часто тебе дают советы? 10. Её мать работает учительницей или врачом? 11. Его отец бизнесмен или писатель? 12. Ты часто делаешь ошибки? 13. Твоя мама очень красивая? 14. Ты меня очень любишь?

***Упражнение 3.*** **Составьте предложения с приведёнными ниже сочетаниями слов.** (Н)

1. Задавать — вопросы. 2. Отвечать — на вопросы. 3. Решать — задачи. 4. Давать — советы. 5. Стирать — бельё. 6. Мыть — пол. 7. Чистить — обувь. 8. Ложусь — спать. 9. Пойду — гулять. 10. Буду сдавать — экзамен. 11. Надо сдавать — тест. 12. Очень — умный и красивый. 13. Прекрасный — человек. 14. Поступлю — в аспирантуру. 15. Решим — проблему. 16. Корабль — называется.

***Упражнение 4.*** **Начните собирать вашу индивидуальную коллекцию. Не забывайте с некоторыми сочетаниями составлять предложения!** (Н)

1. Задавать — вопросы, домашнее задание. 2. Сдавать — экзамен, тест. 3. Решать — задачу, проблему, вопрос. 4. Отвечать — на вопрос, на вопросы, на письмо, на звонок. 5. Очень — красивый, умный, добрый, талантливый. 6. Прекрасный — человек, погода, результат. 7. Называется — университет, ресторан, музей, фильм. 8.З овут — меня, тебя, его, собаку, кошку. 9. Дождь — сильный, слабый, небольшой, мелкий. 10. Чистить — зубы, обувь, пальто. 11. Мыть — руки, посуду, пол, голову. 12. Стирать — одежду, бельё, шапку. 13. Спать — пойду, лягу, надо, хочу. 14. Давать — советы, ответы на вопросы. 15. Работает — бухгалтером, учителем, врачом, инженером. 16. Он — писатель, артист, бизнесмен, дипломат, художник. 17. Поступить — в университет, в аспирантуру. 18. Прекрасно — учится, рисует, поёт.

***Упражнение 5.*** **Ответьте на вопросы, обращая внимание на лексическую сочетаемость выделенных слов.** (С)

1. Твой друг учится на экономическом *факультете*? 2. Ты согласен, что сегодня прекрасная *погода*? 3. Она забыла название *книги*? 4. Кто этот человек? Как *его* имя? 5. Ты будешь де-

лать *домашнее* задание? 6. Твоя подруга любит решать *математические* задачи? 7. Ты *хочешь* есть? 8. Твой друг — экономный *человек*? 9. Он сделал много *ошибок* в тесте? 10. На улице сильный *дождь*? 11. Он хочет достичь своей *цели*? 12. Сможет ли он добиться хороших *результатов* в спорте? 13. Она ходит в *джинсах*? 14. Ты носишь *джинсы*? 15. На ней сегодня новое *платье*? 16. Ты подписал *контракт*?

***Упражнение 6.*** **Обратите внимание на лексическую сочетаемость выделенных слов. Попробуйте заменить из синонимами или близкими словами. Какой вариант вам понравится больше? Есть ли между ними разница?** (C)

1. Вчера *шёл* дождь. 2. Сегодня *открывается* фестиваль «Мир русского слова». 3. У нас в университете *проводится* международная конференция. 4. Две торговые фирмы *заключили* выгодный контракт. 5. Это очень *выгодный* контракт для фирмы. 6. В университет я иду пешком, а *назад* еду на маршрутке. 7. Я вижу, ты *сильно* волнуешься перед экзаменом! 8. Николай — очень способный *парень*! 9. Это *замечательный* человек! 10. Какая *прекрасная* погода! 11. Это просто *ужасный* фильм! 12. *Надо* отдохнуть перед поездкой. 13. Она *вернула* книги в библиотеку. 14. Ура! Наша команда *выиграла* со счетом 2:0.

**!** Продолжайте собирать вашу индивидуальную коллекцию. Обратите внимание на то, что ваша коллекция будет «двойной»: всё зависит от того, какое слово в сочетании слов вы считаете главным и к какому из этих слов подбираете варианты сочетаемости. Например, первая коллекция: *дождь — шёл, был*. Вторая коллекция: *шёл — снег, дождь; был — снег, дождь, град*. Интересно, что эти две коллекции совпадают, но обычно не на 100 %!

**Примечание.** Эти наши «коллекции» можно расширять — если это необходимо. Сейчас в первую очередь мы анализируем самые частотные варианты.

***Упражнение 7.*** **С некоторыми из данных ниже сочетаний составьте предложения. Выберите и выпишите для себя те варианты, которые вы будете использовать активно.** (C)

1. Факультет — экономический, филологический. Экономический — факультет, вопросы, проблема. 2. Погода — прекрасная, замечательная, чудесная, превосходная. Прекрасная — погода, человек, настроение, результаты. 3. Человек — экономный. Экономный — человек, хозяйка, траты. 4. Хочу — есть. Кушайте — гости, дети, любимые. 5. Ошибки — делать, допускать. 6. Достигнуть (достичь) — цели, успеха, успехов, результата. Цели — достигнуть (достичь), добиться. Успеха — достичь, добиться. Успехов — добиться, достичь. Результата — достичь, добиться. Признания — добиться. Высокого уровня — достичь. 7. На ней — шорты, юбка, купальник. Она носит — шорты, юбку, платье, джинсы. 8. Открывается — выставка, фестиваль, конференция. Выставка — открывается, начинает работу. Конференция — открывается, начинает работу, начинается. 9. Контракт — подписать, заключить. Подписать — контракт, соглашение, документ, приказ. Заключить — контракт, соглашение, сделку. 10. Волнуюсь — очень, сильно, так, так сильно, страшно. Сильно — волнуюсь, нервничаю, переживаю, люблю. Очень — волнуюсь, люблю, жду, скучаю. Много — работаю, знаю, рисую, занимаюсь, думаю. 11. Отдохнуть — надо, нужно, необходимо, следует. Следует — знать, выполнять требования, соблюдать закон. 12. Книги — вернуть, возвратить, отдать. Верни — мой диск, мою книгу. Отдай — книгу, мой диск, все силы, жизнь.

*Упражнение 8.* **Повторите падежи. Вспомните управление глаголов. Особое внимание обратите на лексику в конструкциях. С некоторыми вариантами составьте свои предложения.** Ⓒ

1. Бояться — всего, этого, собаки, темноты, чего-нибудь. 2. Зависеть — от меня, от тебя, от обстоятельств. 3. Не хватать — времени, денег, сил. 4. Отказываться — от сладкого, от еды, от удовольствий. 5. Достигать — цели, успеха, результата. 6. Добиваться — цели, успеха, результата, славы. 7. Отвлекаться — от темы, от рассказа. 8. Просить — денег, внимания, тишины, уважения. 9. Желать — здоровья, счастья, долгих лет жизни, всего-всего самого хорошего, счастливого пути, успеха. 10. Спорить — из-за этого, из-за ерунды, из-за пустяков. 11. Верить — человеку, его словам, тебе. 12. Верить — в Бога, в идеалы, в любовь с первого взгляда. 13. Интерес — к науке, к философии, к искусству. 14. Любовь — к женщине, к мужчине, к жизни. 15. Следовать — примеру, инструкции. 16. Жаловаться — администрации, начальнику, родителям. 17. Завидовать — соседу, другу, его успехам, его славе. 18. Вопреки — совету, всему.

*Упражнение 9.* **Повторите падежи. Вспомните управление глаголов. Особое внимание обратите на лексику в конструкциях. С некоторыми вариантами составьте свои предложения.** Ⓒ

1. Скучать — без родителей, бсз друзей, без книг. 2. Скучать — по дому, по родине, по родителям, по друзьям, по университету. 3. Путешествовать — по разным странам, по России, по Сибири. 4. Узнать, определить, понять — по голосу, по почерку, по походке. 5. Получить — письмо, бандероль, посылку, подарок, наследство. 6. Носить — брюки, джинсы. 7. Жалеть — друга, подругу, родителей, стариков, бездомных. 8. Поддерживать — друга, вас. 9. Защищать — свои права, подсудимого, свой дом. 10. Нападать — на противника, на врага, на соперника. 11. Радовать — родителей, всех. 12. Отвечать — на вопросы, на письмо, на грубость. 12. Отвечать — за работу, за свои слова, за свои поступки, за детей. 13. Право — на труд, на отдых, на образование, на работу. 14. Наготовить — на неделю, на всех. 15. Поехать, приехать, уехать, дать, взять, планировать — на каникулы, на неделю. 16. Прочитать, сделать, написать, прочитывать — за неделю. 17. Быть, читать, писать, работать, болеть, проболеть — неделю. 18. Поехать, приехать, взять — в отпуск. Планировать — на отпуск. 19. Планы — на будущее, на отпуск. 20. Спасибо — за всё, за внимание, за заботу, за помощь, за ваше участие.

*Упражнение 10.* **Повторите падежи. Вспомните управление глаголов. Особое внимание обратите на лексику в конструкциях. С некоторыми вариантами составьте свои предложения.** Ⓒ

1. Вставать — на голову, на колени, на учёт. 2. Сесть — на стул, на диван, на диету. 3. Сесть — за стол, за учебники, за работу. 4. Надеяться — на судьбу, на удачу, на что-то. 5. Извините — за беспокойство, за всё, за поздний звонок. 6. Купить, продать — за тысячу рублей, за копейки, ни за что. 7. Болеть — за свою команду, за дело, за своих. 8. Стучать — в дверь, в окно. 9. Поступать — в университет, в музыкальную школу. 10. Пойти — в школу, в армию. 11. Выйти — на пенсию, в отставку. 12. Платить — за общежитие, за учёбу, за подругу, за обед. 13. Украсть — деньги, часы, сумку, ребёнка. 14. Предоставить — регистрацию, общежитие, прописку. 15. Оформить — документы, визу, отношения. 16. Играть — роль. 17. Иметь — значение. 18. Пользоваться — словарём.

*Упражнение 11.* **Повторите падежи. Вспомните управление глаголов. Особое внимание обратите на лексику в конструкциях. С некоторыми вариантами составьте свои предложения.** Ⓒ

1. Восхищаться — артистами, костюмами, игрой артистов. 2. Резать — ножом, ножницами. 3. Кончиться — чем, ничем / ничем не кончиться. 4. Платить — долларами, наличными, ру-

блями, валютой. 5. Расплачиваться — валютой, наличными, своим здоровьем. 6. Махать — рукой, платком, хвостом. 7. Жить — своей работой, своим искусством, своей семьёй. 8. Меняться — вещами. 9. Называть — мамой, умницей, Олей, разными именами. 10. Похож — чем-то, не знаю чем, ничем не похож. 11. Ошиблись — адресом, номером. 12. Что — с тобой, рукой, с сердцем, с мамой. 13. Как — с рукой, с сердцем, с мамой, с работой. 14. Плохо — с сердцем, с мамой, со здоровьем, с головой. 15. Поздравляю с праздником, с днём рождения, с юбилеем, с успехом, с победой, с рождением ребёнка. 16. Это связано — с моей работой, с моей семьей, со мной. 17. Выиграть, проиграть, победить — со счётом 2 : 1, с каким счётом. 18. Работать — над диссертацией, над новым романом.

***Упражнение 12.*** **Повторите падежи. Вспомните управление глаголов. Особое внимание обратите на лексику в конструкциях. С некоторыми вариантами составьте свои предложения.** (C)

1. Смеяться — над человеком, над ним, над всеми, надо всем, над собой. 2. Зайди — за мной, за нами. 3. Сходи — за хлебом, за продуктами, за человеком. 4. Сидеть — за столом, за учебниками, за компьютером, за работой. 5. Следить — за человеком, за преступником, за детьми, за своим здоровьем. 6. Под столом — лежит, сидит, валяется, спрятался, затаился. 7. Выступать — перед публикой, перед студентами, перед собравшимися. 8. Остановиться — перед домом, перед трудностями. 9. Заботиться — о себе, о родных, о больном, о детях, о родителях, о стариках. 10. Спорить, рассуждать — о политике, об экономике, о спорте. 11. Грустить — о чём-то, о доме. 12. Книга, фильм, спектакль, роман — о любви, о войне. 13. Служить — в армии, на флоте. 14. Играть — на флейте, на гитаре, на саксофоне. 15. Жениться — на девушке, на женщине, на вдове, на ней. 16. Уверен, сомневаюсь — в успехе, в победе, во всём. 17. Виноват — в этом, во всём, в чём-то. 18. Ходит — в джинсах, в спортивном костюме, в юбке. 19. В чём — дело, проблема, вопрос.

***Упражнение 13.*** **Вспомните, что вы уже изучали в предыдущих главах. Вспомните, как обычно говорят русские. Выберите из скобок вариант, который вам больше нравится. Возможен ли другой вариант? Возможно ли это объяснить?** (C)

1. Она пришла ... в семь часов. (пунктуально, ровно) 2. В городе хорошо работает транспорт. (коммунальный, общественный) 3. Плохо жить в ... квартире. (коммунальной, общественной, общей) 4. В общежитии у нас на две комнаты ... кухня. (коммунальная, общественная, общая) 5. У неё ... цвет волос. (естественный, натуральный) 6. Это шубка из ... меха. (естественного, натурального) 7. Вы были в Новгороде? У тебя есть ... ? (фото, фотографии, снимки) 8. Если ты делал флюорографию, у тебя должны быть ... . (фото, фотографии, снимки) 9. Эта фирма занимается ... мебели. (перевозкой, транспортировкой) 10. Как ты хорошо всё спланировал, ты очень ... человек! (разумный, рациональный) 11. Я его ... не знаю! (абсолютно, совершенно, совсем) 12. Он ... замёрз на морозе! (абсолютно, совершенно, совсем) 13. Родители должны ... выполнение домашних заданий. (контролировать, проверять) 14. Преподаватель будет весь вечер ... сочинения студентов. (контролировать, проверять) 15. У вас в университете есть ... занятия? (дополнительные, необязательные, факультативные) 16. Если она плохо сдала экзамен, ей нужны ... занятия. (дополнительные, необязательные, факультативные)

***Упражнение 14.*** **Повторите приставочные глаголы. Выберите из скобок подходящий вариант.** (C)

1. Ты будешь ... экзамен по английскому языку? (сдавать, отдавать, передавать) 2. Если увидишь нашего общего друга, ... ему привет от меня! (сдавай, отдавай, передавай) 3. Через две не-

дели надо ... книги в библиотеку. (сдать, отдать, передать) 4. Чтобы не забыть, ... в записную книжку мой номер телефона. (впиши, запиши, допиши) 5. Я давно хочу ... в публичную библиотеку. (вписаться, записаться, прописаться) 6. При оплате обучения мы с деканом ... контракт. (записали, подписали, прописали) 7. Мой папа каждый день ... газеты. (просматривает, рассматривает) 8. У тебя замечательный вид, ты очень хорошо ... ! (выглядишь, смотришь) 9. У него своя фирма, и он неплохо ... . (вырабатывает, зарабатывает, прорабатывает) 10. По какому адресу она ... ? (выживает, отживает, проживает) 11. Я хочу ... маме подарок. (заготовить, приготовить) 12. Могу ... тебя к экзамену. (заготовить, подготовить, приготовить) 13. Извини, не смогу пойти с тобой в кино: надо ... домашнее задание. (доделать, заделать) 14. Мы ... в субботу поехать за город. (договорились, переговорили, разговорились) 15. О чём ... в этом тексте? (говорится, договорится, заговорится) 16. Таня, ... в окно: на улице солнце! (выгляни, загляни) 17. Этот текст надо прочитать и ... . (высказать, пересказать, подсказать) 18. Он долго молчал и наконец ... . (выговорил, заговорил, проговорил)

***Упражнение 15.*** **Продолжайте составлять свою коллекцию по лексической сочетаемости. Выбирайте и запоминайте самые приятные для вас варианты. Составьте с ними предложения.** (П)

1. На экзамене — оценка, отметка. Оценка — на экзамене, работы, моего труда, успеваемости. Отметка — на экзамене, в паспорте, в визе, о прибытии. 2. Человек — смелый, храбрый, решительный, мужественный. Смелый — человек, поступок, ответ. Храбрый — человек, женщина, поступок. Решительный — человек, взгляд, поступок. Мужественный — человек, женщина, поведение. 3. Новый год — встречать, отмечать, праздновать. День рождения — праздновать, отмечать. Праздновать — Восьмое марта. Отмечать — день рождения, рождение ребёнка. 4. Вечеринку — устроить. Устроить — вечеринку, праздник, скандал. 5. Ноги — мокрые, сырые. На полу — мокро, сыро. Мокро — на полу, на столе. Сыро — на улице. 6. Твёрдый — камень, характер, решение. Крепкая — верёвка, водка, нервы.

> **!** Очевидно, вы уже заметили, что ваш лексический запас расширяется. Расширяется и тренируется также ваша индивидуальная активная лексика. Это хорошо! Не жалейте времени на составление своих примеров с лексикой, которая предлагается в упражнениях: здесь нужна такая же практика, как и при тренировке грамматики, ничуть не меньше!
>
> Кроме того: посмотрите, как много вариантов, где эта лексика используется в переносном значении! Продолжаем нашу работу.

***Упражнение 16.*** **Определите, где выделенные слова использованы в прямом, а где — в переносном значении. Подберите к ним, где это возможно, антонимы либо синонимы.** (П)

1. *Мокрые* ноги. 2. *Мокрый* плащ. 3. *Сырая* погода. 4. *Сырое* мясо. 5. *Сырая* диссертация. 6. *Золотые* дни. 7. «*Золотое* кольцо». 8. У него *золотые* руки. 9. У неё *золотое* сердце. 10. Это *золотые* слова! 11. *Свежая* рыба. 12. *Свежие* огурцы. 13. *Свежая* капуста. 14. *Свежее* решение. 15. *Свежая* рубашка. 16. *Свежая* газета. 17. *Холодный* чай. 18. *Холодная* душа.

***Упражнение 17.*** **Определите, где выделенные слова использованы в прямом, а где — в переносном значении. Подберите к ним, где это возможно, антонимы либо синонимы.** (П)

1. *Горячий* спор. 2. *Горячий* суп. 3. *Горячая* лошадь. 4. *Горячее* участие. 5. *Горячие* деньки. 6. *Жаркие* деньки. 7. *Жаркий* спор. 8. *Жаркое* лето. 9. *Сухая* встреча. 10. *Сухой* хлеб. 11. *Сухая* фигура. 12. *Тонкие* пальцы. 13. *Тонкая* шутка. 14. *Тонкий* слух. 15. *Тонкий* намёк. 16. *Тонкое* наблюдение. 17. *Заячьи* следы. 18. *Заячья* душа.

*Упражнение 18.* **Определите, где выделенные слова использованы в прямом, а где — в переносном значении. Подберите к ним, где это возможно, антонимы либо синонимы.**

1. *Твёрдый* камень. 2. *Твёрдое* решение. 3. *Твёрдый* срок. 4. *Жёсткая* постель. 5. *Жёсткий* вагон. 6. *Жёсткие* волосы. 7. *Высокий* уровень. 8. *Высокая* честь. 9. *Высокий* гость. 10. *Железное* здоровье. 11. *Железные* нервы. 12. *Стальные* нервы. 13. *Быстрый* бег. 14. *Быстрый* взгляд. 15. *Срочная* доставка. 16. *Скорый* поезд. 17. *Мелкие* деньги. 18. *Мелкая* тарелка.

*Упражнение 19.* **Прочитайте предложения. Обратите внимание на то, с чем соединяются выделенные слова.**

1. Очевидно, *бензин* снова подорожает. 2. *Цены* всё повышаются и повышаются! 3. Эту *дорогу* будут ремонтировать. 4. *Здание* дворца необходимо реставрировать. 5. Он совершил большую *ошибку*, когда женился на ней. 6. В *тексте* контрольной работы вы допустили много *ошибок*. 7. Прошу предоставить мне *общежитие*. 8. Фирма предоставила работнику *отпуск*. 9. В театре *много* свободных мест. 10. Это не имеет никакого *значения*. 11. Подруга имеет большое *влияние* на меня. 12. Приземлился *самолёт*. 13. На море поднялась *буря*. 14. *Корабль* разбился о скалы. 15. Этот человек — герой, он совершил *подвиг*. 16. *Преступник* должен сидеть в тюрьме. 17. *Отношения* между этими странами улучшились. 18. Начальник объявил *подчинённому* выговор.

*Упражнение 20.* **Продолжайте составлять свою коллекцию по лексической сочетаемости. Выбирайте и запоминайте самые приятные для вас варианты. Составьте с ними предложения.**

1. Подорожал — бензин, нефть, продукты, вещи. Цены — повысились, выросли. 2. Ремонтировать — квартиру, дорогу, мебель, часы, машину. Реставрировать — здание, картину, старинную мебель. 3. Ошибку — сделать, совершить, допустить. Совершить — ошибку, подвиг. Допустить — ошибку, погрешность, просчёт. 4. Предоставить — кредит, общежитие, отпуск, выходной, регистрацию, возможность, слово для выступления. 5. Иметь — значение, влияние, вес. Значение — иметь. Роль — играть. Влияние — иметь, оказывать. 6. Самолёт — приземлился, сел, совершил посадку. 7. Буря — началась, поднялась, разыгралась, разразилась. 8. Корабль — разбился, потерпел крушение, утонул. 9. Подвиг — совершить. 10. В тюрьме — быть, сидеть, находиться. Сидеть — дома, в тюрьме, с ребёнком. 11. Отношения — улучшились, ухудшились, стабилизировались, нормализовались. 12. Объявить — благодарность, выговор, забастовку, траур.

*Упражнение 21.* **Прочитайте предложения. Обратите внимание на то, с чем соединяются выделенные слова.**

1. Вы хотите высказать своё *мнение*? 2. Он вступил в *партию*. 3. Разрешите *представиться*: Иванов Иван Иванович. 4. *Экипаж* самолёта приветствует вас! 5. Самолёт совершил *экстренную* посадку. 6. *Искренне* желаю вам счастья! 7. Она без *конца* говорит по телефону. 8. Он хочет *досрочно* сдать экзамен. 9. Публика наградила артистов продолжительными *аплодисментами*. 10. Мы отправились в *путь*. 11. *Пахнет* дымом. 12. Я хочу снять *квартиру*. 13. Чтобы купить лекарство в аптеке, нужно иметь *рецепт* от врача. 14. На этом экзамене нельзя пользоваться *словарём*. 15. Я хочу выучить новые *слова* и сразу их использовать в разговоре. 16. Монах бьёт в *колокол*. 17. Этот вуз очень *престижный*. 18. Давай не будем *нарушать* правила движения!

*Упражнение 22.* **Продолжайте составлять свою коллекцию по лексической сочетаемости. Выбирайте и запоминайте понравившиеся варианты. Составьте с ними предложения.** (П)

1. Мнение — иметь, высказать, изложить. Высказать — своё мнение, свою точку зрения, своё отношение. 2. В партию — вступить. Вступить — в партию, в организацию. 3. Разрешите — представиться, представить вам, пожелать вам, поблагодарить вас, поздравить вас, предложить вам, выразить вам. 4. Экипаж — самолёта, корабля. 5. Экстренная — посадка, вылет, эвакуация. 6. Искренне — рад, благодарю, желаю, сочувствую. Рад — искренне, сердечно, очень, безумно, страшно. 7. Без конца — говорит, гуляет, учит, пьёт. 8. Досрочно — сдать экзамен. 9. Аплодисменты — продолжительные, бурные. 10. В путь — отправились, двинулись, пустились. 11. Пахнет — дымом, газом, чем-то, хорошо, плохо. 12. Квартиру — сдать, снять. 13. Рецепт — врача, кулинарный. 14. Пользоваться — словарём, компьютером, вилкой и ножом. 15. Использовать — новые слова, грубые слова, новые методы, методику. 16. В колокол — бить, ударять, звонить. 17. Престижный — вуз, образование, работа. 18. Нарушать — правила, закон, этикет.

*Упражнение 23.* **Повторите падежи. Вспомните управление глаголов. Особое внимание обратите на лексику в конструкциях. С некоторыми вариантами составьте свои предложения.** (П)

1. Отклоняться — от маршрута, заданного направления. 2. Сбиться — с дороги, с пути. 3. Лишать — денег, наследства, всего, возможности, слова. 4. Лишиться — всего, денег, родителей, работы, волос, зубов, руки. 5. Касаться — руки, плеча, стола. 6. Дотрагиваться — до руки, до плеча. 7. Требовать — слова. 8. Требовать — адвоката. 9. Придерживаться — другой точки зрения, иных взглядов. 10. Избавиться — от этого человека, от недостатков. 11. Достоин — внимания, уважения, любви, лучшей жизни. 12. Согласно — закону, конституции, указу. 13. Принадлежать — человеку, кому-либо. 14. Принадлежать — к высшему обществу, к числу кого-либо, к самым … . 15. Следовать — примеру, инструкции. 16. Прислушатья — к совету, к мнению родителей, к общественному мнению. 17. Присмотреться — к человеку, к людям. 18. Призывать — к революции, к борьбе. 19. Соответствовать — действительности, твоим словам.

*Упражнение 24.* **Повторите падежи. Вспомните управление глаголов. Особое внимание обратите на лексику в конструкциях. С некоторыми вариантами составьте свои предложения.** (П)

1. Противоречить — действительности, его словам, здравому смыслу. 2. Не подлежит — сомнению, уничтожению. 3. Влиять — на человека, его поступки, события. 4. Рассчитывать — на помощь, на поддержку, на ночлег, на друга. 5. Уважать — за это, за работоспособность, за мужество. 6. Наказывать — за это, за опоздание, за провинность, за плохое поведение, за двойку. 7. Принимать — за своего знакомого, за другого человека. 8. Стричь — волосы, ногти. 9. Оплачивать — учёбу, проживание, проезд. 10. Потерпеть — бедствие, аварию, катастрофу, крушение, поражение, неудачу. 11. Предоставить — регистрацию, прописку, общежитие, возможность, слово. 12. Совершить — экскурсию, турне, поездку, ошибку. 13. Допустить — ошибку, погрешность, промах. 14. Одержать — победу, верх. 15. Проявлять — внимание, заботу, милосердие. 16. Подавать, просить — милостыню. 17. Приобретать — вещи, компьютер, вес, влияние. 18. Оказывать — помощь, содействие, поддержку, влияние.

*Упражнение 25.* **Повторите падежи. Вспомните управление глаголов. Особое внимание обратите на лексику в конструкциях. С некоторыми вариантами составьте свои предложения.** (П)

1. Владеть — иностранным языком, домом, страной, большой суммой денег. 2. Располагать — суммой, временем, ресурсами, возможностью. 3. Распоряжаться — суммой денег, день-

гами, наследством, вкладом, временем. 4. Наслаждаться — отдыхом, вкусной едой, отпуском, музыкой. 5. Восторгаться — артистами, балетом, оперой, декорациями, постановкой спектакля. 6. Любоваться — видом из окна, её красотой, декорациями. 7. Рубить, колоть — топором, ножом. 8. Пилить — пилой. 9. Рисковать — жизнью, своей жизнью, деньгами. 10. Хвастаться — своими успехами, достижениями, талантами, богатством. 11. Радовать, развлекать — чем-то, чем-нибудь, хоть как-то. 12. Двигать, шевелить — рукой, ногой, ушами. 13. Дышать — воздухом, лёгкими. 14. Делиться — продуктами, запасами, своими секретами, самым сокровенным. 15. Считать — умным, гением, дураком, дурой. 16. Быть известным, славиться — своими достижениями, вином, климатом. 17. Дорожить — жизнью, своей жизнью, своим здоровьем, своим спокойствием. 18. Пахнет — чем-то, краской, газом, весной.

***Упражнение 26.*** **Повторите падежи. Вспомните управление глаголов. Особое внимание обратите на лексику в конструкциях. С некоторыми вариантами составьте свои предложения.** (П)

1. Справиться — с собой, с волнением, с противником, с соперником, с заданием. 2. Считаться — с мнением, со мной, ни с кем не считаться. 3. Обращаться — с вопросом к кому-либо, с оружием, с техникой, с ребёнком. 4. Покончить — с собой, с долгами, с прежней жизнью. 5. Сидеть — над книгами, над диссертацией, над конспектами. 6. Победа — над собой, над противником, над соперником. 7. Размышлять — над этим; над тем, как ... ; над вопросом, над мировыми проблемами. 8. Плакать — над книгой, над покойником, над умирающим. 9. Ухаживать — за девушкой, за инвалидом, за престарелыми, за волосами, за кожей. 10. Средство по уходу — за кожей, за волосами, за обувью. 11. Подписаться — под этим, под документом, под этими словами. 12. Оказаться, очутиться — в незнакомом месте, на необитаемом острове, в ужасном положении, в ужасной ситуации. 13. Быть — на пенсии, в декрете, в отставке. 14. Настаивать — на этом; на том, что ... ; на своей точке зрения. 15. Сказывается, отражаться — на работе, на здоровье. 16. Отражаться — в зеркале, в реке, в озере. 17. Принимать участие — в Олимпийских играх, в соревнованиях, в концерте, в демонстрации, в митинге, в конференции. 18. Разбираться — в этом, в технике, в политике, в людях, в женщинах.

***Упражнение 27.*** **Вспомните то, что вы уже изучали в предыдущих главах. Выберите из скобок подходящее по сочетаемости слово. От чего зависит ваш выбор? Возможны ли варианты?** (П)

1. Я хочу ... . (есть, кушать) 2. Сегодня дождя нет, но ... . (дождливо, пасмурно) 3. В метро мы можем видеть ... электропоезда. (водителя, машиниста) 4. В цирке идёт ... . (спектакль, представление) 5. Нужно ... своё здоровье. (беречь, хранить) 6. Бабушка ... деньги в сбербанке. (бережёт, хранит) 7. Если хочешь купить ручку или бумагу, внимательно посмотри на улице: вот ... магазина «Канцтовары». (вывеска, афиша) 8. Пожарные быстро ... пожар. (потушили, погасили) 9. Надо ... костёр. (потушить, погасить) 10. Это не очень хорошо, когда человек ... . (уверен в себе, самоуверен) 11. Надо ... эту горную речку вброд. (переплыть, перейти) 12. Собака ... лапами землю в саду. (роет, копает) 13. Возьми лопату и ... яму: будем сажать яблоню. (вырой, выкопай) 14. Тебе в кресле ... ? (уютно, приятно) 15. В кресле сидеть ... . (уютно, приятно, комфортно) 16. Иду я по улице и ... вижу своего старого приятеля. (вдруг, внезапно)

*Упражнение 28.* **Вспомните то, что вы уже изучали в предыдущих главах. Выберите из скобок подходящее по сочетаемости слово. От чего зависит ваш выбор? Возможны ли варианты?**

1. Вы любите ... сыр? (твёрдый, прочный) 2. Эта кровать очень ... . (твёрдая, прочная, жёсткая) 3. Завтра по области ожидается пасмурная погода, ... дождь. (иногда, временами) 4. Он ... ходит в театр. (иногда, временами, время от времени) 5. Пожалуйста, ... мне сигареты! (брось, кинь) 6. Я хочу ... курить. (бросить, кинуть) 7. Кошка ... . (скончалась, умерла, сдохла) 8. Ты не знаешь, он женат или ... ? (не женат, холост) 9. Мальчик в тетради пишет очень ... . (неряшливо, неаккуратно) 10. При заключении контракта ... некоторые трудности. (появились, возникли) 11. Если вы не разбираетесь в этом, то ... вопрос: а сможем ли мы дальше продолжать переговоры? (появляется, возникает) 12. Ты знаешь, есть такая детская игра: сначала все ... , а потом один человек идёт всех искать. (прячутся, скрываются) 13. Когда поедешь путешествовать, не забудь взять с собой всякие ... : расчёску, зубную щётку, иголку, нитки. (мелочи, пустяки) 14. Я плохо играю в шахматы и опять проиграл, надо было лучше ... ! (защищаться, обороняться) 15. Какой у тебя ... голос! (сильный, мощный) 16. Да, это ... любовь! (сильная, мощная)

*Упражнение 29.* **Вспомните то, что вы уже изучали в предыдущих главах. Выберите из скобок подходящее по сочетаемости слово. От чего зависит ваш выбор? Возможны ли варианты?**

1. Это мои ... документы. (индивидуальные, собственные, личные) 2. Это мой ... шофёр. (индивидуальный, собственный, личный) 3. Это моя ... квартира. (индивидуальная, собственная, личная) 4. У меня есть ... уроки. (индивидуальные, личные) 5. В этот день была тяжёлая ... . (война, битва) 6. Я ем ... рыбу. (любой, каждый, всякий) 7. Она дрожит перед ... экзаменом. (любым, каждым, всяким). 8. В этом деле меня интересует ... мелочь. (любая, каждая, всякая) 9. Хозяева были очень ... . (гостеприимные, щедрые, хлебосольные) 10. Благодарим вас за ваше ... ! (гостеприимство, хлебосольство) 11. На этом мосту и ... авария. (случилась, произошла) 12.Девушка ... сумочку. (открыла, отперла) 13. Ты вчера пообещал мне купить цветы, у меня и ... есть, что ты обещал! (очевидцы, свидетели) 14. Кто-то ... у меня новую ручку. (взял, украл, похитил) 15. Побеждённый просит у победителя ... . (жалости, пощады) 16. В цирке клоун ... фокусы. (показывает, изображает)

*Упражнение 30.* **Вспомните то, что вы уже изучали в предыдущих главах. Выберите из скобок подходящее по сочетаемости слово. От чего зависит ваш выбор? Возможны ли варианты?**

1. На улице прохладно, ... шапку! (надень, одень) 2. Мы вели ... беседу (дружную, дружескую) 3. Какая ... погода! (дождливая, дождевая) 4. У меня это ... возможность поехать во Францию. (единственная, единая) 5. Можно ли эту проблему решить ... путём? (мировым, мирным) 6. Какова наша ... задача в ближайшем будущем? (главная, заглавная) 7. Он ушёл в ... отпуск. (долгий, длительный) 8. Диван ... . (жёсткий, жестокий) 9. Этот вопрос не совсем ... . (понятный, понятливый) 10. Дом будут сносить, он уже не ... . (жилой, жилищный) 11. Никак не могу ... , куда я положил очки. (запомнить, вспомнить) 12. Это поезд ... следования. (далёкого, дальнего) 13. Пожалуйста, ... мне о собрании. (напомните, запомните) 14. Она работает очень ... . (эффективно, эффектно) 15. Фильм очень ... ! (впечатлительный, впечатляющий) 16. Вам нравится ... вашей квартиры? (планирование, планировка)

***Упражнение 31.*** **Вспомните, что вы уже изучали в предыдущих главах. Вспомните, как обычно говорят русские. Выберите из скобок вариант, который вам больше нравится. Возможен ли другой вариант? Возможно ли это объяснить?**

1. Многие артисты берут себе ... . (вымышленное имя, псевдоним) 2. На границе этих двух стран часто происходят вооружённые ... . (конфликты, столкновения) 3. Помоги мне разрешить ... ! (этот конфликт, это столкновение) 4. Убытки фирма вам ... . (возместит, компенсирует) 5. Преподаватель ... вам пропущенный в праздник урок. (возместит, компенсирует) 6. У тётушки всегда много продуктов в ... . (запасе, резерве) 7. Мой дядя вышел в отставку и сейчас он офицер ... . (запаса, резерва) 8. Результат ... . (отрицательный, негативный) 9. Она дала ему ... ответ. (отрицательный, негативный) 10. Какие у вас ... к администрации ресторана? (жалобы, претензии) 11. Он написал ... на официанта. (жалобу, претензию) 12. В Новгороде, Пскове очень ... . (красивые пейзажи, красивая природа) 13. Как ты будешь действовать в ... ? (этих обстоятельствах, этой ситуации) 14. Недавно в метро с ним произошёл один ... . (инцидент, неприятный случай) 15. Знаете такой популярный фильм — « ... судьбы, или С лёгким паром»? (ирония, насмешка) 16. Она ... ему, что выйдет за него замуж. (гарантировала, обещала)

***Упражнение 32.*** **Повторите приставочные глаголы. Выберите из скобок подходящий вариант.**

1. Он пошёл на почту и ... газету «Известия». (вписал, выписал, записал) 2. В этой поликлинике на приём к врачу надо ... за неделю. (вписываться, выписываться, записываться) 3. Мой товарищ скоро уже ... из больницы. (вписывается, выписывается, записывается) 4. Толстой в романе «Война и мир» великолепно ... не только исторические события, но и чувства своих героев. (выписывает, записывает, описывает) 5. Какое лекарство тебе ... доктор? (написал, переписал, прописал) 6. Врач ... новый рецепт на это лекарство? (выписал, переписал, прописал) 7. При получении бандероли необходимо ... . (выписаться, расписаться, прописаться) 8. Он ... ехать на Байкал. (передумал, продумал) 9. Мы ... и не заметили, как подошёл наш автобус. (заговорились, наговорились, переговорили) 10. Они всё говорят и не могут ... . (заговориться, наговориться, переговорить) 11. Не нужно на экзамене мне ... , я сам всё знаю! (высказывать, подсказывать, предсказывать) 12. Ты можешь ... ко мне вечерком в гости! (выглянуть, заглянуть, приглянуть) 13. Профессор проводит эксперименты в лаборатории, там же он ... и новую программу. (зарабатывает, разрабатывает) 14. Во многих вузах пропущенные занятия нужно ... . (заработать, отработать, переработать) 15. Не перебивай меня, ты только ... , как это интересно! (выслушай, послушай, прослушай) 16. Нехорошо стоять под дверью и ... ! (заслушивать, подслушивать, прослушивать)

***Упражнение 33.*** **Повторите приставочные глаголы. Выберите из скобок подходящий вариант. Возможен ли другой вариант? Изменится ли смысл?**

1. Моя подруга не хочет лететь в Англию, она ... . (задумала, надумала, передумала, раздумала) 2. Что ты ... ? (выдумал, задумал, надумал, передумал) 3. Он всегда ... что-то интересное! (выдумывает, задумывает, придумывает) 4. Этот план следует хорошо ... . (обдумать, продумать) 5. Если ... , то эту проблему несложно решить. (вдуматься, задуматься, подумать) 6. Терапевт ... мне новое лекарство. (выписал, записал, прописал) 7. У нас новое расписание. Пойдём ... ! (выпишем, перепишем, спишем) 8. Мы должны ... новый план. (выработать, разработать) 9. Вечером мой приятель немного ... . (зарабатывает, подрабатывает) 10. Не знаю, смогу ли ... доклад так быстро! (заготовить, подготовить, приготовить) 11. Сколько же дел мы сегодня ... ! (наделали, переделали) 12. Я ленивый человек и ничего не могу с этим ... ! (переделать, поделать, сделать)

13. Да, много несчастий ему пришлось ... ! (пережить, прожить) 14. Что ты говоришь? Извини, я не ... . (прослышал, расслышал, слышал, услышал) 15. Где ты эту глупость ... ? (вычитал, прочитал) 16. Пожалуйста, не перебивай, только ... меня! (выслушай, послушай, прослушай) 17. Мы ... её сдавать экзамен досрочно. (отговорили, уговорили) 18. Он долго молчал, а потом вдруг ... . (заговорил, проговорил, разговорился)

***Упражнение 34.*** **Прочитайте предложения. Обратите внимание на то, с чем соединяются выделенные слова.**

1. Можно ли быстро *избавиться* от дурных привычек? 2. Он долго работал на Севере и там *лишился* здоровья. 3. Они *соперничают* друг с другом в любви. 4. Эти две фирмы давно конкурируют. 5. Мой друг *обладает* хорошим чувством юмора. 6. Государство *выплачивает* инвалидам пособия. 7. Эти деньги из банка, они не *фальшивые*. 8. Милиция *установила* наблюдение за подозрительным человеком. 9. Правительство *приняло* новый закон. 10. Я полагаю, что мы сможем *преодолеть* разногласия и прийти к соглашению. 11. Если болит печень, необходимо *соблюдать* диету. 12. При окрашивании волос краску необходимо *наносить* равномерно. 13. Хозяйка каждый день *кормила* нас кашей. 14. Он *закусил* водку солёным огурцом. 15. Она *равнодушно* смотрит на меня. 16. Наша фирма *приобретает* всё большее влияние на рынке недвижимости.

***Упражнение 35.*** **Продолжайте составлять свою коллекцию по лексической сочетаемости. Выбирайте и запоминайте самые приятные для вас варианты. Составьте с ними предложения.**

1. Избавиться — от дурной привычки, от назойливого человека, от ненужных вещей. 2. Лишиться — сил, денег, наследства, здоровья, волос, зубов. 3. Соперничать — в спорте, в любви, в остроумии. 4. Конкурировать — в бизнесе, в спорте. 5. Обладать — талантом, способностями, чувством юмора. 6. Выплачивать — пособия, зарплату, пенсию, алименты. 7. Фальшивые — деньги, паспорт, документы, усы. 8. Установить — наблюдение, опеку, налоги, правила. 9. Принять — закон. 10. Преодолеть — трудности, разногласия. 11. Соблюдать — диету, правила, закон. 12. Наносить — краску, лак, удар, вред. 13. Кормить — кашей, обедом, бутербродами, обещаниями. 14. Закусить — чем-нибудь, огурцом, чем-то солёным, лимончиком. 15. Равнодушно — смотрит, наблюдает, рассматривает. 16. Приобретать — влияние, вес в обществе.

***Упражнение 36.*** **Определите, где выделенные слова употреблены в прямом значении, а где — в переносном. Подберите к ним, где это возможно, синонимы либо антонимы.**

1. *Острый* нож. 2. *Острый* ум. 3. *Острая* проблема. 4. *Острый* взгляд. 5. *Острая* шутка. 6. *Острый* соус. 7. *Густой* лес. 8. *Густые* волосы. 9. *Густой* суп. 10. *Густые* брови. 11. *Густой* туман. 12. *Большой* человек. 13. С *большой* буквы. 14. *Большие* проблемы. 15. *Живая* рыба. 16. *Живые* глаза. 17. *Живое* участие. 18. *Близкие* родственники.

***Упражнение 37.*** **Выполните упражнение по модели. Обратите внимание на стиль.**

Модель: испытывать усталость — устать.

испытывать радость —
испытывать волнение —
испытывать страх —
испытывать стыд —
испытывать ужас —
испытывать наслаждение —

испытывать голод —
испытывать нужду —
испытывать боль —
испытывать блаженство —
испытывать негодование —

***Упражнение 38.* Выполните упражнение по модели. Обратите внимание на стиль.**

Модель: испытывать волнение — волноваться.

оказывать помощь —
оказывать влияние —
оказывать поддержку —
оказывать содействие —
иметь значение —
иметь влияние —
иметь вес —
проявлять заботу —
проявлять терпение —
проявлять милосердие —

***Упражнение 39.* Запомните лексическую сочетаемость выделенных слов.**

1. Мы поработали *на славу*. 2. Он *на ходу* надел пальто и вышел. 3. Николай выучил текст *наизусть*. 4. Нам надо поговорить *начистоту*. 5. Больной *насилу* поднялся с кровати. 6. Поставь чемоданы на землю, не держи *на весу*! 7. Мы *наспех* перекусили. 8. Я не буду писать письмо, ты всё передай ему *на словах*. 9. Она *наотрез* отказалась участвовать в концерте. 10. Пойду что-нибудь приготовлю *на скорую руку*. 11. Почти ничего не было видно, и мы продвигались *наугад*. 12. Эту статью он писал буквально *на бегу*. 13. Они *наперебой* рассказывали, что произошло вчера вечером. 14. Эти иностранные слова я знаю *назубок*. 15. Река неширокая, *на глаз* метров сто. 16. Они жили *на широкую ногу*. 17. Не кричи *на всю улицу*! 18. В своих исследованиях они не продвинулись *ни на йоту*.

***Упражнение 40.* Продолжайте составлять свою коллекцию по лексической сочетаемости. Выбирайте и запоминайте самые приятные для вас варианты. Составьте с ними предложения.**

1. На славу — поработать, работать, трудиться. 2. На ходу — есть, спать, надеть, вскочить в автобус. 3. Наизусть — выучить, читать, рассказывать, знать. 4. Начистоту — говорить, поговорить, признаться, выкладывать. 5. Насилу — встать, поесть, идти, подняться. 6. На весу — держать, нести. 7. Наспех — поесть, перекусить, одеться, поговорить. 8. На словах — сказать, передать. 9. Наотрез — отказаться. 10. На скорую руку — сделать, приготовить, отремонтировать. 11. Наугад — идти, двигаться, продвигаться. 12. На бегу — сделать, приготовить, перекусить, поговорить. 13. Наперебой — говорить, рассказывать, объяснять. 14. Назубок — выучить, знать. 15. На глаз — определить, видеть, прикинуть. 16. На широкую ногу — жить. 17. На всю улицу (на весь дом) — кричать. 18. Ни на йоту — не продвинуться, не двигаться, не доверять, не соответствовать.

***Упражнение 41.* К приведённым ниже глаголам подберите варианты, которые с ними могут сочетаться.**

реализовать (что?) —
использовать (что?) —
применять (что?) —
употреблять (что?) —
пользоваться (чем?) —

Справочный материал: 1) метод, 2) новые идеи, 3) новые слова, 4) грубые слова, 5) просторечие, 6) методика, 7) вилка и нож.

*Упражнение 42.* **Повторите падежи. Вспомните управление глаголов. Особое внимание обратите на лексику в конструкциях. С некоторыми вариантами составьте свои предложения.**

1. Наготовить — всего, много всего, всего вкусного, всякой еды. 2. Наговорить — всего, много всего, много лишнего. 3. Приспособиться — к жизни здесь, к местному климату. 4. Быть снисходительным — к человеку, к его недостаткам, к чужим слабостям. 5. Подчиняться, покоряться — человеку, силе, грубой силе. 6. Подражать — человеку, его голосу, его походке, его манерам. 7. Пособие — по безработице, по инвалидности, по временной нетрудоспособности, по уходу за ребёнком. 8. Подтвердить, доказать — своим примером. 9. Злоупотреблять — своим положением, вашим вниманием, моим хорошим отношением, моим гостеприимством. 10. Поворачиваться, встать — лицом, боком, правым боком, спиной, задом. 11. Утешать себя — тем, что ... ; чем-либо, чем-то, хоть чем-то. 12. Отчитываться — перед начальником, перед начальством, перед своими родителями. 13. Унижаться — перед начальником, перед начальством, перед родителями, перед кем-нибудь. 14. Доказать — на примере, на примере кого-нибудь, на ошибках, на собственном примере. 15. Показать — на себе, на схеме, на плане, на рисунке. 16. Обвинять — во всём, в своих неудачах, в преступлении. 17. Признаться — в любви, во всём, в преступлении, в своих ошибках. 18. При — Петре Первом, Горбачёве, коммунизме, ремонте, покупке.

*Упражнение 43.* **Вспомните то, что вы уже изучали в предыдущих главах. Выберите из скобок подходящее по сочетаемости слово. От чего зависит ваш выбор? Возможны ли варианты?**

1. Она любит ... по телефону. (разговаривать, болтать) 2. Надо пойти в зоомагазин и купить ... для попугайчика. (пищу, еду, корм) 3. Какой на море ... воздух! (чудесный, прикольный, великолепный) 4. Можно сходить в церковь и посмотреть ... венчания. (обычай, обряд) 5. Дождь ... в окно. (стучит, шумит) 6. За окном дождь и ветер, слышно, как деревья ... . (стучат, шумят, скрипят) 7. Он ... человек. (искренний, честный) 8. Передай ему мою ... благодарность. (искреннюю, честную) 9. Я не мог с ним согласиться, мы ... , но остались добрыми друзьями. (поспорили, поссорились) 10. Парень насвистывает популярную ... из фильма. (песню, мелодию) 11. Он сидит на краю ванны и ... ногти. (подрезает, подстригает) 12. Пожалуйста, ... меня покороче! (подрежьте, подстригите) 13. Она стала слишком ... . (любознательной, любопытной) 14. Какая красивая собака! Это ... ? (какой вид, какая порода) 15. Журналист получил за свою статью в журнале совсем ... . (небольшую прибыль, небольшой гонорар) 16. В сказках часто бывает злой ... . (волшебник, колдун)

*Упражнение 44.* **Вспомните то, что вы уже изучали в предыдущих главах. Выберите из скобок подходящее по сочетаемости слово. От чего зависит ваш выбор? Возможны ли варианты?**

1. Алло! У нас всё хорошо, доехали мы ... ! (успешно, благополучно) 2. Экзамен он сдал ... . (успешно, благополучно) 3. Скажи мне ... : ты меня любишь? (прямо, открыто, чистосердечно) 4. Надо ... рану хотя бы носовым платком! (перебинтовать, перевязать) 5. Она ... смеётся надо мной. (откровенно, открыто, чистосердечно) 6. Преступник ... признался в совершённом им преступлении. (откровенно, открыто, чистосердечно) 7. Чтение — это наша духовная ... . (еда, пища) 8. Как ... ты стреляешь из лука! (точно, метко) 9. Он пришёл в ... назначенное время. (точно, метко) 10. Пожарные должны ... пожар. (погасить, потушить) 11. Давай ... на эту гору! (поднимемся, залезем, взойдём) 12. Ты сможешь ... на дерево? (подняться, залезть, взойти) 13. Он любит ... чужие тайны. (решать, разгадывать) 14. Сможешь ... этот кроссворд? (решить, разга-

дать) 15. Следует ... за своим здоровьем. (следить, ухаживать) 16. Надо ... за больным. (следить, ухаживать)

***Упражнение 45.*** **Вспомните то, что вы уже изучали в предыдущих главах. Выберите из скобок подходящее по сочетаемости слово. От чего зависит ваш выбор? Возможны ли варианты?**

1. Я хочу купить ... бумагу. (цветную, цветочную) 2. Я люблю ... мёд. (цветной, цветочный) 3. Сделайте ... , а потом выдох! (вдох, вздох) 4. Путешествие было ... . (опасным, опасливым) 5. У тебя очень ... волосы. (жёсткие, жестокие) 6. Спасибо вам за радушный, ... приём! (духовный, душевный) 7. Небоскрёбы — это ... дома. (высокие, высотные) 8. Вам необходимо ... визу. (заплатить, оплатить) 9. Не хочу часто есть ... консервы. (рыбьи, рыбные) 10. Это было ... решение. (правильное, правдивое) 11. Да, это ... история. (реальная, реалистичная) 12. С моря дул ... ветер. (ледовый, ледниковый, ледяной) 13. Эта рыба называется по-русски «... рыба». (ледовая, ледниковая, ледяная) 14. Зачем ты сказала ему такие ... слова? (обидные, обидчивые) 15. Ты же знаешь, какой он ... человек! (обидный, обидчивый) 16. Он ... человек! (необычный, необыкновенный)

***Упражнение 46.*** **Вспомните, что вы уже изучали в предыдущих главах. Вспомните, как обычно говорят русские. Выберите из скобок вариант, который вам больше нравится. Возможен ли другой вариант? Возможно ли это объяснить?**

1. Полярники практически всегда работают в ... условиях. (чрезвычайных, экстремальных) 2. Существует Министерство по ... ситуациям. (чрезвычайным, экстремальным) 3. Я не верю в ... . (волшебство, магию) 4. В современном обществе часто нарушаются нормы ... . (морали, нравственности) 5. Какая же в этой басне ... ? (мораль, нравственность) 6. Самолёт совершил ... посадку. (срочную, экстренную) 7. Примите ... телеграмму. (срочную, экстренную) 8. В настоящее время ... ум, умение работать и опыт работы. (котируются, ценятся) 9. Посмотри в Интернете ... валют. (котировку, оценку) 10. Нефтяные ... постепенно истощаются. (запасы, ресурсы) 11. Молодёжь — это рабочая сила, трудовые ... страны. (запасы, ресурсы) 12. Здесь очень тяжёлый климат, но я думаю, что ты быстро сможешь ... . (адаптироваться, приспособиться) 13. Не могу ... , как лучше тащить санки на гору! (адаптироваться, приспособиться) 14. Сюда нельзя: это ... отделение больницы! (заразное, инфекционное) 15. СПИД — это ... болезнь. (заразная, инфекционная) 16. Случается, что люди совершают ... . (самоубийство, суицид)

***Упражнение 47.*** **Повторите приставочные глаголы. Выберите из скобок подходящий вариант.**

1. Врач ... больного. (выслушал, заслушал) 2. Хожу по магазинам, хочу ... себе обновку. (высмотреть, досмотреть, присмотреть) 3. Ты, сыночек, уже взрослый, пора ... невесту! (осматривать, подсматривать, присматривать, рассматривать) 4. Контрактом не ... такая ситуация. (предусматривается, просматривается, рассматривается) 5. Сами мастерим куклу: к туловищу надо ... голову, руки и ноги. (приделать, проделать, сделать) 6. Рана быстро ... . (заживает, приживается, сживается) 7. На этом предприятии ... макулатура. (вырабатывается, перерабатывается, отрабатывается) 8. Что ... на этой фабрике? (заготавливают, изготавливают) 9. Недосыпание негативно ... на здоровье. (оказывается, сказывается) 10. Суд ... преступника к пожизненному заключению. (проговорил, приговорил, уговорил) 11. Никак не могу ... это длинное название! (выговорить, заговорить, договорить) 12. Это тайна, смотри никому не ... ! (выговорись, договорись, проговорись) 13. Если ты закончил работу, иди к начальнику и ... ! (зачитайся, отчитайся) 14. Де-

кан ... приказ. (вычитал, зачитал, отчитал) 15. Эта книга легко ... . (читается, отчитается, почитается) 16. Художник ... купол собора. (пишет, описывает, расписывает)

***Упражнение 48.*** **Повторите приставочные глаголы. Выберите из скобок подходящий вариант. Возможен ли другой вариант? Изменится ли смысл?**

1. Вы так и не ... меня! (выслушали, дослушали) 2. Надо ... старших! (слушать, слушаться, выслушивать) 3. Девушка ... в зеркало. (смотрелась, засмотрелась, всмотрелась) 4. Старик многое ... за свою жизнь. (перевидал, предвидел, видел, увидел) 5. Он это ... . (видел, предвидел) 6. Вы ... трудную работу! (проделали, сделали) 7. Нужно ... отверстие в стене. (заделать, проделать, сделать) 8. Мы ... его сделать это. (подговорили, уговорили) 9. Попробуй ... это слово по слогам! (выговорить, проговорить) 10. Рукопись надо тщательно ... , а потом нести в редакцию. (вычитать, отчитать, перечитать) 11. Художник ... картину. (пишет, описывает, расписывает) 12. Он всегда ходит на лекции, всегда всё записывает, он ... лекциями уже две общих тетради! (записал, исписал, переписал) 13. Вот моё письмо: ... несколько слов от себя нашему общему другу! (запиши, припиши, напиши) 14. Не думаю, что небоскрёб ... в архитектурный ансамбль Петербурга! (впишется, запишется, распишется) 15. Это не так, ты всё ... ! (выдумал, задумал, надумал) 16. После недолгих колебаний она всё-таки ... уехать из города. (задумала, надумала, придумала)

***Упражнение 49.*** **Из приведённых в скобках вариантов выберите только такие, которые могут сочетаться с данными словами.**

1. Потерпеть ... (аварию, катастрофу, крушение, кораблекрушение).
2. Попасть в ... (аварию, катастрофу, крушение, кораблекрушение, грозу).
3. Произошел/произошла/произошло/произошли ... (авария, катастрофа, крушение, кораблекрушение, гроза, революция, собрание).
4. Свидетельство о/об ... (рождении, смерти, браке, окончании курсов, окончании университета).
5. Пособие по ... (безработице, инвалидности, уходу за ребёнком).
6. Вступить в ... (дискуссию, брак, переговоры, разговор).
7. ... вред (Сделать, Нанести, Причинить).
8. ... на днях (Приехал, Приедет, Поговорим).
9. Наслаждаться ... (музыкой, отдыхом, едой, общением, работой).
10. Любоваться ... (природой, пейзажем, её фигурой, видом из окна, музыкой, едой).
11. Развлекать себя ... (разговором, беседой, играми, покупками).
12. Сорт ... (сигарет, яблок, собак, машин).
13. Марка ... (сигарет, яблок, собак, машин).
14. Порода ... (собак, кошек, птиц).
15. Вид ... (собак, птиц, растений).
16. Наносить ... (краску, лак, крем, вред, ущерб, урон).

***Упражнение 50.*** **Повторите падежи. Вспомните управление глаголов. Особое внимание обратите на лексику в конструкциях. С некоторыми вариантами составьте свои предложения.**

1. Льстить — начальнику, старшим. 2. Подлизываться — к родителям, к начальнику, к начальству. 3. Свататься — к девушке, к ней. 4. Похитить — человека, ребёнка, большую сумму денег. 5. Нанести — краски, лак, удар, урон, ущерб. 6. Проявлять — внимание, заботу, милосердие.

7. Испытывать — нужду, страх, ужас, голод, жажду, усталость, радость, блаженство, боль, стыд, волнение, наслаждение, негодование. 8. Унизить — чем-то; тем, что ... . 9. Обзывать — дураком, идиотом, мерзавцем, негодяем, подлецом, сволочью. 10. Подавиться — косточкой, куском мяса, чем-то, не знаю чем. 11. Трястись — над своими оценками, своей жизнью, над ребёнком, над своей новой машиной. 12. Оправдываться — перед начальником, перед родителями, перед женой. 13. Смилуйся — надо мной, над ним. 14. Пожертвовать — жизнью, своей карьерой, своей семьёй, самым дорогим в жизни. 15. Преуспеть — в бизнесе, в работе, в карьере, в этом, в своих делах. 16. Испачкаться — в грязи, в краске, в чём-то, в креме, в мелу. 17. Упрекать — в этом, во всём; в том, что ... . 18. Раскаиваться — в этом, в своём преступлении.

***Упражнение 51.* Вспомните то, что вы уже изучали в предыдущих главах. Выберите из скобок подходящее по сочетаемости слово. От чего зависит ваш выбор? Возможны ли варианты?**

1. Давай пойдём в церковь и там ... ! (распишемся, поженимся, обвенчаемся). 2. Эта лирическая песня ... моё сердце. (задела, тронула, толкнула) 3. Корова совсем старая, она уже такая ... ! (древняя, дряхлая) 4. В доме ... пожар. (загорелся, вспыхнул) 5. Не надо ребёнка ... . (бить, пороть, наказывать) 6. Дедушка оставил завещание, где всё своё имущество распределил между ... . (наследниками, последователями, потомками) 7. Путник взял с собой лишь полбуханки хлеба и ... соли. (кучу, щепотку) 8. На столе ... бумаг. (куча, кипа, горсть) 9. Благодарю вас за приглашение, для меня это ... . (большое уважение, большая честь, большой почёт) 10. Он отрицательно ... головой. (качал, кивал) 11. Больше я не буду этого терпеть, всему есть ... ! (граница, предел, рубеж) 12. В чём ... того, что ты сказал? (суть, сущность, смысл) 13. В этой гостинице хорошо работает ... . (слуга, прислуга, обслуживающий персонал) 14. На этом предприятии ... газонокосилки. (производят, изготавливают, вырабатывают) 15. Хватить на меня ... ! (орать, визжать) 16. Мальчик, зачем ты взял чужой кошелёк? Где твой ... ? (стыд, срам, позор)

***Упражнение 52.* Вспомните то, что вы уже изучали в предыдущих главах. Выберите из скобок подходящее по сочетаемости слово. От чего зависит ваш выбор? Возможны ли варианты?**

1. Этот костюм ... старый, чтобы в нём можно было идти на банкет. (слишком, чересчур) 2. На руках у неё мелкие ... . (веснушки, родинки) 3. Художники рисуют ... натуру. (голую, обнажённую) 4. Весь день ... как белка в колесе! (кручусь, верчусь, вращаюсь) 5. Земля ... вокруг Солнца. (крутится, вертится, вращается) 6. Мы хотим ... на эту гору. (залезть, взобраться, вскарабкаться) 7. Мы читаем роман А.Н. Толстого « ... утро». (Сердитое, Мрачное, Хмурое) 8. Это деревянные ... , такие носили ещё много-много лет назад. (туфли, башмаки) 9. Машина ... . (испортилась, сломалась) 10. Погода ... , на улице самая настоящая буря. (испортилась, сломалась) 11. Кукла ... . (испортилась, сломалась) 12. Это мой заклятый ... . (друг, враг) 13. Он мой закадычный ... . (друг, враг) 14. На улице лютый ... . (снег, дождь, мороз, холод) 15. За хорошую работу он получил ... . (приз, премию, подарок) 16. На день рождения мы подарили другу ... . (приз, премию, подарок)

***Упражнение 53.* Вспомните то, что вы уже изучали в предыдущих главах. Выберите из скобок подходящее по сочетаемости слово. От чего зависит ваш выбор? Возможны ли варианты?**

1. После зарядки займёмся ... процедурами! (водными, водяными) 2. Какие средства ... транспорта вы знаете? (водного, водяного) 3. Прадед оставил нам ... . (наследство, наследие,

наследственность) 4. Это женщина неординарная, ... . (особая, особенная) 5. В ... здания лежит фундамент. (основании, основе) 6. Вы должны ... мне полную свободу действий. (представить, предоставить) 7. Аспиранты должны написать ... темы диссертации. (основание, основу, обоснование) 8. За преступником установлено ... наблюдение. (скрытое, скрытное) 9. По радио два раза уже передали ... сообщение. (информативное, информационное) 10. Силач в цирке поднимает ... . (грузы, тяжести) 11. Машина перевозит ... . (грузы, тяжести) 12. У преподавателей в университете ... . (большой груз, большая нагрузка) 13. Правительство проводит специальную ... политику. (национальную, националистическую) 14. Мой прадедушка был ... монархистом. (убедительным, убеждённым) 15. К посетителям музея ... просьба: экспонаты музея руками не трогать! (убедительная, убеждённая) 16. Законы против коррупции оказались очень ... . (деятельными, действенными)

***Упражнение 54.*** **Вспомните то, что вы уже изучали в предыдущих главах. Выберите из скобок подходящее по сочетаемости слово. От чего зависит ваш выбор? Возможны ли варианты?**

1. Человек упал с корабля за борт, и ему тотчас бросили ... круг. (спасательный, спасительный) 2. У меня к тебе ... предложение. (деловое, деловитое, дельное) 3. Он очень ... человек. (деловой, деловитый, дельный) 4. Люди уходят в монастырь, чтобы отойти от ... жизни. (мирной, мировой, мирской) 5. Это ... оружие. (смертельное, смертное) 6. Все мы ... . (смертельны, смертны) 7. Не делай этого, это опасно, это ... риск! (смертный, смертельный) 8. Плющенко — чемпион мира в ... катании на коньках среди мужчин. (одиноком, одиночном, единичном) 9. Сочинение хорошее, но всё же встречаются ... ошибки. (одинокие, одиночные, единичные) 10. Какие замечательные, ... иллюстрации! (красочные, красящие) 11. Он любил своего коня и кормил его только ... овсом. (отборным, отборочным) 12. Вы нам устроили поистине ... приём! (царский, царственный) 13. Это ... корона. (царская, царственная) 14. Мы с вами не знакомы, но у меня есть ... письмо. (рекомендательное, рекомендованное) 15. Волосы у тебя после окраски даже не серые, а какие-то ... . (дымные, дымчатые) 16. В моих словах содержится ... намёк. (скрытый, скрытный)

***Упражнение 55.*** **Вспомните то, что вы уже изучали в предыдущих главах. Выберите из скобок подходящее по сочетаемости слово. От чего зависит ваш выбор? Возможны ли варианты?**

1. По мнению учёных, первым ... труда первобытного человека была палка. (оружием, орудием) 2. Зачем ты ... мой покой? (нарушил, разрушил) 3. Многие люди ... многолетние традиции. (нарушают, разрушают) 4. Этот закон устарел, его уже следует ... . (применить, подменить, отменить, сменить) 5. Мне надо ... имидж. (применить, подменить, отменить, сменить) 6. Тебе помочь ... галстук? (завязать, повязать, привязать, перевязать) 7. У тебя ожог, давай ... руку! (завяжем, повяжем, привяжем, перевяжем) 8. Был пожар, и электростанция ... . (перегорела, сгорела) 9. Пролетает ... птиц. (стадо, стая) 10. Наш гость — ... член-корреспондент Академии наук. (действенный, действительный) 11. Навстречу нам вышел ... ребёнок. (двухгодовалый, двухгодичный) 12. В Доме моделей проходит ... мод. (показ, показание) 13. В ... зале вы можете ознакомиться с новыми моделями одежды. (демонстративном, демонстрационном) 14. Ты нечестный человек, непорядочный, ... ! (двуликий, двуличный) 15. Великий Ломоносов видел своё призвание в ... Отечеству. (службе, служении) 16. ... конференции была очень многообразна. (Тема, Тематика)

***Упражнение 56.*** **Повторите приставочные глаголы. Выберите из скобок подходящий вариант.**

1. В юности все ... приключенческими романами. (зачитываются, отчитываются) 2. Начальник ... подчинённого за плохую работу. (зачитал, отчитал, прочитал) 3. У тебя вышла книга? Пожалуйста, ... мне её! (напиши, надпиши, опиши) 4. Закон ... соблюдение норм общественного поведения. (прописывает, предписывает) 5. Этого, я не говорил, не ... мне чужих слов! (выписывай, приписывай, прописывай) 6. Они едут в загс ... . (записываться, прописываться, расписываться) 7. Уважаемые коллеги! Кто ещё хочет ... по этому вопросу? (сказать, высказаться, рассказать) 8. Мне ... чьи-то шаги. (ослышались, послышались) 9. Это ошибка! Извини, я ... . (обговорил, оговорился, переговорил) 10. Да, ты не ... : я не хочу с тобой дружить! (ослушался, ослышался) 11. Пока лучшей перспективы не ... . (видится, предвидится, увидится) 12. Эта девушка явно ему ... . (переглянулась, приглянулась) 13. Иди и не ... ! (выглядывай, оглядывайся, переглядывайся) 14. Как это ты только до этого ... ! (задумался, додумался) 15. В деревне ... на зиму много сена. (заготовили, подготовили, приготовили) 16. У него угнали машину: очевидно, сигнализация не ... . (доработала, отработала, сработала) 17. Статью надо как следует ... . (отработать, проработать) 18. Похищать невесту — это старый обычай, он уже ... своё. (выжил, отжил, пережил)

***Упражнение 57.*** **Повторите приставочные глаголы. Выберите из скобок подходящий вариант. Возможен ли другой вариант? Изменится ли смысл? Изменится ли стиль?**

1. Врач ... ему строгую диету. (предписал, прописал) 2. Решай сам задачи, а не ... у меня! (выписывай, переписывай, списывай) 3. Не мешай ей, ей необходимо ... . (выговориться, проговориться, отговориться) 4. Кажется, мы все условия уже ... . (обговорили, оговорили, переговорили) 5. Надо ... родителей! (слушать, слушаться) 6. Дедушка ему говорил, но он не ... ! (слушал, послушался, прислушался) 7. Он новый человек в коллективе, он всё ещё ... . (смотрит, присматривается, осматривается) 8. На небе ... первые звёзды. (выглянули, проглянули) 9. Мы ... прокатиться верхом. (вздумали, надумали) 10. Хозяйка ... много вкусного. (наготовила, подготовила, приготовила) 11. Кто может ... фальшивый паспорт? (изготовить, подготовить, приготовить) 12. Ох и ... мы сегодня! (заработались, наработались) 13. Эту деталь нужно ... на специальном станке. (обработать, подработать) 14. Хорошо ... ! (заработали, поработали, подработали, сработали) 15. Мой дядя ... в этой фирме двадцать лет. (работал, отработал, проработал) 16. Мы ... новую квартиру. (выделали, отделали) 17. Солдат не погиб в сражении, он ... . (выжил, ожил, пережил) 18. Весной природа снова ... . (выживает, заживает, оживает, переживает)

***Упражнение 58.*** **Вспомните то, что вы уже изучали в предыдущих главах. Выберите из скобок подходящее по сочетаемости слово. От чего зависит ваш выбор? Возможны ли варианты?**

1. Во время войны он пошёл в ... армию. (добровольную, добровольческую) 2. Моя тётя — ... женщина. (домашняя, домовая, домовитая) 3. У меня к тебе ... предложение. (конструктивное, конструкторское) 4. Это хороший ... фильм. (динамичный, динамический) 5. Он ещё молод, поэтому иногда его позиция излишне ... . (максимальная, максималистская) 6. ... — это всегда плохо. (Гордость, Гордыня) 7. Машины на дороге ... в случае опасности. (сигнализируют, сигналят) 8. Он ... парень! (рискованный, рисковый) 9. Моя подруга — ... москвичка. (коренная, корневая) 10. Самолёты доставляют к местам военных действий ... помощь. (гуманную, гуманитарную, гуманистическую) 11. Мы уже долго взбираемся по ... тропинке на эту бесконечную гору. (каменной, каменистой) 12. Ты любишь ... танцы? (медленные, медлительные) 13. Какой ты ...

человек! (медленный, медлительный) 14. У меня набралось много ... денег. (мелочных, мелких) 15. Мы купили ... карты и играли в дурака. (игорные, игровые, игральные) 16. ... голову меч не сечёт! (Виноватую, Виновную, Повинную)

***Упражнение 59.*** **Вспомните то, что вы уже изучали в предыдущих главах. Выберите из скобок подходящее по сочетаемости слово. От чего зависит ваш выбор? Возможны ли варианты?**

1. Он ... хвастун. (неисправимый, непоправимый) 2. Курение наносит ... вред здоровью человека. (неисправимый, непоправимый) 3. У меня к этому артисту ... отношение. (двойственное, двойное) 4. Пожалуйста, мне ... кофе без сахара! (двойственный, двойной) 5. Водителя оштрафовали за ... обгон. (двоякий, двойственный, двойной) 6. Ёрш — очень ... рыба. (костная, костлявая) 7. Какие у неё ... серьги! (очаровательные, очарованные) 8. Он замер, ... красотой незнакомки. (очаровательный, очарованный) 9. В Великобритании много ... полиции. (конной, конской) 10. Молодой человек очень ... . (ветровой, ветреный, ветряной) 11. Вы когда-нибудь видели ... мельницу? (ветровую, ветреную, ветряную) 12. Я быстро обучаюсь и уже ... новый компьютер. (освоил, усвоил) 13. Почему эта собачка такая ... , всех боится? (пуганая, пугливая) 14. Такой вот он ... человек. (рассудительный, рассудочный) 15. Поступки его всегда отличались ... . (рассудительностью, рассудочностью) 16. Даже к старости он умудрялся сохранить ... вид. (моложавый, молодецкий)

***Упражнение 60.*** **Повторите приставочные глаголы. Выберите из скобок подходящий вариант.**

1. Я не могу ... с этим человеком, у него невыносимый характер! (сжиться, ужиться) 2. Старуха много выстрадала на своём веку и уже ... со своим горем. (сжилась, ужилась) 3. Старик посадил яблоньку, и она быстро ... . (выжила, зажила, зажилась, прижилась) 4. Новые традиции и обычаи с трудом ... здесь. (наживаются, приживаются) 5. В сказке мачеха буквально ... со свету свою падчерицу. (выживает, сживает) 6. Молодые ... стариков из дому. (выжили, пережили, сжили) 7. Кто ... мою подпись на документе? (подделал, сделал) 8. Мастер ... шкаф под дуб. (подделал, сделал, разделал) 9. Мастер ... овечью шкуру. (выделывает, подделывает, разделывает) 10. Мальчишка упал, но не расшибся, а ... только синяками и небольшой царапиной на ноге. (заделался, отделался, разделался) 11. Если будешь ко мне приставать, я с тобой в два счёта ... ! (отделаюсь, разделаюсь) 12. Крестьяне ... свою землю. (возделывают, выделывают, разделывают) 13. Мясник ... баранью тушу. (выделывает, возделывает, разделывает) 14. Отлично! Думаю, что мы с тобой ... ! (переработаемся, сработаемся) 15. Новый инженер ... опыт. (вырабатывает, зарабатывает, нарабатывает) 16. Ты хочешь ... побольше славы? (выработать, заработать, наработать) 17. Суд не ... в этом поступке состава преступления. (надсматривает, предусматривает, усматривает) 18. Где мой Булгаков? Наверно, кто-то взял почитать и ... ! (зачитал, зачитался, прочитал)

***Упражнение 61.*** **Повторите приставочные глаголы. Выберите из скобок подходящий вариант. Возможен ли другой вариант? Изменится ли смысл? Изменится ли стиль?**

1. Пора возвращаться в город, мы уже ... на даче! (зажились, нажились, прижились) 2. Есть люди, которые ... на торговле оружием. (наживаются, приживаются, разживаются) 3. Отныне он ... завсегдатаем казино. (заделался, отделался, сделался) 4. Нет, объясни мне всё подробно, ты от меня так просто не ... ! (отделаешься, сделаешься) 5. Ну мы и ... сегодня! (заработались, переработались, уработались) 6. Шеф хочет ... этого лодыря на общем собрании. (доработать, обрабо-

тать, проработать) 7. Судьба ... поэту другой удел. (подготовила, приготовила, уготовила) 8. Да, мы ... о твоих подвигах! (слышали, наслушались, наслышаны, прослышали) 9. Зачем бросать учёбу? Ну что ты ... ! (надумал, придумал, удумал) 10. Хотел бросить университет, но потом ... . (одумался, передумал, раздумал) 11. Только один раз в жизни он ... отца. (ослушался, послушался) 12. Кто там ... из окна? (выглядывает, проглядывает) 13. Надо ... за работниками. (досматривать, надсматривать, присматривать) 14. Хватит мне зубы ... ! (выговаривать, заговаривать, уговаривать) 15. Нет, мы так не ... ! (договаривались, сговаривались, уговаривались) 16. Мать гладит сына по голове и ... : «Всё хорошо! Не плачь!» (подговаривает, приговаривает) 17. Родителей надо ... ! (отчитать, почитать) 18. Посмотрите-ка, как он ... кашу! (выписывает, расписывает, уписывает)

***Упражнение 62.*** **Выберите глаголы, которые могут сочетаться с данными идиомами.**

Как по маслу —
Со скрипом —
Как рыба в воде —
Не мытьём, так катаньем —
Ни к селу ни к городу —
Под горячую руку —

С лёгким сердцем —
С лёгкой руки кого-либо —
С открытой душой (сердцем) —
Тише воды, ниже травы —
Через/в час по чайной ложке —

Справочный материал: 1) идёт, 2) пойдёт, 3) работает, 4) попал, 5) сказал, 6) рассказывает, 7) пришёл, 8) сидит, 9) возьму, 10) чувствует себя, 11) уезжаю, 12) отругал, 13) предложил, 14) движется, 15) выиграл, 16) побил, 17) живёт, 18) добьёмся.

**!** Итак, мы рассмотрели основные принципы и методику работы с темой «Лексическая сочетаемость». Трудно было? И да, и нет. Трудно — если раньше тренировали только грамматику и не обращали внимания на лексику. (И если изучали язык не в комплексе, а каждый раз по одному слову из словаря!) Не очень трудно — если вы научились запоминать и анализировать то, что вы слышите и видите (в текстах) в русском языке.

Естественно, мы не могли рассмотреть все случаи лексической сочетасмости: их бесконечно много! Мы даём вам систему — и вы начинаете по ней составлять индивидуальную коллекцию того материала, который вы собираетесь активно использовать. Например: *в армию он — пошёл, ушёл; в армию его — призвали, забрали; в армии — был, служил*. Ещё пример: *молитву — читать*. Другой пример, более сложный: *отношения между странами — в мире; я тебя люблю больше всех — на свете, в мире*. Примеры можно продолжать до бесконечности. Поэтому будьте внимательны к языку и будьте осторожны с ним! Ваша речь должна быть чистой как грамматически, так и лексически!

Лексическая сочетаемость — это большая, объёмная, просто гигантская тема, это то, как соединяются слова в языке. Без этого мы не можем построить практически ни одну фразу!

Ваша задача в дальнейшем — наблюдать за тем, как соединяются слова, и запоминать варианты, которые вы хотите активно использовать в вашей речи.

# ИДИОМЫ

Фразеологизмы — это сложные устойчивые единицы. В них нельзя произвольно заменять слова (лишь за редким исключением, как например: *от всей души* или *от всего сердца*). Во фразеологизмах не изменяется порядок слов и обычно не варьируются грамматические формы, например: *задирать нос, бить баклуши* и другие.

Иногда можно довольно легко понять значение фразеологизма в предложении, например: *Они два сапога пара* (= похожи). Иногда понять значение довольно сложно, например: *Ни пуха ни пера* (= удачи)!

Термин «Фразеология» очень широкий (сюда же входят устойчивые сочетания научного и других стилей, а также поговорки и пословицы). В этой главе мы ограничимся идиоматикой.

Тема «Идиомы» очень интересная, красивая, вы можете здесь показать свой богатый и очень богатый словарный запас! Однако предупреждаем: ошибаться при использовании фразеологизмов нельзя ни в коем случае! Если вы будете использовать фразеологизмы неправильно, ваши русские друзья воспримут это как шутку и будут смеяться.

Таким образом, если вы хотите использовать некоторые из предлагаемых нами фразеологизмов, будьте внимательны и аккуратны! Придумывайте с ними свои примеры — и пусть ваш преподаватель проверит, всё ли в ваших примерах правильно.

Вы увидите, что в этой теме есть очень интересные и сложные моменты. Вся предлагаемая информация по теме выше II уровня.

Успеха вам! Для начала вы можете просто «совершить прогулку» по теме, то есть просмотреть все задания почти как беллетристику (художественную литературу), а уже затем выбрать для себя «любимые конструкции» и затренировать их.

***Упражнение 1.*** **Проверьте, понимаете ли вы идиомы, которые приведены ниже. Что означают эти идиомы? В каких ситуациях они употребляются?** (П)

Ехать зайцем —
Больное место —
Последний писк моды —
Как две капли воды —
Светлая голова —
Золотая середина —
Золотые руки —
Знать меру —
Вешать нос —
Взять себя в руки —
Голодный как волк —
Взять (дать) слово —
Руки не доходят —
Сидеть сложа руки —
Как небо от земли (как небо и земля) —
Ни пуха ни пера! —

***Упражнение 2.*** **Проверьте, понимаете ли вы идиомы, которые приведены ниже. Что означают эти идиомы? В каких ситуациях они употребляются?** (П)

Как по маслу —
Капля в море —
Последняя капля —
Как рыба в воде —
Открывать Америку —
Цены нет кому/чему-либо —
Шутки в сторону —
Не выходит из головы —
Не за горами —
Ни на что не похоже —
Найти себя —
Как без рук —
Убить двух зайцев —
Со скрипом —
Под рукой (быть) —
Работать не покладая рук —

*Упражнение 3.* **Проверьте, понимаете ли вы идиомы, которые приведены ниже. Что означают эти идиомы? В каких ситуациях они употребляются?**

Влюбиться по уши —
Терять голову —
Смотреть в оба —
Выбросить из головы —
Смотреть другими глазами —
Смотреть сверху вниз —
С лёгким сердцем —
Семь пятниц на неделе —

Палец о палец не ударить —
Ни к селу ни к городу —
Называть вещи своими именами —
Не уметь двух слов связать —
Задирать нос —
Сгорать со стыда —
Старо как мир —
Номер не пройдёт —

*Упражнение 4.* **Проверьте, понимаете ли вы идиомы, которые приведены ниже. Что означают эти идиомы? В каких ситуациях они употребляются?**

Через/в час по чайной ложке —
Махнуть рукой —
Сидеть на чемоданах —
Тяжёл на подъём —
Ловить кого-либо на слове —
Заколдованный круг —
Глаза разбегаются —
Пуд соли съесть с кем-либо —

Поставить кого-либо на своё место —
Пропустить мимо ушей —
Хоть шаром покати —
Тише воды, ниже травы —
Под носом —
С лёгкой руки кого-либо —
Набить руку —
Палка о двух концах —

*Упражнение 5.* **Проверьте, понимаете ли вы идиомы, которые приведены ниже. Определите, какие из этих идиом имеют положительное, а какие — отрицательное значение. В каких позитивных или негативных ситуациях их можно употребить?**

Вылететь в трубу —
Лёгкая рука —
С луны свалился —
Сердце (душа) разрывается —
С открытой душой (сердцем) —
Ни рыба ни мясо —
Нож острый —
Под горячую руку —

Поставить крест на ком/чём-либо —
Сыт по горло —
Садиться на шею —
Подложить свинью —
Как об стенку горох —
Развесить уши —
Плевать в потолок —
Дырявая (садовая) голова —

*Упражнение 6.* **На контроль. Определите значение идиом, приведенных ниже. Какие из этих идиом вы ещё не изучали? К идиомам из левой колонки подберите антонимичные идиомы из правой колонки.**

Открыть Америку —
Со скрипом —
Светлая голова —
Как небо и земля —
Не выходит из головы —
Как рыба в воде —
С открытой душой —
Вылететь в трубу —

Как две капли воды —
Старо как мир —
Выбросить из головы —
Белая ворона —
Денег куры не клюют —
Как по маслу —
Дырявая голова —
Подложить свинью —

Засучив рукава —
Как дважды два —
Не за горами —

Спустя рукава —
Когда рак (на горе) свистнет —
Заколдованный круг —

***Упражнение 7.*** **На контроль. Определите значение идиом, приведённых ниже. Какие из этих идиом вы ещё не изучали? К идиомам из левой колонки подберите синонимичные идиомы из правой колонки. Есть ли различия в ситуациях употребления?**

Махнуть рукой —
Потерять голову —
Капля в море —
Два сапога пара —
Сидеть сложа руки —
Под носом —
Не покладая рук —
Повесить нос —
Стреляный воробей —
Как собак нерезаных —
Как дважды два —

Палец о палец не ударить —
Засучив рукава —
Влюбиться по уши —
Поставить крест на ком/чём-либо —
Опустить руки —
Одного поля ягода —
В двух шагах —
Тёртый калач —
Ясно как день —
Тьма-тьмущая —
Кот наплакал —

***Упражнение 8.*** **На контроль. Проверьте, хорошо ли вы запомнили идиомы, которые уже изучали. Употребите подходящие по смыслу идиомы в предложенных ниже ситуациях. (Не забывайте использовать справочный материал в конце упражнения!)**

1. Он едет в автобусе без билета. 2. У тебя экзамен? Удачи тебе! 3. Скоро экзамены! 4. Это так мало! 5. Он с таким трудом сдаёт экзамены! 6. Это замечательный телевизионный мастер! 7. Мне не нравится, когда на меня смотрят свысока. 8. Мне так надоели эти командировки! 9. Ты молодец, хорошо придумал! 10. Ты думаешь, что узнал что-то новое? 11. Он пообещал приехать к нам в гости в августе. 12. Надо бы пришить пуговицу, да всё некогда.

Справочный материал: светлая голова; золотые руки; смотреть сверху вниз; не за горами; ни пуха ни пера; дать (взять) слово; открыть Америку; капля в море; со скрипом; руки не доходят; сыт по горло; ехать зайцем.

***Упражнение 9.*** **На контроль. Проверьте, хорошо ли вы запомнили идиомы, которые уже изучали. Употребите подходящие по смыслу идиомы в предложенных ниже ситуациях. (Не забывайте использовать справочный материал в конце упражнения!)**

1. Страшно хочу есть! 2. Надоело бездельничать! 3. Музей Пушкина совсем рядом! 4. Не унывай, дружок! 5. Теория и практика — иногда совершенно разные вещи! 6. Как тебе мой ультрамодный костюм? 7. Ты знаешь, он мне такую гадость сделал! 8. Эти сестрички — близнецы, и они безумно похожи друг на друга! 9. Ты что-то совсем зазнался! 10. У меня украли мобильник, а я совершенно не могу без телефона, он мне всегда нужен! 11. Хватит плакать, не расстраивайся! 12. Он провалился на экзаменах и решил не поступать больше в университет.

Справочный материал: голодный как волк; в двух шагах; последний писк моды; похожи как две капли воды; сидеть сложа руки; вешать нос; задирать нос; как небо и земля; как без рук; подложить свинью; махнуть рукой на что-либо; взять себя в руки.

*Упражнение 10.* **На контроль. Проверьте, хорошо ли вы запомнили идиомы, которые уже изучали. Употребите подходящие по смыслу идиомы в предложенных ниже ситуациях. (Не забывайте использовать справочный материал в конце упражнения!)**

1. Он в неё влюблён безумно. 2. Мне неприятно говорить об этом. 3. Они уже всё собрали, скоро уезжают за границу. 4. Мы поможем твоим родителям, ты можешь ехать в командировку и ни о чем не волноваться. 5. Я беспрестанно думаю об этой девушке-инвалиде. 6. Это просто безобразие! 7. Больше не хочу терпеть это безобразие! 8. Она себя чувствует в новой компании совершенно свободно. 9. Когда к нам пришёл новый начальник, работа сразу же закипела. 10. Выступив на конференции, аспирант решил сразу две проблемы: и апробировал свою диссертацию, и получил возможность опубликовать ещё одну статью. 11. Ну ладно, хватит шутить, пора работать серьёзно! 12. Это замечательный сотрудник, превосходный специалист своего дела!

Справочный материал: влюблён по уши; убить двух зайцев; как по маслу; как рыба в воде; больное место; ни на что не похоже; не выходит из головы; сидеть на чемоданах; с лёгким сердцем; последняя капля; цены нет; шутки в сторону.

*Упражнение 11.* **На контроль. Проверьте, хорошо ли вы запомнили идиомы, которые уже изучали. Употребите подходящие по смыслу идиомы в предложенных ниже ситуациях. (Не забывайте использовать справочный материал в конце упражнения!)**

1. А ты можешь иначе взглянуть на эту проблему? 2. Я не буду писать за тебя курсовую, вот тут у тебя ничего не выйдет! 3. Ты сам ещё ничего не начинал делать! 4. Надо сказать, что она прекрасный дизайнер, эта профессия — именно для неё! 5. Ну и зачем ты начал рассказывать о нашем музее? Эта тема совсем не вписывалась в общий разговор! 6. Неужели ты не знаешь, что за общежитие нужно платить? 7. Я пришёл, когда у отца было плохое настроение, и он меня отругал. 8. Не могу без содрогания смотреть на нищих! 9. Это абсолютно ясно! 10. Есть хочется, а денег у студента мало! 11. В холодильнике пусто! 12. Он человек опытный и не растерялся в сложной ситуации.

Справочный материал: как дважды два (четыре); кот наплакал; номер не пройдёт; посмотрсть другими глазами; найти себя; ни к селу ни к городу; палец о палец не ударить; с луны свалился; сердце разрывается; попасть под горячую руку; хоть шаром покати; стреляный воробей.

*Упражнение 12.* **На контроль. Проверьте, хорошо ли вы запомнили идиомы, которые уже изучали. Употребите подходящие по смыслу идиомы в предложенных ниже ситуациях. (Не забывайте использовать справочный материал в конце упражнения!)**

1. Они работают медленно и плохо. 2. Мы работаем не покладая рук. 3. Не надо отчаиваться! 4. Она влюбилась и ничего не соображает. 5. Надо запретить себе любить этого недостойного человека! 6. Бесполезно уговаривать его: на него не действуют наши уговоры! 7. Эти два парня — оба ужасные лентяи! 8. Если мы будем каждый день покупать дорогие вещи, у нас не хватит денег, и мы просто разоримся! 9. Он очень богат! 10. Я до сих пор чувствую себя чужим в этой компании. 11. Все эти проблемы связаны, и их невозможно решить! 12. Господи! Ну у меня и память! Опять забыл дома студенческий! 13. Этого не будет никогда!

Справочный материал: засучив рукава; спустя рукава; вылететь в трубу; как об стенку горох; опускать руки; потерять голову; дырявая голова; белая ворона; два сапога пара; поставить крест на чём/на ком-либо; денег куры не клюют; когда рак (на горе) свистнет; заколдованный круг.

**!** Список идиом можно продолжить. Совершая свою «прогулку» по миру идиом, не старайтесь заучивать большое количество выражений, чтобы у вас к концу темы не было каши в голове. Составлять индивидуальную коллекцию понравившихся идиом вам поможет ваш вкус и талант!

Не забывайте консультироваться с преподавателем и русскими друзьями, обращайте внимание на частотность идиом и их стилевую принадлежность.

*Упражнение 13.* **Проверьте, понимаете ли вы идиомы, которые приведены ниже. Что означают эти идиомы? В каких ситуациях они употребляются?**

П

Каша в голове —
Чёртова дюжина —
Хоть трава не расти —
Пальцем никого не тронуть —
На лбу написано —
Не видеть света белого —
Не мытьем, так катаньем —
Положа руку на сердце —
Море по колено —
Родственные души —
Как сквозь землю провалился —
Как ветром сдуло —
Камень с души —
Палка о двух концах —
На седьмом небе —
Браться за ум —
Без ума от кого/чего-либо —
Плакаться в жилетку —

*Упражнение 14.* **Подумайте и вспомните, какие устойчивые сочетания и выражения возможны в русском языке с прилагательными, обозначающими цвет. Есть ли их аналоги в вашем языке?**

П

Белый —
Красный —
Чёрный —
Зелёный —
Тёмный —
Жёлтый —
Оранжевый —
Розовый —
Голубой —
Бледный —
Серо-буро-малиновый —

**!** Список идиом можно продолжать до бесконечности. В идиоматических словарях их много сотен... Систематизировать их (как для изучения, так и для запоминания и использования) можно по частотным словам, которые входят в ту или иную идиому. Это и прилагательные (как вы видели), и существительные, и числительные...

Предлагаем вам ещё несколько упражнений. Выбирайте на свой вкус то, что вам особенно понравится и что вы захотите использовать в своей речи.

*Упражнение 15.* **(РУКА) Проверьте, понимаете ли вы идиомы, которые приведены ниже. Что означают эти идиомы (что — хорошо, а что — плохо)? В каких ситуациях они употребляются? Какие из них вы уже изучали раньше?**

П

Правая рука —
Под рукой (быть) —
Сложа руки сидеть —
Руки не доходят —
Ударить по рукам —
Из первых рук —
Рука не дрогнет —
Золотые руки —
Из рук вон плохо —
С лёгкой руки кого-либо —
Как без рук —
Держать в руках —
Взять себя в руки —
Положа руку на́ сердце —

Рука не поднимется —
Умывать руки —
Чужими руками —
Махнуть рукой на что-либо —
В твоих руках —

Валится из рук —
Развязать руки —
Прибрать к рукам —
Как рукой сняло —
Развести руками —

***Упражнение 16.* (ГОЛОВА) Проверьте, понимаете ли вы идиомы, которые приведены ниже. Что означают эти идиомы (что хорошо, а что плохо)? В каких ситуациях они употребляются? Какие из них вы уже изучали раньше?**

Светлая голова —
Дырявая голова (садовая) —
Ломать голову над чем-либо —
Иметь голову (на плечах) —
Вбить в голову —
Голова идёт кругом —
Вылетело из головы —
Терять голову —
Валить с больной головы на здоровую —

С головой —
На́ голову выше —
Хвататься за голову —
Думать головой —
Гладить по головке —
Как снег на́ голову —
Через чью-либо голову —
Не выходит из головы —

***Упражнение 17.* (НОГА) Проверьте, понимаете ли вы идиомы, которые приведены ниже. Что означают эти идиомы (что хорошо, а что плохо)? В каких ситуациях они употребляются? Какие из них вы уже изучали раньше?**

Поставить на ноги —
Встать на ноги —
Поднять на ноги —
На дружеской ноге —
Встать с левой ноги —
Нога за ногу идёт —
Ноги заплетаются —

Ноги подкашиваются —
Уносить ноги —
Вверх ногами —
Вперёд ногами —
Спать без задних ног —
Жить на широкую ногу —
Одна нога здесь, другая там —

***Упражнение 18.* (СЕРДЦЕ, ДУША) Проверьте, понимаете ли вы идиомы, которые приведены ниже. Что означают эти идиомы (что хорошо, а что плохо)? В каких ситуациях они употребляются? Какие из них вы уже изучали раньше?**

Золотое сердце —
От всего сердца (от всей души) —
С лёгким сердцем (с лёгкой душой) —
С тяжёлым сердцем (с тяжёлой душой) —
Сердце разрывается (на части) (душа разрывается) —
Сердце не лежит к кому/чему-либо (душа не лежит) —
Предложить руку и сердце —
Положа руку на́ сердце —
Сердце не на месте (душа не на месте) —
Сердце в пятки (душа в пятки) —
Скрепя сердце —

Душа компании —
Излить душу —
Открыть душу —
Стоять над душой —
Души не чаять в ком-либо —
Ни души (нет) —
Родственные души —
Душа в душу (жить) —
Без души (делать) —
С душой (делать) —

*Упражнение 19.* **(ГЛАЗА) Проверьте, понимаете ли вы идиомы, которые приведены ниже. Что означают эти идиомы (что хорошо, а что плохо)? В каких ситуациях они употребляются? Какие из них вы уже изучали раньше?**

Быть на глазах —
Слёзы на глазах —
Глаза разбегаются —
Глаза разгорелись —
Положить глаз на кого/что-либо —
Глаз не сводить с кого/чего-либо —
Куда глаза глядят —
С глаз долой —
Смотреть другими глазами —

В глаза (сказать) —
За глаза (говорить) —
Глаз — алмаз —
Открыть глаза на что-либо —
Закрыть глаза на что-либо —
С закрытыми глазами (делать) —
Бросаться в глаза —
Пускать пыль в глаза —
Глаза на лоб (лезут) —

*Упражнение 20.* **(ЛИЦО, УШИ, НОС) Проверьте, понимаете ли вы идиомы, которые приведены ниже. Что означают эти идиомы (что хорошо, а что плохо)? В каких ситуациях они употребляются? Какие из них вы уже изучали раньше?**

Лицо компании —
Лицом вниз —
Лицом к стенке —
Сохранить лицо —
Потерять лицо —
Лицом в грязь (не ударить) —
Товар лицом (показать) —
Глаза и уши чьи-либо —
Мимо ушей (пропускать) —
По уши (влюбиться) —
Рот до ушей —
Держать ухо востро —
Как своих ушей (не видать) —

Под носом —
На носу —
Водить зá нос —
Дальше своего носа не видеть —
Нос к носу столкнуться —
Длинный нос —
Совать нос во что-либо —
Носа не высунешь —
Из-под носа (увести) —
С носом (остаться) —
Повесить нос —
Задирать нос —
Уши вянут (слушать) —

*Упражнение 21.* **(РОТ, ГУБЫ, ЗУБЫ, ЛОБ, БРОВЬ, ВОЛОСЫ, УСЫ, ЯЗЫК, УШИ) Проверьте, понимаете ли вы идиомы, которые приведены ниже. Что означают эти идиомы (что хорошо, а что плохо)? В каких ситуациях они употребляются? Какие из них вы уже изучали раньше?**

Как в рот воды набрать —
Рот до ушей —
Смотреть в рот кому-либо —
Палец в рот не клади кому-либо —
Надуть губы —
Губу прикусить —
Губа не дура —
Зубы заговаривать кому-либо —
Назубок (знать) —
От зубов отскакивать —
В лоб (сказать, двигаться) —
На лбу написано —

Не в бровь, а в глаз —
Рвать на себе волосы —
Волосы дыбом (становятся) —
Быть (висеть) на волоске от чего-либо —
В ус не дуть —
Вертится на языке —
Длинный язык —
Тянуть за язык —
Языком болтать —
Держать язык за зубами —
Проглотить язык —
Язык сломаешь —

***Упражнение 22.*** **(ПАЛЬЦЫ, ЛАДОНЬ, ПЛЕЧО, КОЛЕНО, ПЯТКИ, ШЕЯ, ГОРЛО)** **Проверьте, понимаете ли вы идиомы, которые приведены ниже. Что означают эти идиомы (что хорошо, а что плохо)? В каких ситуациях они употребляются? Какие из них вы уже изучали раньше?**

Как свои пять пальцев (знать) —
Пальцем в небо (попасть) —
Палец в рот не клади кому-либо —
Пальцем не тронуть —
Пальчики оближешь —
Палец о палец не ударить —
Сосчитать по пальцам (можно) —
Высосать из пальца —
Пальцы веером —
Один как перст —

Как на ладони (видно) —
По плечу кому-либо —
Рубить сплеча —
Гора с плеч (свалилась) —
Море по колено —
Душа в пятки (ушла) —
Наступать на пятки —
Только пятки сверкают —
Сесть на шею —
По горло (сыт; дел) —

**!** Как вы уже заметили, существует очень много идиом, связанных с частями тела человека. Также в русском языке много идиом, где имеются сравнения с животными. Рассмотрим некоторые из них. Повторяем: их много, мы даём только некоторые. Выбирайте, что вам нравится! (Вы можете продолжить этот список в дальнейшем.)

***Упражнение 23.*** **Попробуйте вспомнить (если знаете) или догадаться (если не знаете), с какими животными или их качествами сравнивается человек в приведённых ниже выражениях. Возможны ли варианты? Есть ли аналоги в вашем языке?**

1. Устал как ... . 2. Работает как ... . 3. Голодный как ... . 4. Грязный как ... . 5. Красный как ... . 6. Трудолюбивый как ... . 7. Упрямый как ... . 8. Глупый как ... . 9. Задиристый как ... . 10. Хитрый как ... . 11.Топает как ... . 12. Жирный как ... . 13. Трусливый как ... . 14. Неповоротливый как ... . 15. Затаился как ... . 16. Поёт как ... . 17. Стреляный ... . 18.Гримасничает как ... . 19. Ржёт как ... . 20. Крутится как ... . 21. Нем как ... . 22. Надулся как ... . 23. Визжит как ... . 24. Рычит как ... .

Справочный материал: собака, волк, лошадь, вол, свинья, рак, пчела, осёл, козёл, баран, петух, лиса, слон, медведь, заяц, мышка, соловей, воробей, обезьяна, белка, рыба, индюк, лев, тигр.

***Упражнение 24.*** **Проверьте, понимаете ли вы идиомы, которые приведены ниже. Что означают эти идиомы (что хорошо, а что плохо)? В каких ситуациях они употребляются? Какие из них вы уже изучали раньше? Есть ли аналоги в вашем языке?**

Работает как лошадь (вол) —
Сесть на своего любимого конька —
На коне (быть) —
Устал как собака —
Злой как собака —
Голодный как волк —
Как собака на сене —
Собаку съесть на чём-либо —
Вот где собака зарыта —
Кот наплакал —

Как с гу́ся вода —
Подложить свинью кому-либо —
Как корова на льду —
Пустить козла в огород —
Как баран на новые ворота (смотрит) —
Вставать с петухами —
Денег куры не клюют —
Курам на́ смех —
Куриные мозги —

*Упражнение 25.* **Проверьте, понимаете ли вы идиомы, которые приведены ниже. Что означают эти идиомы (что хорошо, а что плохо)? В каких ситуациях они употребляются? Какие из них вы уже изучали раньше? Есть ли аналоги в вашем языке?**

Ехать зайцем —
Погнаться за двумя зайцами —
Убить двух зайцев —
Делить шкуру неубитого медведя —
Медведь нá ухо наступил —
Медвежья услуга —
Как белка в колесе (крутиться) —
Волком выть —
Делать из мухи слона —
Крокодиловы слёзы (лить) —
Доходит как до жирафа —
Стреляный воробей —
Первая ласточка —
Рабочая пчела —
Слышно, как муха пролетит —
Комар носа не подточит —
Заморить червячка —
Как рыба в воде —
Как сельдей в бочке —
Как рыба об лёд (биться) —
Когда рак на горе свистнет —
Где раки зимуют (показать) —

*Упражнение 26.* **Вместо точек вставьте подходящее по смыслу слово из справочного материала в конце упражнения. Возможны ли варианты? Есть ли аналоги в вашем языке?**

1. ... услуга. 2. ... хитрость. 3. ... голод. 4. ... холод. 5. ... мозги. 6. ... усталость. 7. ... слезы. 8. ... упрямство. 9. ... аппетит. 10. ... трусость. 11. ... верность. 12. ... песня. 13. ... поведение. 14. ... восторг.

Справочный материал: медвежий, лисий, собачий, волчий, зверский, куриный, крокодилов, ослиный, козлиный, заячий, лебединый, свинский, свинячий.

**!** Итак, мы рассмотрели большое количество идиом, которые достаточно часто употребляются в русском языке. Желаем вам ничего не перепутать! Ведь при изучении этой темы не помогут ни ваш талант к языкам, ни ваша логика: в основном всё надо механически запоминать. И ничего не изменять (и тем более — не подменять синонимами) .

Ещё раз повторяем: выбирайте те варианты, которые вам понравились.

Для того чтобы повторить некоторые из них, обратимся к связям внутри идиом, в частности к лексической сочетаемости, в первую очередь — к глаголам. Чтобы правильно употреблять идиомы, надо знать, с какими словами они могут соединяться. Это трудно, так как и в речи, и в словарях часто встречаются неполные варианты.

Рассмотрим лексическую сочетаемость некоторых идиом.

*Упражнение 27.* **Повторение и контроль. Обратите внимание на то, с какими глаголами могут употребляться данные ниже идиомы. С некоторыми идиомами составьте предложения.**

1. Не покладая рук — работать. 2. Сложа руки — сидеть. 3. Из головы — не выходит, не идёт. 4. По уши — влюбиться, увязнуть. 5. Другими глазами — смотреть. 6. В час по чайной ложке — делать, работать. 7. Под горячую руку — попасть. 8. Со скрипом — работать, писать, учиться. 9. Засучив рукава — работать, взяться за дело. 10. Как по маслу — пойдёт. 11. В двух шагах — находиться. 12. Камень с души — свалился. 13. Шутки в сторону — отбросить, отставить. 14. Из рук вон плохо — делать, работать, идёт.

***Упражнение 28.*** **Повторение и контроль. Обратите внимание на то, с какими глаголами могут употребляться данные ниже идиомы. С некоторыми идиомами составьте предложения.**

1. Положа руку нá сердце — сказать, признаться. 2. С головой — уйти в работу. 3. Как снег нá голову — свалиться, нагрянуть. 4. На дружеской ноге — быть с кем-либо. 5. С левой ноги — встать. 6. Вверх ногами — держать, поставить, повесить; стоять, висеть. 7. Нога зá ногу — идти, плестись. 8. Вперёд ногами — вынести. 9. Без задних ног — спать, быть. 10. На широкую ногу — жить, обустроить. 11. От всего сердца (от всей души) — поздравлять, желать, благодарить. 12. С лёгким сердцем — делать, поехать. 13. Сердце в пятки — ушло. 14. Скрепя сердце — делать.

***Упражнение 29.*** **Повторение и контроль. Обратите внимание на то, с какими глаголами могут употребляться данные ниже идиомы. С некоторыми идиомами составьте предложения.**

1. Ни души — не было. 2. Без души — делать, работать. 3. С душой — делать, работать. 4. На глазах — быть. 5. Слёзы на глаза — наворачиваются. 6. Куда глаза глядят — идти, пойти. 7. В глаза — сказать. 8. За глаза — говорить, ругать, обсуждать. 9. С закрытыми глазами — делать, дойти. 10. Лицом вниз — лежать. 11. Лицом к стене — стоять, встать, повернуться. 12. Лицом в грязь — (не) ударить. 13. Товар лицом — показать, подать. 14. Мимо ушей — пропустить, проходит.

***Упражнение 30.*** **Повторение и контроль. Обратите внимание на то, с какими глаголами могут употребляться данные ниже идиомы. С некоторыми идиомами составьте предложения.**

1. Нос к носу — столкнуться, оказаться, очутиться. 2. Из-под носа — увести, украсть. 3. С носом — остаться, оставить. 4. Назубок — знать, выучить. 5. От зубов — отскакивает, отлетает. 6. В лоб — сказать, двигаться. 7. Как своих ушей — не видать. 8. Не в бровь, а в глаз — попасть, сказать. 9. На волоске — быть, висеть. 10. Языком — трепать, болтать. 11. Как свои пять пальцев — знать. 12. Пальцем в небо — попасть. 13. Как на ладони — видеть. 14. Гора с плеч — свалилась, упала. 15. Душа в пятки — ушла. 16. Сердце в пятки — ушло.

***Упражнение 31.*** **Повторение и контроль. Обратите внимание на то, с какими глаголами могут употребляться данные ниже идиомы. С некоторыми идиомами составьте предложения.**

1. Двух зайцев — убить. 2. Зайцем — ехать. 3. Шкуру неубитого медведя — делить. 4. Медвежью услугу — оказать. 5. Свинью — подложить. 6. Как белка в колесе — крутиться (вертеться). 7. Из мухи слона — делать. 8. Как рыба в воде — быть. 9. Как рыба об лёд — биться. 10. Крокодиловы слезы — лить. 11. Как до жирафа — доходит. 12. Где раки зимуют — показать.

**!** Ещё раз пожелаем вам успеха в изучении этой темы! Мы выбирали наиболее частотные варианты. Вы можете продолжить список идиом, если это будет необходимо в дальнейшем. Количество идиом в русском языке очень велико. Насколько эта тема вам необходима (и в каком объёме) — решать вам.

Ещё один совет: не забывайте о том, что нередко стиль идиомы может быть сниженным. Следовательно, надо обращать внимание и на стиль.

Удачи вам!

# ПОСЛОВИЦЫ И ПОГОВОРКИ

Пословицы и поговорки — это иносказательные выражения, которые метко и образно называют какое-либо жизненное явление. Они лаконичны по форме и обычно характеризуются особым ритмо-фонетическим построением. Пословица — в отличие от поговорки — содержит специфический поучительный смысл, поэтому она синтаксически закончена: *Волков бояться — в лес не ходить*. Поговорка обычно требует синтаксического завершения в контексте: *После дождичка в четверг...*

Безусловно, русские не каждый день употребляют при коммуникации пословицы и поговорки, однако следует отметить тот факт, что именно русские чаще используют их, чем многие другие народы. Возможно, это связано с традициями фольклора и русской литературы, которая, в свою очередь, стремится сохранять и поддерживать эти традиции.

Что ещё интересно: в настоящее время ораторы (даже серьёзные политики) стремятся сделать свои публичные выступления более образными, метафоричными и «демократичными». Естественно, знание минимума пословиц и поговорок присуще практически каждому русскому человеку, входит в его ментальность.

Итак, мы предлагаем вам некоторое количество единиц, специально отобранных нами для курса русского языка как иностранного. Как обычно, наша задача будет заключаться в том, чтобы дать вам методику работы с данным материалом, определить достаточный минимум материала, привить вам вкус к этой теме.

При изучении данной темы советуем вам не торопиться: материал не такой простой, как кажется: иностранцы допускают много ошибок при активном использовании пословиц и поговорок. Наш совет: минимизируйте материал и старайтесь очень хорошо «просчитать» возможные ситуации (придумывая свои примеры), где может быть использована та или иная пословица или поговорка.

Все пословицы и поговорки для курса РКИ — выше второго уровня, так как до второго уровня они не входят в обязательную программу обучения русскому языку. А жаль! Многие из них можно, по нашему мнению, изучать и употреблять и на первом сертификационном уровне: они бы украсили ваш русский язык!

***Упражнение 1.* Прочитайте приведённые ниже пословицы и поговорки, определите их значение.**

Аппетит приходит во время еды —
В гостях хорошо, а дома лучше —
Всё хорошо, что хорошо кончается —
Дело (= работа) не волк, в лес не убежит —
Дома и стены помогают —
Кончил дело — гуляй смело —
Лучше поздно, чем никогда —
Москва не сразу строилась —
На нет и суда нет —
Не имей сто рублей, а имей сто друзей —

***Упражнение 2.* Прочитайте приведённые ниже пословицы и поговорки, определите их значение.**

Не родись красивым, а родись счастливым —
Поживём — увидим —

Поспешишь — людей насмешишь —
Рыбак рыбака видит издалека —
Семеро одного не ждут —
Сказано — сделано —
Сколько лет, сколько зим! —
Слезами горю не поможешь —
Слово — серебро, молчание — золото —
Старый друг лучше новых двух —

***Упражнение 3.*** **Прочитайте приведённые ниже пословицы и поговорки, определите их значение.**

Тише едешь — дальше будешь —
Ум хорошо, а два лучше —
Хорошего понемножку —
Час ότ часу не легче —
Чем богаты, тем и рады —
Что было, то прошло —
У кого что болит, тот о том и говорит —
Этот номер не пройдёт —
Язык до Киева доведёт —
Язык мой — враг мой —

***Упражнение 4.*** **Прочитайте предложения. Какие ранее изученные пословицы и поговорки можно употребить в таких ситуациях?**

Модель: Вечеринка была прекрасная. Спасибо, но нам пора домой. *(Хорошего...)* — ***Хорошего понемножку!***

1. Не знаешь дорогу в университет? Спроси у прохожих. *(Язык до Киева...)* 2. Не торопись! Дорога очень плохая, да и темно! *(Тише едешь — ...)* 3. Не могу принять решение. Что ты мне посоветуешь? *(Ум хорошо...)* 4. Пойдём на вечеринку? Мы уже закончили работу! *(Кончил дело — ...)* 5. Давай завтра закончим эту работу, это не срочно! *(Работа не...)* 6. Спасибо за угощение, но нам пора домой. *(В гостях...)* 7. Не хочешь есть? Хоть попробуй! *(Аппетит...)* 8. Наконец-то ты пришёл, хоть и опоздал на полчаса! *(Лучше поздно...)* 9. Опять ты сказал ему что-то плохое? *(Язык мой — ...)* 10. Слава богу, что мы наконец-то доехали до дома! *(Всё хорошо, что...)*

***Упражнение 5.*** **Прочитайте предложения. Какие ранее изученные пословицы и поговорки можно употребить в таких ситуациях?**

1. Ты знаешь, мы не приготовили ужин. Ну, сейчас сделаем бутерброды с сыром! *(Чем богаты...)* 2. Лучше мы проведём соревнования по волейболу в спортзале нашего университета, а не у соседей. *(Дома и стены...)* 3. Посмотрим, сможешь ли ты сдать экзамены досрочно. *(Поживём — ...)* 4. Она просто красавица, но очень несчастна. *(Не родись красивой...)* 5. Хватит всё время говорить о завтрашнем экзамене, надоело! *(У кого что болит, ...)* 6. Аккуратнее одевайся, не торопись! *(Поспешишь — ... )* 7. Хорошо, когда много друзей: они всегда помогут! *(Не имей сто рублей, ...)* 8. Хоть мы с тобой и дружим, я не дам тебе списывать у меня контрольную работу. *(Этот номер...)* 9. Ну и не надо, если не хочешь — никуда не пойдём! *(На нет и...)* 10. Мы уже давно с ним дружим. *(Старый друг...)*

***Упражнение 6.*** **Прочитайте предложения. Какие ранее изученные пословицы и поговорки можно употребить в таких ситуациях?** (С)

1. Здравствуйте! Как давно мы с вами не виделись! *(Сколько лет, ...)* 2. Проблем всё больше и больше! *(Час от часу...)* 3. Не плачь! Успокойся! *(Слезами горю...)* 4. Давай не будем вспоминать о плохом! *(Что было, то...)* 5. Ты тоже любишь решать кроссворды, как и я? *(Рыбак рыбака...)* 6. Договорились! Завтра же пойдём в Эрмитаж! *(Сказано — ...)* 7. Конечно, тебе ещё трудно писать сочинения, но надо понемногу этому учиться. *(Москва не сразу...)* 8. Иногда надо просто помолчать. *(Слово — серебро...)* 9. Ты всё время говоришь только о своих проблемах! *(У кого что болит, ...)* 10. Собирайся быстрее, мы опаздываем! Мы с Александром ждём тебя ещё две минуты и уходим. *(Семеро одного...)*

**!** Русские пословицы и поговорки во многих странах входят в программу обучения иностранцев русскому языку (особенно это касается переводчиков). Отметим, что в программу проверки знания русского языка на сертификационных уровнях II и III включены лишь некоторые идиомы, а пословиц и поговорок там нет. Поэтому когда упражнения мы помечаем знаком (П), этим мы показываем, какими знаниями в области лексики и реалий вы должны были бы обладать на том или ином уровне.

***Упражнение 7.*** **Прочитайте приведённые ниже пословицы и поговорки, определите их значение.** (П)

Беда не приходит одна —
Без труда не вынешь (= не вытащишь) и рыбку из пруда —
В тесноте, да не в обиде —
Век живи — век учись (а дураком помрёшь) —
Волков бояться — в лес не ходить —
Время — деньги —
Всё (много) будешь знать — скоро состаришься —
Дурные примеры заразительны (= Дурной пример заразителен) —
Дыма без огня не бывает —
Молчание — знак согласия —

***Упражнение 8.*** **Прочитайте приведённые ниже пословицы и поговорки, определите их значение.** (П)

На вкус и на цвет товарища нет —
На безрыбье и рак рыба —
Не знаешь, где найдёшь, где потеряешь —
Нет худа без добра —
Обещанного три года ждут —
От добра добра не ищут —
Свет (= мир) не без добрых людей —
Сердце не камень —
Скоро сказка сказывается (да не скоро дело делается) —
Старость не радость (= не красные дни) —

***Упражнение 9.*** **Прочитайте приведённые ниже пословицы и поговорки, определите их значение. Какие слова или грамматические формы здесь трудны для вас?**

Утро вечера мудренее —
Ученье — свет, а неученье — тьма —
Цыплят по осени считают —
Бережёного бог бережёт —
В Тулу со своим самоваром не ездят —
Друзья познаются в беде —
Лиха беда начало —
Конец — делу венец —
От судьбы не уйдёшь —
Первый блин комом —

***Упражнение 10.*** **Определите, какие из приведённых ниже пословиц и поговорок употребляются в позитивных ситуациях, а какие — в негативных.**

Первый блин комом —
Друзья познаются в беде —
Свет не без добрых людей —
Обещанного три года ждут —
Дурной пример заразителен —
Дыма без огня не бывает —
Век живи — век учись —
На безрыбье и рак рыба —
Старость не радость —
Конец — делу венец —
Ученье — свет, а неученье — тьма —
В Тулу со своим самоваром не ездят —

***Упражнение 11.*** **На контроль. Прочитайте предложения. Какие ранее изученные пословицы и поговорки можно употребить в таких ситуациях?**

1. Так быстро, как ты хочешь, эту работу не сделать! *(Скоро сказка сказывается, ...)* 2. Ложись спать, завтра эту проблему решим. *(Утро вечера...)* 3. Вот видишь, как хорошо много знать! *(Век живи — ...)* 4. Реферат у меня неудачный, но это мой первый реферат, первый опыт. *(Первый блин...)* 5. Да, мой друг очень помог мне, когда у меня случилось несчастье. *(Друзья познаются...)* 6. Мой приятель курит, и я тоже начал курить. *(Дурной пример...)* 7. Это не моя тайна, ты не должна спрашивать меня об этом. *(Много будешь знать — ... )* 8. Не бойся ничего, тебе обязательно надо выступить на этой конференции! *(Волков бояться — ...)* 9. Так таксисты обычно говорят, когда не хотят долго ждать пассажиров. *(Время — ...)* 10. Если что-то случается с вами, всегда кто-нибудь поможет. *(Свет не без добрых...)*

***Упражнение 12.*** **На контроль. Прочитайте предложения. Какие ранее изученные пословицы и поговорки можно употребить в таких ситуациях?**

1. Вот видишь: и этого ты тоже не знаешь! *(Ученье — свет, а...)* 2. Мы не смогли достать билеты в хороший театр, поэтому купили то, что нам предложили в театральной кассе. *(На безры-*

*бье и...)* 3. У него сплошные несчастья в этом году! *(Беда не приходит...)* 4. Деньги и документы не клади в рюкзак: могут украсть, лучше убери подальше, в нагрудный карман. *(Бережёного бог...)* 5. Зачем ты везёшь икру и водку в Россию? *(В Тулу со своим самоваром...)* 6. Слава богу, мы всё закончили! *(Конец — делу...)* 7. Кошмар, как трудно начинать писать сочинение! *(Лиха беда...)* 8. Наш профессор часто говорит, что он уже слишком старый и скоро не сможет читать лекции. *(Старость...)* 9. Не обещай, ты же никогда ничего не делаешь вовремя. *(Обещанного три года...)* 10. Эта группа хорошая, не переходи в другую, тем более что ты не знаешь, хороший ли там преподаватель. *(От добра...)*

***Упражнение 13.*** **На контроль. Прочитайте предложения. Какие ранее изученные пословицы и поговорки можно употребить в таких ситуациях?** (К) (П)

1. В институт я не поступил, зато на экзамене познакомился с симпатичной девушкой. *(Не знаешь, где найдёшь, ...)* 2. Жаль, что из-за дождя мы не поехали зá город, но зато мы сможем лучше подготовиться к завтрашней контрольной работе. *(Нет худа без...)* 3. Почему ты не отвечаешь мне? Значит, согласен со мной! *(Молчание — знак...)* 4. Наверное, нам суждено было встретиться и полюбить друг друга. *(От судьбы...)* 5. Родители в конце концов простили сына. *(Сердце не...)* 6. Это мы ещё посмотрим, кто из нас лучше сдаст экзамен в июне! *(Цыплят по осени...)* 7. Тебе нравится джаз, а мне — нет! *(На вкус и на цвет...)* 8. Заходите к нам в гости, для вас тоже найдём место! *(В тесноте, да не...)* 9. Ты знаешь, говорят, что наша соседка может взять чужие вещи. Ты веришь этому? *(Дыма без огня...)* 10. Да, придётся хорошенько потрудиться, чтобы подготовиться к экзаменам! *(Без труда не вынешь и...)*

***Упражнение 14.*** **На контроль. Подберите к приведённым ниже пословицам и поговоркам синонимичные варианты. Различаются ли они?** (К) (П)

1. Кончил дело — гуляй смело. 2. На безрыбье и рак рыба. 3. Ученье — свет, а неученье — тьма. 4. Час óт часу не легче. 5. Язык мой — враг мой. 6. Лиха беда начало. 7. Поживём — увидим. 8. Не имей сто рублей, а имей сто друзей.

Справочный материал: 1. Век живи — век учись. 2. Конец — делу венец. 3. Чем богаты, тем и рады. 4. Беда не приходит одна. 5. Слово — серебро, молчание — золото. 6. Сказано — сделано. 7. Цыплят по осени считают. 8. Старый друг лучше новых двух.

***Упражнение 15.*** **Прочитайте приведённые ниже пословицы и поговорки, определите их значение.** (П)

В чужой монастырь со своим уставом не ходят —
Где тонко, там и рвётся —
За двумя зайцами погонишься — ни одного не поймаешь —
Любишь кататься — люби и саночки возить —
Много спать — добра не видать —
Молодец против овец (а против молодца и сам овца) —
На всякое хотенье есть терпенье —
Нашего полку прибыло —
Не в свои сани не садись —
Не в службу, а в дружбу —

***Упражнение 16.*** **Прочитайте приведённые ниже пословицы и поговорки, определите их значение.**

Перед смертью не надышишься —
По одёжке встречают, по уму провожают —
Под лежачий камень вода не течёт —
Привычка — вторая натура —
Работа дураков любит —
Семь раз отмерь — один отрежь —
Сердцу не прикажешь —
Сытый голодного не разумеет —
У страха глаза велики —
Уговор дороже денег —

***Упражнение 17.*** **Прочитайте приведённые ниже пословицы и поговорки, определите их значение.**

Хлеб — всему голова —
Чем чёрт не шутит (пока бог спит) —
Чему быть, того не миновать —
Что имеем, не храним, потерявши, плачем —
Пуд соли съесть —
Это ещё цветочки, а ягодки будут впереди —
Яйца курицу не учат —
Кто рано встаёт, тому бог даёт (= подаёт) —
Слышал звон, да не знает, где он —
Язык без костей —
Незваный гость хуже татарина —
В ногах правды нет —

***Упражнение 18.*** **На контроль. Прочитайте предложения. Какие ранее изученные пословицы и поговорки можно употребить в таких ситуациях?**

1. Я хорошо знаю этого человека, мы вместе два года жили в общежитии. *(Мы с ним пуд соли...)* 2. Надо раньше вставать, тогда успеешь сделать все дела. *(Кто рано встаёт, ...)* 3. Не учи меня, я старше тебя. *(Яйца курицу...)* 4. В прошлом семестре у нас был замечательный лектор, только сейчас мы его оценили. *(Что имеем, не...)* 5. Проходи, садись, не стой! *(В ногах...)* 6. Извини, что пришёл без приглашения. Я знаю, это не очень красиво. *(Незваный гость...)* 7. Ладно, хватит готовиться, всё равно не успеем всё выучить до экзамена! *(Перед смертью...)* 8. Дальше будет хуже. *(Это ещё цветочки, ...)* 9. Не люблю работать! *(Работа дураков...)* 10. Займись чем-то одним, не пытайся сразу реализовать все свои планы. *(За двумя зайцами погонишься, ...)*

***Упражнение 19.*** **На контроль. Прочитайте предложения. Какие ранее изученные пословицы и поговорки можно употребить в таких ситуациях?**

1. Будь другом, помоги мне! *(Не в службу, а...)* 2. О! Привет! К нам ещё один гость! *(Нашего полку...)* 3. У меня всегда были проблемы с паронимами, вот и на экзамене ничего не смог ответить на вопрос преподавателя *(Где тонко, там и...)* 4. Плохо, что ты утром спишь долго, а потом ничего не успеваешь. *(Много спать — ...)* 5. Знаю, что ты хочешь поехать на Байкал, но пока это

невозможно, надо подождать. *(На всякое хотенье есть...)* 6. У тебя всё получится, только ты сам должен работать, к чему-то стремиться! *(Под лежачий камень вода...)* 7. Мы же с тобой договорились ехать в Петергоф! Почему сейчас ты отказываешься? *(Уговор дороже...)* 8. Не бойся: это не так страшно, как ты думаешь! *(У страха глаза...)* 9. А может, она выйдет всё-таки за этого дурака замуж? *(Чем чёрт не...)* 10. Бывает, что полюбишь и не такого достойного человека. *(Сердцу не...)*

***Упражнение 20.*** **На контроль. Прочитайте предложения. Какие ранее изученные пословицы и поговорки можно употребить в таких ситуациях?**

1. У русских на столе всегда есть хлеб: исторически это самая главная еда. *(Хлеб всему...)* 2. Ты знаешь, он так привык рано вставать, что даже в отпуске встаёт в шесть утра. *(Привычка — вторая...)* 3. Ты в отличие от меня хорошо знаешь грамматику, поэтому тебе не понять, почему я так волнуюсь перед экзаменом! *(Сытый голодного...)* 4. Не переживай так сильно! Положись на судьбу: как будет, так и будет. *(Чему быть, того...)* 5. Как плохо, что она такая болтушка! Опять наговорила всяких глупостей! *(Язык без...)* 6. Ты ничего толком об этом не знаешь, просто что-то слышал, но ничего не можешь объяснить. *(Слышал звон, да...)* 7. Эта работа не для тебя, не берись за неё! *(Не в свои сани...)* 8. Здесь свои законы, свои порядки, надо их знать. *(В чужой монастырь...)* 9. Раз ты берёшь мою машину, не забывай её мыть! *(Любишь кататься, люби и...)* 10. Ты такой смелый со студентами, а вот попробовал бы ты поспорить с профессором! *(Молодец против...)* 11. Если ты идёшь устраиваться на работу, оденься поприличнее! *(По одёжке встречают, ...)* 12. Не торопись решать, подумай хорошенько! *(Семь раз отмерь, ...)*

***Упражнение 21.*** **Определите, какие из изученных пословиц и поговорок употребляются в позитивных ситуациях, а какие — в негативных. Всегда ли это так?**

Где тонко, там и рвётся —
Кто рано встаёт, тому бог дает —
Язык без костей —
Это ещё цветочки, а ягодки будут впереди —
Сытый голодного не разумеет —
Хлеб — всему голова —
Перед смертью не надышишься —
На всякое хотенье есть терпенье —
Нашего полку прибыло —
Молодец против овец —

***Упражнение 22.*** **Прочитайте приведённые ниже пословицы и поговорки, определите их значение.**

Бабушка надвое сказала (либо дождик, либо снег, либо будет, либо нет) —
Береги платье снову (а честь смолоду) —
Дарёному коню в зубы не смотрят —
Двум смертям не бывать (а одной не миновать) —
До свадьбы заживёт —
Дорога ложка к обеду (= Дорого яичко ко Христову дню) —
Дальние проводы — лишние слёзы —
Дают — бери, а бьют — беги —
Из песни сло́ва не выкинешь —
Как аукнется, так и откликнется —

***Упражнение 23.*** **Прочитайте приведённые ниже пословицы и поговорки, определите их значение.**

Как собака на сене (сама не ест и другим не даёт) —
Лучше синица в руках, чем журавль в небе —
Мал золотник, да дорог —
Москва слезам не верит —
На бога надейся, а сам не плошай —
На всех не угодишь —
Насильно мил не будешь —
Не всё то золото, что блестит —
Не обманешь — не продашь —
Не плюй в колодец: пригодится воды напиться —

***Упражнение 24.*** **Прочитайте приведённые ниже пословицы и поговорки, определите их значение.**

Не так страшен чёрт, как его малюют —
Попытка не пытка —
Пьяному и море по колено —
Скатертью дорога —
Слово не воробей, вылетит — не поймаешь —
С кем поведёшься, от того и наберёшься —
Своя рубашка ближе к телу —
Семь бед — один ответ —
Слухом земля полнится —
Что за шум, а драки нет —
Что написано пером, то не вырубишь топором —
Что с возу упало, то пропало —
Чужая душа — потёмки —

***Упражнение 25.*** **Определите, какие из изученных пословиц и поговорок употребляются в позитивных ситуациях, а какие — в негативных. Всегда ли это так?**

Что написано пером, то не вырубишь топором —
Как собака на сене —
Дорога ложка к обеду —
Что с возу упало, то пропало —
Слово не воробей, вылетит — не поймаешь —
С кем поведёшься, от того и наберёшься —
Насильно мил не будешь —
Не всё то золото, что блестит —
Как аукнется, так и откликнется —
Мал золотник, да дорог —

***Упражнение 26.*** **На контроль. Прочитайте предложения. Какие ранее изученные пословицы и поговорки можно употребить в таких ситуациях?**

1. Ты наконец принёс мне книгу? К сожалению, экзамен был вчера, поэтому она мне уже не нужна. *(Дорога ложка...)* 2. Не надо было говорить, что он неспособный, но теперь ничего уже не поделаешь. *(Слово не воробей, ...)* 3. Всё-таки попробуй сдать экзамен. *(Попытка...)* 4. Этот экзамен не такой уж и трудный. *(Не так страшен чёрт, ...)* 5. Ну, это ещё неизвестно, будет ли она работать в нашей фирме. *(Бабушка надвое...)* 6. Не плачь, ты не так уж больно ударился! *(До свадьбы...)* 7. Ты знаешь, офис, конечно, шикарный, но я бы не хотела работать в этой фирме, мне там не нравится. *(Не всё то золото, ...)* 8. Знаешь, я уже не первый раз опаздываю на работу, и теперь начальник вызывает меня к себе. Ну и ладно! *(Семь бед — ...)* 9. Сколько ошибок у тебя в сочинении! Как теперь будешь исправлять? *(Что написано пером, то...)* 10. Где ты забыла свой кошелёк? В кафе? Вряд ли найдёшь! *(Что с возу упало, ...)*

***Упражнение 27.*** **На контроль. Прочитайте предложения. Какие ранее изученные пословицы и поговорки можно употребить в таких ситуациях?**

1. Ну, кто тут с кем ссорится? *(Что за шум, ...)* 2. Береги свою репутацию. *(Береги платье снову...)* 3. Не стесняйся! Прими от нас этот подарок! *(Дают — бери, ...)* 4. Тебе не понравился его подарок? Не показывай виду! *(Дарёному коню...)* 5. Не провожайте меня в аэропорт, не люблю долго прощаться. *(Дальние проводы — ...)* 6. Её жених такой невысокий, неприметный, но как она его любит! *(Мал золотник, ...)* 7. Ему ведь не нужен французский словарь, но всё равно он его никому не даёт даже на время. *(Как собака...)* 8. Он отказался мне помочь, и я не буду ему никогда помогать, если он попросит. *(Как аукнется, так и...)* 9. Не буду к нему больше заходить, он почему-то не хочет со мной общаться. *(Насильно мил...)* 10. Стараюсь, чтобы все были довольны, но вечно кому-то что-то не нравится! *(На всех не...)*

***Упражнение 28.*** **На контроль. Прочитайте предложения. Какие ранее изученные пословицы и поговорки можно употребить в таких ситуациях?**

1. Работа, которую мне предлагают, мне нравится, но лучше я останусь на старой. *(Лучше синица в руках, чем...)* 2. Не надо надеяться только на судьбу, надо самому что-то предпринимать. *(На бога надейся, а сам...)* 3. Работай, если хочешь чего-нибудь добиться, особенно в столице. *(Москва слезам...)* 4. Торговцы не всегда поступают честно. *(Не обманешь — ...)* 5. Ну, надо на что-то решаться, поеду на эти соревнования, даже если и займу последнее место! *(Двум смертям не...)* 6. В его жизни были не только успехи. *(Из песни сло́ва...)* 7. Никогда не надо ссориться с соседями: не исключено, что именно они помогут тебе в трудную минуту. *(Не плюй в колодец — ...)* 8. Как он не боится в пьяном виде садиться за руль? *(Пьяному и море...)* 9. Не спрашивай, откуда я знаю о ваших секретах! *(Слухом земля...)* 10. Не хочу участвовать вместе с вами в забастовке, не хочу рисковать. *(Своя рубашка ближе...)* 11. Ты ругаешься матом, теперь твой друг тоже начал ругаться матом. *(С кем поведёшься, от того и...)* 12. Не уверен, честный ли человек мой сосед. *(Чужая душа — ...)*

***Упражнение 29.*** **На контроль. Проверьте, что вы запомнили.**
**К данным микроконтекстам подберите синонимичные пословицы и поговорки. Используйте справочный материал, но помните, что пословицы и поговорки приведены не полностью.**

1. Надо учиться, узнавать что-то новое. 2. Надо рискнуть. 3. Иногда надо уметь рисковать. 4. После работы можно и развлечься! 5. Неизвестно, какой будет результат. 6. Поставь сначала себе только одну цель. 7. Не делай зла другим! 8. Не будь слишком любопытным! 9. Не случайно его все не любят. 10. Хочешь результат — потрудись!

Справочный материал: 1. Век живи — ... . 2. Бабушка надвое ... . 3. Кончил дело — ... . 4. Двум смертям не бывать, ... . 5. Волков бояться — ... . 6. Всё будешь знать — скоро ... . 7. За двумя зайцами ... . 8. Как аукнется, так и ... . 9. Дыма без огня ... . 10. Без труда ... .

***Упражнение 30.*** **На контроль. Проверьте, что вы запомнили.**
**К данным микроконтекстам подберите синонимичные пословицы и поговорки. Используйте справочный материал, но помните, что пословицы и поговорки приведены не полностью.**

1. Рана небольшая, скоро пройдёт. 2. Всё хорошо вовремя. 3. Не забывай, что мы договорились! 4. Не бросайся словами! 5. Ты всё преувеличиваешь от страха. 6. Себя не изменить. 7. Надо спрашивать дорогу. 8. Бывают всякие неожиданности! 9. Не торопись решать, обдумай всё! 10. У нас одинаковое хобби, как здорово!

Справочный материал: 1. До свадьбы ... . 2. У страха глаза ... . 3. Привычка — вторая ... . 4. Дорога ложка ... . 5. Язык до Киева ... . 6. Чем чёрт не ... . 7. Уговор дороже ... . 8. Слово не воробей, ... . 9. Рыбак рыбака ... . 10. Семь раз отмерь, ... .

***Упражнение 31.*** **На контроль. Проверьте, что вы запомнили.**
**К данным микроконтекстам подберите синонимичные пословицы и поговорки. Используйте справочный материал, но помните, что пословицы и поговорки приведены не полностью.**

1. Хорошего не должно быть слишком много. 2. Люди об этом рассказывают. 3. У тебя-то всё хорошо, тебе меня не понять! 4. Кончай плакать! 5. Ты так боишься за себя. 6. Ты плохо на нас влияешь. 7. Лучше перестраховаться. 8. Здесь свои правила, не нарушай их! 9. Мало ли что она болтает! 10. Будешь ещё жалеть, что не сохранил нашу дружбу.

Справочный материал: 1. Хорошего ... . 2.Сытый голодного ... . 3. Своя рубашка ближе ... . 4. Язык без ... . 5. Слухом земля ... . 6. Слезами горю не ... . 7. Дурной пример ... . 8. Бережёного бог ... . 9. В чужой монастырь ... . 10. Что имеем, не храним ... .

***Упражнение 32.*** **На контроль. Проверьте, что вы запомнили.**
**К данным микроконтекстам подберите синонимичные пословицы и поговорки. Используйте справочный материал, но помните, что пословицы и поговорки приведены не полностью.**

1. Вряд ли можно сказать, как он поступит в этой ситуации! 2. Мы с ним давно дружим и хорошо знаем друг друга. 3. То ли ещё будет! Держитесь! 4. Привет! Давно не виделись! 5. Мы с ним давние друзья, я его ни на кого не променяю! 6. У тебя неточная информация. 7. Кто-нибудь всегда поможет, не бойся! 8. Забудь о том, что было раньше. 9. Будь что будет! 10. Не спеши, результат будет лучше!

Справочный материал: 1. Мы пуд соли ... . 2. Это ещё цветочки, ... . 3. Чужая душа — ... . 4. Сколько лет, ... ! 5.Слышал звон, да ... . 6. Что было, то ... . 7. Чему быть, того не ... 8. Тише едешь — ... . 9. Свет не без добрых ... . 10. Старый друг лучше ... .

*Упражнение 33.* **На контроль. Проверьте, что вы запомнили. К данным микроконтекстам подберите синонимичные пословицы и поговорки. Используйте справочный материал, но помните, что пословицы и поговорки приведены не полностью.** К П

1. Обещает, но не делает. 2. У нас новые студенты! 3. Не смотри только на внешнюю красоту, смотри глубже! 4. Самому не нужно, а для других — жалко! 5. Первый опыт часто неудачный. 6. Начинать всегда трудно! 7. Лучше иметь меньше, но с гарантией. 8. Красота — не самое лучшее для человека. 9. Помоги мне по-дружески, если тебя это не затруднит. 10. Оказалось, что не так всё страшно и трудно!

Справочный материал: 1. Не всё то золото, что ... . 2. Обещанного три года ... . 3. Нашего полку ... . 4. Как собака на ... . 5. Первый блин ... . 6. Лучше синица в руках, чем ... . 7. Не родись красивой, а ... . 8. Не в службу, а ... . 9. Не так страшен черт, как ... . 10. Лиха беда ... .

*Упражнение 34.* **На контроль. Проверьте, что вы запомнили. К данным микроконтекстам подберите синонимичные пословицы и поговорки. Используйте справочный материал, но помните, что пословицы и поговорки приведены не полностью.** К П

1. Эта должность не для тебя! 2. Стоит попытаться! 3. Не спеши, будет только хуже! 4. И в плохом есть что-то хорошее. 5. Не бросайся друзьями! Кто тебе ещё поможет! 6. Вкус у всех разный. 7. Трудно предугадать, что будет. 8. Времени осталось мало, бесполезно что-либо предпринимать. 9. И так всё хорошо, не надо что-то менять в жизни. 10. Не опаздывай, тебя не будут ждать.

Справочный материал: 1. Не в свои сани ... . 2. Нет худа без ... . 3. Не плюй в колодец, пригодится ... . 4.Не знаешь, где найдёшь, где ... . 5. От добра добра не ... . 6. Поспешишь — людей ... . 7. Попытка не ... .8. Перед смертью не ... . 9. Семеро одного не ... . 10. На вкус, на цвет ... .

*Упражнение 35.* **Прочитайте приведённые ниже пословицы и поговорки, определите их значение.** П

Задним умом крепок —
Горбатого могила исправит —
Рыба с головы гниёт —
Свет клином (не) сошёлся —
Свои люди — сочтёмся —
И хочется и колется (и матушка не велит) —
Хрен редьки не слаще —
Утопающий (и) за соломинку хватается —
Что посеешь, то и пожнёшь —

*Упражнение 36.* **Прочитайте приведённые ниже пословицы и поговорки, определите их значение. Какие слова и реалии новые для вас?** П

Авось да небось (до добра не доведут) —
Вода камень точит —

И смех, и грех (= и горе) —
Клин клином вышибают —
Конь о четырёх ногах, да и тот спотыкается —
Лес рубят — щепки летят —
Либо пан, либо пропал —
Ложка дёгтя портит бочку мёда —
На ловца и зверь бежит —
Начал за здравие, а кончил за упокой —
Не рой другому яму (сам в неё попадёшь) —
Не пойман — не вор —
Не всё коту масленица (бывает и великий пост) —
Охота пуще неволи —

***Упражнение 37.* Прочитайте приведённые ниже пословицы и поговорки, определите их значение. Какие слова и реалии новые для вас?**

Взялся за гуж, не говори, что не дюж —
Видит око, да зуб неймёт —
Всяк кулик своё болото хвалит —
Дела как сажа бела —
Назвался груздем — полезай в кузов —
Нашла коса на камень —
Овчинка выделки не стоит —
После драки кулаками не машут —
Правда глаза колет —
С паршивой овцы хоть шерсти клок —
Что у трезвого на уме, то у пьяного на языке —
Это ещё вилами на воде писано —

***Упражнение 38.* Прочитайте приведённые ниже пословицы и поговорки, определите их значение. Какие слова и реалии новые для вас?**

Шила в мешке не утаишь —
Стерпится — слюбится —
У семи нянек дитя без глазу —
Чья бы корова мычала, а твоя бы молчала —
Чай пить — не дрова рубить —
На всякого мудреца довольно простоты —
Плетью обуха не перешибёшь —
Повинную голову меч не сечёт —
Милые бранятся — только тешатся —
На воре́ шапка горит —
За одного битого двух небитых дают —
Чем бы дитя ни тешилось, лишь бы не плакало —

*Упражнение 39.* **На контроль. Прокомментируйте приведённые ниже пословицы и поговорки, выбрав из скобок один из вариантов комментария.**

Модель: Задним умом крепок. (А. Дальновидный человек. Б. Нашёл правильное решение, но поздно. В. У него хорошая память.) — Нашёл правильное решение, но поздно, уже ситуацию не исправить. Надо было думать раньше!

1. Горбатого могила исправит. (А. Он умер. Б. Он урод. В. Его не перевоспитаешь.)

2. Утопающий хватается за соломинку. (А. Даже самая малость может меня спасти. Б. Крепче держись! В. Надо было учиться плавать, а не на спасателей надеяться.)

3. Чай пить — не дрова рубить. (А. Давайте попьём чаю и отдохнём. Б. Сначала попьём чаю, а потом пойдём работать. В. Кто-то предпочитает лениться, а не работать.)

4. Скатертью дорога. (А. Счастливого пути! Б. Приезжай к нам ещё! В. Ну и уходи, не очень-то и хотелось тебя видеть! )

5. Свет клином не сошёлся на ней. (А. Эта девушка не самая лучшая. Б. Эта девушка самая лучшая. В. Есть и другие девушки.)

6. Не рой другому яму, сам в неё попадешь. (А. Ты можешь сам попасть в свою ловушку, которую подстроил другим! Б. Не надо копать здесь землю. В. Если будет яма, мы можем туда провалиться!)

7. После драки кулаками не машут. (А. Кончай драться, успокойся! Б. Поздно уже что-то доказывать. В. Побереги силы до следующего раза!)

8. Милые бранятся — только тешатся. (А. Они недавно поженились и всё время ругаются. Б. Они ругаются, но несерьёзно, и быстро мирятся. В. Для них ругаться — это удовольствие.)

9. Нашла коса на камень. (А. Кончай работу! Б. Ты не умеешь как следует работать. В. Сильное противодействие.)

*Упражнение 40.* **На контроль. Прокомментируйте приведённые ниже пословицы и поговорки, выбрав из скобок один из вариантов комментария.**

1. Клин клином вышибают. (А. Если после вчерашней тренировки болят мышцы, надо сегодня ещё раз пойти в спортзал. Б. Если после вчерашней тренировки болят мышцы, сходите в магазин. В. Если после тренировки болят мышцы, ударьте чем-нибудь по ним.)

2. Не всё коту масленица. (А. Кончилась Масленица. Б. Праздник не для кота. В. Удовольствия и беззаботная жизнь кончились.)

3. Дела как сажа бела. (А. Всё хорошо. Б. Всё плохо. В. Дела идут по-разному.)

4. Вода и камень точит. (А. Всё течет, всё изменяется. Б. Постепенно я достигну своего. В. Всё закончится трагично.)

5. Всяк кулик своё болото хвалит. (А. Я знаю, что тебе там хорошо. Б. Я знаю, что ты любишь птиц. В. Я знаю, что ты любишь свой город.)

6. Ложка дёгтя портит бочку мёда. (А. Жаль, что кто-то что-то сделал по ошибке. Б. Если один студент плохо учится, ругают всю группу. В. Мёд теперь можно выбросить.)

7. Взялся за гуж — не говори, что не дюж. (А. Начал работу — так заканчивай! Б. Если нет сил, не берись за работу. В. Работай и молчи.)

8. Видит око, да зуб неймёт. (А. Хотел бы поехать путешествовать, да денег нет. Б. Надо сходить к стоматологу. В. Он всё делает только на словах.)

***Упражнение 41.*** **На контроль. Прокомментируйте приведённые ниже пословицы и поговорки, выбрав из скобок один из вариантов комментария.**

1. Либо пан, либо пропал. (А. Рискну! Б. Хочется командовать. В. Только бы не погибнуть!)

2. Что посеешь, то и пожнёшь. (А. Надо аккуратно проводить сев. Б. Как ты относишься к людям, так и они к тебе. В. Никогда не получишь больше, чем сделал.)

3. Не было печали, да черти накачали. (А. Это ты во всём виноват. Б. Вдруг возникли проблемы! В. Всё из-за тебя!)

4. Овчинка выделки не стоит. (А. Надо узнать цену работы. Б. Эта плохая работа. В. Не трать столько сил на это, результат этого не стоит.)

5. Охота пуще неволи. (А. Раз ты решил, тебя не остановишь. Б. Если не хочешь, никто тебя не заставит. В. Не надо никого заставлять что-либо делать.)

6. Плетью обуха не перешибёшь. (А. Мы против насилия. Б. Надо взять более сильное оружие. В. У тебя не хватит сил с этим бороться.)

7. На ловца и зверь бежит. (А. А я тебя как раз искал! Б. Люблю охотиться. В. Надо быть осторожнее!)

8. Назвался груздем — полезай в кузов. (А. Люблю собирать грибы. Б. Боюсь, что тебя арестуют. В. Если сказал, что это входит в твои обязанности, то и выполняй их!)

***Упражнение 42.*** **На контроль. Для предложенных ниже ситуаций выберите из скобок подходящую пословицу или поговорку.**

1. При политических и экономических реформах всегда неизбежны ошибки и кто-то может пострадать. (А. Лес рубят — щепки летят. Б. За одного битого двух небитых дают. В. Клин клином вышибают.)

2. Любой человек может ошибиться. (А. Ложка дёгтя портит бочку мёда. Б. Видит око, да зуб неймёт. В. Конь о четырёх ногах, да и тот спотыкается.)

3. Ты всё надеешься на счастливый случай, а сам ничего не предпринимаешь. (А. Авось да небось до добра не доведут. Б. Что посеешь, то и пожнёшь. В. Овчинка выделки не стоит.)

4. Неизвестно, выйдет ли что-то из этой затеи! (А. Дела как сажа бела. Б. Не было печали, да черти накачали. В. Это ещё вилами на воде писано.)

5. Всё равно об этом все узнают, это так заметно. (А. Шила в мешке не утаишь. Б. Свет не клином сошелся. В. Скатертью дорога.)

6. Пусть делает что хочет и нам не мешает. (А. Задним умом крепок. Б. Чем бы дитя ни тешилось, лишь бы не плакало. В. Горбатого могила исправит.)

7. Это ничуть не лучше того, что было раньше. (А. Что у трезвого на уме, то у пьяного на языке. Б. Взялся за гуж, не говори, что не дюж. В. Хрен редьки не слаще.)

8. Ты так хорошо выступал, только в конце сбился. (А. После драки кулаками не машут. Б. Назвался груздем — полезай в кузов. В. Начал за здравие, а кончил за упокой.)

***Упражнение 43.*** **На контроль. Для предложенных ниже ситуаций выберите из скобок подходящую пословицу или поговорку.**

1. Начальник плохой, и вся его фирма плохо работает. (А. Скатертью дорога. Б. Рыба гниёт с головы. В. На ловца и зверь бежит.)

2. Купил бы я эту шикарную машину, но денег жалко, дорогая она. (А. И хочется, и колется. Б. Нашла коса на камень. В. Чай пить — не дрова рубить.)

3. Жаль, что у меня не хватает денег на эту шикарную машину. (А. Хрен редьки не слаще. Б. Видит око, да зуб неймёт. В. Овчинка выделки не стоит.)

4. В этой фирме я получаю очень маленькую зарплату, но зато обед бесплатный. (А. Горбатого могила исправит. Б. Авось да небось. В. С паршивой овцы хоть шерсти клок.)

5. Тебе не нравится, когда тебя критикуют. (А. Стерпится — слюбится. Б. Правда глаза колет. В. Клин клином вышибают.)

6. Ты знаешь, один мой знакомый ни разу в жизни не был в театре. (А. Правда глаза колет. Б. Не всё коту масленица. В. И смех и грех.)

7. Не тебе об этом судить: ты в этом не разбираешься! (А. Не рой другому яму. Б. На ловца и зверь бежит. В. Чья бы корова мычала, а твоя бы молчала.)

8. Не критикуй меня: любой человек, даже самый умный, может ошибиться! (А. На всякого мудреца довольно простоты. Б. Ложка дёгтя портит бочку мёда. В. За одного битого двух небитых дают.)

9. Не благодари меня, мы же друзья, я готов многое для тебя сделать. (А. Стерпится, слюбится. Б. Что у трезвого на уме, у пьяного на языке. В. Свои люди — сочтёмся.)

10. Первый раз мы выступили неудачно, но зато теперь у нас есть опыт. (А. За одного битого двух небитых дают. Б. На воре шапка горит. В. Повинную голову меч не сечёт.)

***Упражнение 44.*** **На контроль. Подберите к приведённым ниже пословицам и поговоркам синонимичные варианты (используйте справочный материал). Различаются ли они?**

Лиха беда начало —
Поживём — увидим —
Час о́т часу не легче —
Чему быть, того не миновать —
Конь о четырёх ногах, да и тот спотыкается —
Дурной пример заразителен —
Дают — бери, бьют — беги —
Нашла коса на камень —
Работа не волк, в лес не убежит —
Много спать — добра не видать —
Либо пан, либо пропал —
На бога надейся, а сам не плошай —

Справочный материал: 1. Первый блин комом. 2. Без труда не вынешь и рыбку из пруда. 3. Дураков работа любит. 4. Цыплят по осени считают. 5. С кем поведёшься, от того и наберёшься. 6. Дарёному коню в зубы не смотрят. 7. Плетью обуха не перешибёшь. 8. От судьбы не уйдёшь. 9. На всякого мудреца довольно простоты. 10. Хрен редьки не слаще. 11. Кто рано встаёт, тому бог даёт. 12. Двум смертям не бывать, а одной не миновать.

***Упражнение 45.*** **На контроль. Повторение некоторых вариантов. Определите значение пословицы или поговорки (используйте справочный материал). Придумайте с некоторыми вариантами свои примеры.**

1. Любишь кататься — люби и саночки возить. 2. Бережёного бог бережёт. 3. Лучше поздно, чем никогда. 4. Взялся за гуж — не говори, что не дюж. 5. В Тулу со своим самоваром не ездят. 6. Дела как сажа бела. 7. Нет худа без добра. 8. Время — деньги. 9. Не всё коту масленица. 10. Семь раз отмерь, один отрежь.

Справочный материал: 1) осторожнее, 2) много такого же, 3) расплата, 4) всё плохо, 5) с опозданием, 6) доделывай свою работу, 7) поторопись, 8) изменится к худшему, 9) хорошо, 10) подумай.

***Упражнение 46.*** **На контроль. Повторение некоторых вариантов.**
**Определите значение пословицы или поговорки (используйте справочный материал).**
**Придумайте с некоторыми вариантами свои примеры.**

1. Задним умом крепок. 2. Цыплят по осени считают. 3. Привычка — вторая натура. 4. У кого что болит, тот о том и говорит. 5. Что посеешь, то и пожнёшь. 6. С кем поведёшься, от того и наберёшься. 7. Тише едешь — дальше будешь. 8. Скатертью дорога. 9. Не рой другому яму. 10. На всякое хотенье есть терпенье.

Справочный материал: 1) не подумал, 2) это меня тревожит, 3) получишь по заслугам, 4) это будет у тебя попозже, 5) плохое влияние, 6) уходи, 7) не подличай, 8) характер, 9) не торопись,10) посмотрим.

**!** Итак, мы заканчиваем тему «Пословицы и поговорки». Надеемся, что материал вам понравился и вы сможете его использовать. Безусловно, количество изучаемых единиц можно в дальнейшем расширить — если это будет вам необходимо.

Выбирайте на свой вкус, у разных студентов индивидуальные коллекции по этой теме будут несколько различны, так как *на вкус, на цвет товарища нет*. Ваша задача — составить свою индивидуальную коллекцию пословиц и поговорок, то есть минимизировать материал данной главы. Не пугайтесь, если вы не смогли с первого раза запомнить всё: материал явно избыточен для любого иностранца. Итак, приступайте к работе, и вы обязательно достигнете хороших результатов, ведь *вода и камень точит*!

# ПРОСТОРЕЧНАЯ ЛЕКСИКА

В русском *разговорном* языке широко используется просторечная лексика, которую можно ещё охарактеризовать как «очень-очень разговорную», или сниженную. Русские часто употребляют такую лексику для большей выразительности своей речи и не всегда заботятся о том, что такие слова очень часто бывают грубоватыми или просто грубыми и неодобрительными. Например: *У него большое* ***пузо*** (= то же, что живот). Часто к таким словам имеются синонимы: *Большое* ***брюхо***. Эти слова участвуют в словообразовательных процессах: *Миленькое* ***брюшко***.

Многие слова становятся просторечными, если они используются применительно к человеку: ***брюхо*** *акулы* — нормально, нормативно, но ***брюхо*** *человека* — просторечное употребление. ***Ржёт*** *лошадь* — нормативно, но *Студенты* ***ржут*** — просторечно и грубовато.

Естественно, мы не будем вам рекомендовать использовать просторечную лексику на уроках. Рекомендуем вам в разговоре с друзьями также не злоупотреблять такой лексикой и использовать её очень аккуратно и осмотрительно. Ещё одна просьба: следите за контекстом употребления!

Упражнения, которые мы предлагаем, предназначены для тех, кто интересуется русской экспрессивной сниженной лексикой. Конечно, этот материал не включается в сертификационные тесты по русскому языку как иностранному.

Начинаем знакомство с разговорно-просторечных вариантов, а затем переходим к более грубой лексике.

***Упражнение 1.*** **Обратите внимание на выделенные слова, определите по контексту их значение и стилистическую принадлежность.**

1. Не *приставай* ко мне! 2. *Отстань* от меня! 3. Спектакль был *потрясающий*! 4. Он снова *прогулял* лекцию по истории. 5. Он не сдал экзамен и совсем *раскис*. 6. Хватит *трепаться* о пустяках! 7. Что ты *привязался* ко мне со своими глупыми вопросами? 8. *Отвяжитесь* от меня, вы мне надоели! 9. Хватит *валяться* в постели, пора вставать! 10. *Сгоняй* в магазин за хлебом!

***Упражнение 2.*** **Обратите внимание на выделенные слова, определите по контексту их значение и стилистическую принадлежность.**

1. Ну хватит *дуться* на меня! 2. Когда играешь в шахматы, не *зевай*, а то опять проиграешь! 3. *Убирайтесь* отсюда, чтоб здесь духу вашего не было! 4. Ну, *шевелитесь*, ребята, думайте быстрее! 5. Ну, до тебя *дошло* наконец?! 6. Пообедать мы не успеем, пойдём чего-нибудь быстренько *перехватим*! 7. Тебе не надоело *возиться* с этим лентяем? 8. Ну и куда ты так *вырядилась*? 9. Фильм просто *сногсшибательный*! 10. Я тебя не прощу, не *подлизывайся* ко мне!

***Упражнение 3.*** **Обратите внимание на выделенные слова, определитс по контексту их значение и стилистическую принадлежность.**

1. Она так здорово *чешет* по-английски — как англичанка! 2. Не *прикалывайся*, я не обращаю внимания на твои глупые шутки. 3. С голоду *умял* полбатона. 4. *Выдул* литр молока. 5. На этой вечеринке все *упились* — просто ужас как! 6. Он так и смотрит, как бы *улизнуть* из дома. 7. Опять мы *проворонили* наш автобус! 8. Давай *закатимся* в какой-нибудь ресторанчик! 9. Она вечно *ноет, плачется*, вечно жалуется на судьбу. 10. В горах мы чуть не *сдохли* от голода.

***Упражнение 4.*** **Обратите внимание на выделенные слова, определите по контексту их значение и стилистическую принадлежность.**

1. Сытое *брюхо* к учению глухо. 2. *Выметайтесь* отсюда, да побыстрее! 3. В какой грязи ты так *извозился*, так *вывозился*? 4. Ну здравствуй! Давай *лапу*! 5. Это не твои книги, так и не *лапай* их! 6. Сейчас тебя чем-нибудь *шарахну*, честное слово! 7. *Катись* в своё общежитие, если тебе здесь не нравится! 8. Кто это там *чешет* по Невскому? 9. На этой неделе мне надо *смотаться* в Москву. 10. Снова он *сморозил* какую-то чушь.

***Упражнение 5.*** **Обратите внимание на выделенные слова, определите по контексту их значение и стилистическую принадлежность.**

1. Опять он *ляпнул* какую-то глупость. 2. Не *выпендривайся* перед нами, пожалуйста! 3. Завтра опять *переться* на лекцию с самого утра! 4. Не груби, а то за это тебе могут *съездить* по *роже*! 5. Не надо лезть в драку, а то тебе опять *расквасят* нос! 6. Эх ты! *Прошляпил* такую возможность, какая, может, только раз в жизни бывает! 7. Воришка *стянул* кошелёк. 8. Мы замешкались, а вор тем временем *улизнул*. 9. Не говори ничего лишнего, а то кто-нибудь *настучит* начальству. 10. Не опаздывай на работу, а то можешь *схлопотать* выговор!

***Упражнение 6.*** **Обратите внимание на выделенные слова, определите по контексту их значение и стилистическую принадлежность.**

1. Перестаньте *ржать* надо мной! 2. Вставай, хватит *дрыхнуть*! 3. Весь день не ели, очень *жрать* хочется! 4. Давай *прошвырнёмся* по набережной! 5. Они весь вечер *дулись* в карты. 6. Он

*продул* в карты все деньги. 7. Где вы *шлялись* всю ночь? 8. *Заткнись*, наконец! 9. За такие слова ему надо надавать по *морде*. 10. Мы так наелись, что *пузо* трещит!

**!** К специфическим просторечным вариантам можно отнести также студенческий и молодёжный жаргон. Приведём некоторые варианты.

***Упражнение 7.*** **Обратите внимание на выделенные слова, определите по контексту их значение.**

1. Он что, *провалился* на экзамене? 2. Абсолютно *срезался*! 3. Да, *засыпался* совершенно! 4. А почему? Его со *шпорой* поймали? 5. Нет, но профессор заметил, как он всю контрольную работу *передрал* у соседа. 6. Неужели всё у него *сдул*? 7. Мне казалось, что профессор его не любит и будет специально *валить* на экзамене. 8. Поверь мне: он так *плавал*, что *утонул* сам. 9. Странно: весь месяц он только и делал, что *зубрил* этот предмет! 10. Да, а вышел *облом*! 11. Надо же, вот *придурок*! 12. *Вылетит* из университета — вот и будет знать! 13. Он думает только о том, как бы заработать *бабки*. 14. Это грустно. Ладно, *не парься*!

**!** Естественно, список можно продолжить, но мы не ставим для себя такую цель. Тем более что мы хотим пощадить уши и глаза уважаемых профессоров, которые не выносят сленга. Повторяем: для вас это экскурс в тему, а не Библия!

***Упражнение 8.*** **На контроль. Проверьте, что вы запомнили.**
**Вспомните значение (значения) приведённых ниже слов и сочетаний слов.**
**Есть ли среди них новые варианты? С некоторыми словами можете придумать предложения.**

Провалился, засыпался на экзамене —
Плавает на экзамене —
Вылетит с работы —
Передрать, скатать с кого-либо —
Планы с треском провалились —
Писать шпоры —
Потрясающий, прикольный, сногсшибательный, супер —
Уродский —
Брось прикалываться —
Надоело зубрить —
Вышел облом —
Сдохнуть можно —

***Упражнение 9.*** **На контроль. Проверьте, что вы запомнили.**
**Вспомните значение (значения) приведённых ниже слов и сочетаний слов.**
**Есть ли среди них новые варианты?**

Возиться с чем-либо —
Сморозил, ляпнул —
Сгонять, смотаться —
Прогулять *(что?)*, удрать, смотаться, слинять *(откуда?)* —
Привязался, пристал *(к кому?)* —
Отвяжись, отстань *(от кого?)* —
Перехватить *(о еде)* —

Умять *(о еде)* —
Выдуть *(о питье)* —
Валяться, дрыхнуть —

***Упражнение 10.*** **На контроль. Проверьте, что вы запомнили. Вспомните значение (значения) приведенных ниже слов и сочетаний слов. Есть ли среди них новые варианты?**

Чешет, шпарит —
Шляться, прошвырнуться —
Улизнуть, удрать *(от кого?)* —
Драпать, драпануть —
Ныть, скулить, плакаться *(кому? на что?)* —
Ляпнуть, сболтнуть —
Заткнись —
Продуть *(в игре)* —
Ржать *(над чем?)* —
Жрать —

***Упражнение 11.*** **На контроль. Проверьте, что вы запомнили. Вспомните значение (значения) приведённых ниже слов и сочетаний слов. Есть ли среди них новые варианты?**

Трепаться *(о чём?)* —
Морда, рожа, харя —
Съездить, смазать, шарахнуть по физиономии, по морде —
Пузо, брюхо —
Лапы —
Лапать *(что?)* —
Закатиться, завалиться *(куда?)* —
Переть, припереть *(что?)*, припереться *(куда?)* —
Выставить, выпереть, вымести *(кого? откуда?)* —
Расквасить нос, лицо —
Скисать, скиснуть, раскиснуть *(о человеке)* —
Куда ты так вырядился? —
В таком прикиде —

***Упражнение 12.*** **На контроль. Проверьте, что вы запомнили. Вспомните значение (значения) приведённых ниже слов и сочетаний слов. Есть ли среди них новые варианты?**

Наконец до него дошло —
Доходит, как до жирафа —
Любит подлизываться *(к кому?)* —
Слизали с нас *(что?)* —
Мы его раскусили —
Кошелёк стащили, стянули, спёрли —
Они упились, перепились, нажрались —
Пошевеливайся, шевелись —

Настучать *(на кого?)* —
Раззвонить *(всем)* —
Сейчас схлопочешь *(от меня)* —
Не выпендривайся, не выкаблучивайся —

***Упражнение 13.*** **На контроль. Проверьте, что вы запомнили. Вспомните значение (значения) приведённых ниже слов и сочетаний слов. Есть ли среди них новые варианты?**

Мы с ним запарились —
Запарка (у нас) —
Всё сожрали —
Зачем задираешься? —
Нельзя распускать руки —
Не надо лапать *(что? кого?)* —
Это пустой треп, свист —
Прозевать, прошляпить, проворонить —
Ты размазня, шляпа, ворона, раззява —
Он недоумок, отморозок, урод —

***Упражнение 14.*** **На контроль. Небольшой тренинг. В данных ниже ситуациях попробуйте использовать разговорно-просторечные варианты, изученные ранее. Прокомментируйте ситуацию употребления.**

1. Мне надоели твои розыгрыши и глупые шутки! 2. Ну, давайте идите быстрее! 3. Не провоцируй ссору! 4. Он плохо подготовился и на экзамене ему было очень некомфортно! 5. Мы так наелись — прямо живот трещит! 6. Ну и глупость же она сказала! 7. Ну, понял наконец?! 8. Не расстраивайся!

Справочный материал: приколы, задираться, шевелиться, плавать, дошло, пузо (брюхо), раскисать, сморозить.

***Упражнение 15.*** **На контроль. Небольшой тренинг. В данных ниже ситуациях попробуйте использовать просторечные варианты, изученные ранее. Прокомментируйте ситуацию употребления.**

1. У него была такая возможность, а он её упустил! 2. До работы надо быстренько сходить на почту, отправить посылку. 3. Знаешь, мы сбежали с лекции! 4. Хватит так громко смеяться! 5. Что он всё время показывает свой гонор?! 6. Ох как есть хочется! 7. Он дурак и негодяй. 8. Страшно много работы, ничего не успеваем!

Справочный материал: прошляпить (проворонить), сгонять (смотаться), улизнуть (удрать, слинять), ржать, жрать, выпендриваться, отморозок (урод), запарка.

***Упражнение 16.*** **На контроль. Небольшой тренинг. В данных ниже ситуациях попробуйте использовать просторечные варианты, изученные ранее. Прокомментируйте ситуацию употребления.**

1. Если он будет ко мне приставать, то получит от меня! 2. Надо быстренько хоть немного поесть. 3. Что ты лежишь? Вставай! 4. Замолчи сейчас же! 5. Убери от меня свои грязные руки!

6. Прекрати жаловаться на судьбу! 7. Не люблю, когда много болтают попусту! 8. Ну что, у тебя ничего не получилось?

Справочный материал: схлопотать, заткнуться, ныть (скулить), валяться, перехватить, лапы, вышел облом, трепаться.

**!** Разумеется, список разговорно-просторечных и сленгово-просторечных вариантов можно продолжить. Всё зависит от того, сколько вам нужно лексики такого плана. Надеемся, однако, что вы не будете слишком увлекаться просторечной лексикой. Тем более это недопустимо в академической и дипломатической сфере! Таким образом, автор полагается на ваш вкус и чувство меры.

# Ключи

## 1. ТЕМЫ ДЛЯ ОБЩЕГО ВЛАДЕНИЯ РУССКИМ ЯЗЫКОМ

### АНТОНИМЫ

***Упражнение 1.*** нет, плохо, мало, маленький, нельзя, там, туда, брать, близко, справа, направо, легко (просто), медленно, молодой/новый, закрыть, холодно, умереть, кончать, конец, тихо, назад, тёмный, редко, занят(а), выйти, выход, грязный, меньше, хуже, раздеться, светло, снять.

***Упражнение 4.*** 1. Хуже. 2. Одеться. 3. Вход. 4. Вышел. 5. Туда. 6. Маленький. 7. Новое. 8. Молодой. 9. Легко. (Просто.) 10. Закрывать. 11. Холодно. 12. Плохо. 13. Мало. 14. Нет. 15. Далеко. 16. Больше. 17. Нельзя. 18. Здесь. 19. Кончаем. 20. Конец. 21. Умер. 22. Медленно. 23. Направо. 24. Занят. 25. Часто. 26. Светлая. 27. Громко. 28. Дай. 29. Назад. 30. Снять. 31. Справа. 32. Темно.

***Упражнение 5.*** вниз, никогда, ненавидеть, последний, слабый, грустный, дешёвый, дёшево, забыть, младший, хвалить, враг, обман (ложь), мириться, покупать, мёртвый, раздетый (голый), ленивый, мокрый (сырой), плакать, отдельно, глупый, провожать, проснуться, проиграть, лёгкий, твёрдый, мелкий, случайно, запрещать, понижаться.

***Упражнение 7.*** 1. Вниз. 2. Всегда. 3. Ненавижу. 4. Последний. 5. Слабый. 6. Грустный. 7. Дешёвая. 8. Дёшево. 9. Дешевле. 10. Забыл. 11. Младшая. 12. Хвалил. 13. Враг. 14. Обман. (Ложь.) 15. Ссориться. 16. Покупает. 17. Мёртвый. 18. Раздеты. 19. Ленив (ленивый). 20. Мокрые. 21. Плакать. 22. Отдельно. 23. Глупая. 24. Провожать. 25. Проснуться. 26. Проиграл. 27. Лёгкий. 28. Твёрдый. 29. Мелкую. 30. Случайно. 31. Запретил. 32. Понизилась.

***Упражнение 8.*** плохой, поздно, подешеветь, внизу, прошлое (прошедшее), низко, сытый, сзади (позади), трусливый, короткий, горький (кислый), тонкий (худой), узкий, несчастье (беда), про себя, против, вредно, холостой.

***Упражнение 10.*** 1. Трусливый. 2. Сзади. 3. Сыт. 4. Низко. 5. Прошлом. 6. Холост (холостой). 7. Вредно. 8. Против. 9. Про себя. 10. Плохой. 11. Несчастье. 12. Поздно. 13. Подешевели. 14. Внизу. 15. Короткие. 16. Кислый. (Горький.) 17. Тонкое. 18. Узкая.

***Упражнение 11.*** разучиться, сомневаюсь, отвыкнуть, отучить, исчезнуть, поперёк, повысить, доходы, наиболее, любитель, трезвый, снаружи, сразу, защищать, возразить, расстаться, противник, негативный, отрицательный, опустить, подняться, нарушать, расстегнуть, развернуть, различие, нахальный, щедрый, разонравиться, поражение, прощаться.

***Упражнение 13.*** 1. Сомневаюсь. 2. Расстаться. 3. Привык. 4. Отучить. 5. Разучился. 6. Опустить. 7. Сразу. 8. Возразить. 9. Поражение. 10. Попрощаться. 11. Подняться. 12. Исчезло. 13. Наиболее. 14. Доходы. 15. Завернуть. 16. Расстегни. 17. Щедрые. 18. Снаружи. 19. Нахальный. 20. Трезвые. 21. Любитель. 22. Защищать. 23. Противники. 24. Негативное. 25. Отрицательный. 26. Нарушать. 27. Различия. 28. Разонравилось. 29. Повысить. 30. Поперёк.

***Упражнение 14.*** грусть (печаль), старость, чистота, трусость, лень, подъём, нарушение, возражение, жара, ненависть, смерть, слабость, сытость, исчезновение, покупка, примирение, твёрдость, расставание, тяжесть, низ, горечь (кислота), вред, глупость, нахальство, щедрость, проигрыш, запрещение (запрет), осуждение (ругань), плач, защита, темнота, трезвость.

***Упражнение 17.*** недостаток, ад, ослабить, присутствовать, разъединять, отступать, внутренний, чистовик, пачкать, жидкий (редкий), на солнце, дождливый (пасмурный), урод, цветной.

***Упражнение 20.*** присутствие (наличие), поддерживать, выговор, косвенно, частный, очно (лично), нечаянно, огнестрельное, покладистый, прозрачный.

***Упражнение 23.*** женщина, девушка, девочка, бабушка, дочь, мать, внучка, тётя, племянница, тёща, свекровь, жена, невеста.

***Упражнение 25.*** юг, запад, господин, чёрный, подчинённый, штатский.

## СИНОНИМЫ

***Упражнение 1.*** работа, молодец, век, снимать, простите, прекрасный (замечательный), кошмарный (отвратительный), чуть-чуть, тайна, беспокоиться, молодой человек (парень), грустно, радостный, печальный, назад, снова, лошадь, напечатать.

***Упражнение 3.*** 1. Веке. 2. Простите. 3.Молодец. 4. Чуть-чуть. 5. Снова. 6. Работа. 7. Напечатать. 8. Беспокоиться. 9. Лошадь. 10. Грустно. 11. Назад. 12. Молодой человек. (Парень.) 13. Тайна. 14. Снимите. 15. Прекрасная; Замечательное. 16. Кошмарные. (Отвратительные.) 17. Печальный. 18. Радостное.

***Упражнение 4.*** разговор, глупый, отметка, увидеть, торопиться, каждый (любой), победить, найти, спасибо; сырой, сыро; перестать (кончить), храбрый (мужественный, бесстрашный), совсем (совершенно), известный, отдать, надо (нужно), несчастье (горе), отмечать.

***Упражнение 6.*** 1. Надо. (Нужно.) 2. Спасибо. 3. Разговор. 4. Глупый. 5. Не увидел. 6. Отдал. 7. Отметим. 8. Нашёл. 9. Известный. 10. Совсем. (Совершенно.) 11. Победить. 12. Отметки. 13. Несчастье. (Горе.) 14. Сыро. 15. Мужественный. 16. Каждый. 17. Не торопись. 18. Кончил. (Перестал.)

***Упражнение 8.*** пропускать, вдруг, (по)чинить, бездельник (лодырь), прочный (жёсткий), размышлять, ругаться, злиться, иногда, рынок, может быть, наверно (очевидно), конечно (безусловно), использовать, больше любить, разные, расходовать, скончаться, лгать (говорить неправду), осёл.

***Упражнение 10.*** 1. Ругаться. 2. Бездельник. (Лодырь.) 3. Размышлять. 4. Скончался. 5. Говоришь неправду. (Обманываешь меня.) 6. Не пропускай. 7. Злишься. 8. Вдруг. 9. Починить. 10. Крепкая. 11. Наверно. 12. Конечно. 13. Может быть. 14. Использовали. 15. Больше любит. 16. Разные. (Всякие.) 17. Иногда. (Время от времени.) 18. Израсходовали. 19. Осёл. 20. Рынок.

***Упражнение 12.*** кинуть, холост (холостой), поправляйся, появиться, сражение (бой), чепуха (вздор), пустяки, положительный, отрицательный, воровать, прятаться, неопрятный (неряшливый), обороняться, родина, восхищаться, восхищение, мучиться (мучаться), разница.

***Упражнение 14.*** 1. Кидать. 2. Разница. 3. Восхищение. 4. Воровать. 5. Спряталось. 6. Холост. 7. Поправляйся. 8. Ерунда. 9. Битве. (Сражение.) 10. Родину. 11. Неопрятный. (Неряшливый.) 12. Обороняйся. 13. Появились. 14. Восхищались. 15. Чепуха. (Вздор.) 16. Мучиться. (Мучаться.) 17. Положительный. 18. Отрицательная.

***Упражнение 15.*** 1. Извините/простите. 2. Веке. 3. Молодец/умница. 4. Парень. 5. Секрет. 6. Тайна. 7. Волнуйся/беспокойся. 8. Прекрасные/замечательные/отличные. 9. Лошадь. 10. Ужасная/отвратительная/кошмарная. 11. Ужасный. 12. Грустным.

***Упражнение 16.*** 1. Смелый/храбрый/отважный. 2. Торопиться/спешить. 3. Выиграли/победили. 4. Выиграешь. 5. Вернул/отдал. 6. Вернуть. 7. Перестаньте/прекратите. 8. Надо/нужно/необходимо. 9. Празднуют/отмечают. 10. Мокрая. 11. Сырое. 12. Горе/несчастье. 13. Беда. 14. Известный/популярный.

***Упражнение 17.*** 1. Тратить. 2. Лгут / обманывают / говорят неправду / врут. 3. Отремонтировать. 4. Не ссорьтесь / не ругайтесь. 5. Рассердилась/разозлилась. 6. Твёрдый. 7. Различные/разные. 8. Бездельник/лентяй/лодырь. 9. Иногда / время от времени. 10. Конечно, разумеется, безусловно. 11. Вероятно. (Наверно.) 12. Использовать.

***Упражнение 18.*** 1. Возникла. (Появилась.) 2. Появился. 3. Сражение/битва. 4. Бросил. 5. Бросил. 6. Ерунду/чепуху. 7. Ерунду. 8. Поправляйтесь/выздоравливайте. 9. Прячется. 10. Холост. 11. Родину. (Отечество.) 12. Страдал. (Мучился.)

***Упражнение 19.*** правда, сильный, чувствовать, что-то, беречь, стараться, энергичный, баловаться, прочный, отобрать, фартук, удивляться, покойник, разные (различные), уменьшить, скупой, прилежный, работящий.

***Упражнение 21.*** 1. Отобрала. 2. Работящие. 3. Прилежный. 4. Скупой. 5. Уменьши. 6. Разные. 7. Покойников. 8. Удивляюсь. 9. Фартук. 10. Сильный. 11. Прочная. 12. Разбаловались. 13. Энергичные. 14. Старалась. 15. Беречь. 16. Чувствую. 17. Правда. 18. Что-то. 19. Сильная. (Крепкая.)

***Упражнение 23.*** содержание, период (эра), волшебство (магия) / прелесть; зрелый, свидетель, проведать, быть/случиться, жалеть (миловать), обернуться (посмотреть назад), маг (волшебник), показывать, известность (слава), царь, щедрый, слуга, разрешать, опасаться, уничтожить, украсть, открывать.

***Упражнение 25.*** 1. Прелесть. 2. Содержание. 3. Волшебство. (Магию.) 4. Случилось. 5. Была. 6. Эра. 7. Недозрелые. 8. Описал. (Показал.) 9. Слава. (Известность.) 10. Разрешите. 11. Лакея. 12. Опасаться. 13. Проведать. 14. Царь. 15. Волшебница. 16. Смотри назад. (Не оборачивайся.) 17. Помилуйте. (Пожалейте.) 18. Уничтожить. 19. Украли. 20. Открыл. 21. Свидетелем. 22. Щедрые.

***Упражнение 27.*** закрыть, не спать, чистосердечно, предусмотреть, создатель (Бог), открутить, нагнуться, удачно, перевязать; точный, точно; укор, чересчур, фига, родинки, пришелец.

***Упражнение 29.*** 1. Закрыла. 2. Укор. 3. Точно. 4. Перевязать. 5. Удачно. (Успешно.) 6. Не спать. 7. Еду. 8. Прямо. (Открыто/начистоту.) 9. Пришельцах. 10. Родинки. 11. Чересчур. 12. Предвидеть. 13. Создатель. 14. Ни фига. 15. Открутить. 16. Нагнись.

***Упражнение 31.*** мрачный, мрачно; голый, граница, водитель, обеспокоен, вертеть, вертеться, тушить, обычный (неоригинальный), купюра, туфля, залезть, стройный (высокий и стройный), палка (палочка), молодожёны, сверкать (светиться).

***Упражнение 33.*** 1. Мрачный. 2. Голых. 3. Границы. (Границ.) 4. Водителем. 5. Обеспокоена. 6. Вертит. 7. Верчусь. 8. Туши. 9. Обычный. (Неоригинальный.) 10. Купюры. 11. Туфельки. 12. Залезли. 13. Стройный. 14. Палка. 15. Молодожёнов. 16. Светятся. (Сверкают.)

***Упражнение 35.*** свежая, мобильный, главный, подъезд, печатать, манеж, обязательный, проходить, поднялась, ухаживать, решать, сбылась, густой, брать (останавливать), большая, не работает.

***Упражнение 37.*** 1. Мобильные. 2. Главный. 3. Обязательные. (Непререкаемые.) 4. Не ухаживаешь. 5. Сбудется. 6. Густые. 7. Решать. 8. Подъезд. 9. Напечатай. 10. Прошли. 11. Не работает. (Испортилась.) 12. Большая. 13. Остановить. 14. Поднялись. 15. Свежее. 16. На манеже.

***Упражнение 39.*** чувствовать, взять / дать в долг, в фирме, здороваться, одобрять, до новой, отрастить, прошла, разжигать, подсолнечное (постное), вырвать, гадина, сильный (страшный), злой (заклятый), круглый (большой), качать.

***Упражнение 41.*** 1. Почувствовал. 2. Качал. 3. Полная. (Круглая.) 4. Злейшие. 5. Сильный. (Жестокий.) 6. Отрастил. 7. Подсолнечное. (Постное.) 8. Убрать. (Вырвать.) 9. Фирма. 10. Взять в долг. 11. Дашь в долг. 12. Прошла. 13. Гадина. 14. До новой. 15. Разжигать. 16. Здоровается. (Поддерживает.) 17. Не поддерживает.

***Упражнение 43.*** зубной врач, печать (СМИ), легенда, материк; беспорядочно, беспорядочный; узор, чудовище, нравственность; противоположность, противоположный; награда (премия), пространство, выслуга лет.

***Упражнение 45.*** 1. К зубному. 2. Выслуга лет. 3. Пространство. 4. Материк. 5. Противоположные. 6. Беспорядочно. 7. Награды. 8. Узор. 9. Чудовища. 10. Нравственности. 11. В печати. (В СМИ.) 12. Легенду.

***Упражнение 47.*** Решётка, подросток, слабый, урон, впитывать, рабство (плен, зависимость, кабала), перестараться (переусердствовать), сластёна, пророк, крыша, тело, уровень (уровень жизни), здóрово, подшучивать, странник, мерзавец (негодяй).

***Упражнение 49.*** 1. Ограда. 2. Крыша. 3. Уровень жизни. 4. Подросток. 5. Теле. 6. Не шути. (Не смейся. Не издевайся.) 7. В рабстве. 8. Урон. 9. Здóрово. 10. пророка. 11. Впитывают. 12. Слабые. 13. Перестарались.

***Упражнение 51.*** 1. Передник/фартук. 2. Разными (различными). 3. Жадный (скупой). 4. Старательные/прилежные. 5. Правду. (Истину.) 6. Истина. 7. Хранить. (Беречь.) 8. Отнял/отобрал. 9. Отбирайте. (Не отнимайте.) 10. Трудолюбивый. (Работящий.) 11. Баловаться/шалить. 12. Сильные/крепкие. 13. Чувствовал/ощущал. 14. Нечто/что-то.

***Упражнение 52.*** 1. Гостеприимным/щедрым/хлебосольным. 2. Слуг/лакеев. 3. Похитили/украли. 4. Остерегайтесь. (Опасайтесь.) 5. Случилось/произошло. (Было.) 6. Была. 7. Чудо/сказка/прелесть. 8. Чудо. 9. Зрелый. 10. Спелые/зрелые. 11. Пощадите/помилуйте. (Пожалейте.) 12. Открывай. (Отпирай.) 13. Эры. 14.Навещай. (Проведывай.)

***Упражнение 53.*** 1. Закрой/запри. 2. Меткий/точный. 3. Меткий. 4. Нагнуться/наклониться. 5. Пришелец/инопланетянин. (Гуманоид.) 6. Упрёки/укоры. 7. Пищей. 8. Честно/откровенно. 9. Откровенно/открыто. (Честно/правдиво.) 10. Слишком/чересчур. 11. Фигу/шиш. 12. Родинки/веснушки. 13. Хорошо/благополучно. (Удачно.) 14. Перевязать/перебинтовать.

***Упражнение 54.*** 1. Туфля. 2. Каблуком. 3. Хмурое. 4. Водителю. 5. Вращается. (Крутится/вертится.) 6. Кручусь/верчусь. 7. Озабочен/обеспокоен/озадачен. 8. Сияй. 9. Высокий/стройный/статный. 10. Бумажные деньги/банкноты. (Купюры.) 11. Обнажённую. 12. Тушите/гасите. 13. Тушите/гасите. 14. Залезли/взобрались/вскарабкались.

***Упражнение 55.*** 1. Разгадать. 2. Сбудутся/осуществятся. 3. Подъездах/парадных. 4. Ловить. 5. Проходили/изучали. 6. Высокие. 7. Не работает / сломался. 8. Частые. 9. Первый. (Главный/ведущий.) 10. Следить. 11. Ухаживает. (Следит.) 12. Мобильного. (Сотового.) 13. Поднялась/повысилась/подскочила. 14. Свежие/сегодняшние.

***Упражнение 56.*** 1. Приветствую. 2. Приветствует. (Одобряет/поощряет.) 3. Сильный/ужасный/страшный. (Лютый.) 4. Заклятые. (Лютые.) 5. Постном. 6. Компания. (Фирма.) 7. Удалить/вырвать/вытащить. 8. Нашей/новой. 9. Брать в долг/давать в долг/одалживать/занимать. 10. Отпустил/отрастил. 11. Прошла. (Миновала.) 12. Кивнула. 13. Качаешь. 14. Качал.

***Упражнение 57.*** 1. Зубному/стоматологу. (Дантисту.) 2. Газеты и журналы. (Прессу.) 3. Журналистов/прессу. (СМИ.) 4. Приз/подарок. (Премию/награду.) 5. Узор/орнамент. 6. Хаотично/беспорядочно/бессистемно. 7. Мифы. (Предания/легенды.) 8. Чудовищ/монстров/страшилищ/чудищ. 9. Континент/материк. 10. Стажа/выслуги. 11. Контраст. 12. Территориями.

***Упражнение 58.*** 1. Ограда/решётка. 2. Поглощали/ели. 3. Мальчик/подросток. (Отрок.) 4. Кабала/рабство. 5. Пророка. 6. Переборщи/перестарайся. 7. Ущерба. (Урона.) 8. Здорово/супер/круто/прикольно. 9. Подшучиваешь/прикалываешься/издеваешься. 10. Слабый/хилый/неразвитый.

***Упражнение 59.*** 1. Мобильный. 2. Понятно. 3. Снова/опять. 4. Начал. 5. Не работает. (Сломался.) 6. Взять. 7. Привет!/здравствуй. 8. Открой. 9. День. (Дата.) 10. Включи. 11. Хорошего. 12. Главный. 13. Поднялась/повысилась. 14. Напечатать. 15. Поздней. 16. Медленнее. 17. Не изучали.

***Упражнение 60.*** 1. Новой. 2. Много градусов. 3. Показ. 4. Вывод/поучение. 5. Испортятся. 6. Постараемся/попробуем. 7. Оглянулась/Посмотрела назад. 8 Частые. 9. Заблудились. 10. Точный. 11. Взять в долг / одолжить. 12. Свежая. 13. Позвал. 14. Цифра. 15. Решать. 16. Количество. 17. Фигура. 18. Подъезд.

***Упражнение 61.*** 1. Сильный. (Жестокий.) 2. Погиб. 3. Рассердился. 4. Одобряет/поддерживает. 5. Наблюдает. 6. Ухаживать. 7. Прочная. 8. Железные. (Стальные.) 9. Шествие. 10. Нравственность. 11. Включить (в сеть). 12. Начались/пошли. 13. Уничтожать. 14. Разжигать. 15. Свернул. 16. Выкрутить. 17. Растительное. (Подсолнечное.) 18. Сбылась.

***Упражнение 62.*** 1. Свободное время (между занятиями). 2. Дополнительный (и неофициальный). 3. Вещи/одежду. 4. Кончил/покончил. 5. Обмануть / не перехитрить. 6. Не выбрали. 7. Хватит/оставь. 8. Получается. 9. Не списывай. 10. Смеяться/подшучивать/издеваться. 11. Супер/прикол. 12. Не попал.

***Упражнение 63.*** 1. Очень много. 2. Совсем ничего. 3. Очень хорошо/очень плохо. 4. Очень много. 5. Очень быстро. 6. Неожиданно. 7. Совсем разные. 8. Очень мало. 9. Подумать/поразмыслить. 10. Очень мало/не хватит. 11. Некогда(занят). 12. Абсолютно ясно/понятно.

***Упражнение 64.*** 1. Очень грустный/расстроился. 2. Чувствует себя свободно/уверенно. 3. Совсем не обращает внимания/бросил. 4. Счастлив. 5. Зазнаваться. 6. Очень рано/слишком рано. 7. Перекусить/немного поесть. 8. Очень вкусно. 9. Голодает. 10. Перестарался/ не следовало так много. 11. Жаловаться/ныть. 12. Бросил все/оставил все.

## СТЕПЕНЬ ВЫРАЖЕННОСТИ ПРИЗНАКА

***Упражнение 1.*** отличный, смеяться, друг, кричать, ненавидеть, холодно, толстый, волноваться, красивый, огромный.

***Упражнение 3.*** 1. Смеёшься. 2. Огромный. 3. Отличный/прекрасный. 4. Холодно. 5. Полная/толстая. 6. Красивая. 7. Ненавижу. 8. Кричит. 9. Подруга. 10. Волнуешься/нервничаешь.

***Упражнение 4.*** приятель, любить, талантливый, говорить, не любить, петь, лентяй, жадный, красавец, алкоголик.

***Упражнение 6.*** 1. Жадным. 2. Талант. 3. Не люблю. 4. Люблю. 5. Приятелей. 6. Сказала. 7. Поёшь. 8. Алкоголика. 9. Лентяи. 10. Красавица.

***Упражнение 7.*** мокрый/сырой, требовать, беда, ненавидеть, пьёт, схватить, равнодушный, хохотать, реветь, орать, спать, слава/популярность.

***Упражнение 9.*** 1. Слава/популярность. 2. Равнодушный. 3. Хохочете. 4. Мокрая. 5. Орать. 6. Требую. 7. Поспать. 8. Ревёшь. 9. Пьёт. 10. Обожаю. 11. Схватил. 12. Беда.

***Упражнение 10.*** крошечный/карликовый, горе/катастрофа, ливень, гениальный, поражаться, глупый, умный, встревожен, тревога, швырять, нищий, идиот.

***Упражнение 12.*** 1. Крохотного (крошечного). 2. Умная, способная, талантливая. 3. Волнуйся, Переживай, Расстраивайся. 4. Тревога. 5. Ливень. 6. Глупая, дурочка. 7. Идиотка. 8. Швырнул. 9. Озадачен, расстроен. 10. Бед; трагедий/катастроф. 11. Гениален (гениальный). 12. Нищие.

***Упражнение 13.*** хороший, плохой, приятель, знакомый, не любить, не нравиться, нравиться, улыбаться, говорить, полный/полненький, волноваться/беспокоиться, симпатичная.

***Упражнение 15.*** 1. Хороший. 2. Плохо. 3. Симпатичная. 4. Мне нравится. 5. Улыбнулась. 6. Говорить. 7. Полная. 8. Волноваться/беспокоиться. 9. Не люблю. 10. Мне не нравятся. 11. Знакомые. 12. Приятельницы.

***Упражнение 16.*** прохладно, любить, смеяться, просить, талантливый/одарённый/способный, бездельник, беда/несчастье, большой, несчастье/неприятность, популярность/известность, дурак/дурачок, волнение/беспокойство, напевать, страх.

***Упражнение 18.*** 1. Прошу. 2. Любит. 3. Смеётся. 4. Страх. 5. Волнения/беспокойства. 6 Напевала. 7. Большими. 8. Аварию, крушение. 9. Дурак/дурачок. 10. Известность/популярность. 11. Прохладно. 12. Талантлив. 13. Бездельник. 14. Неприятности/проблемы. 15. Не беда. 16. Дурацкими.

***Упражнение 19.*** бросать, дождь, расчётливый/экономный, удивляться, лентяй/бездельник, маленький, любовь, кричать, период/время, недовольство, радость, спокойно, юмор, восстание/выступление, взять, грустить/печалиться.

***Упражнение 21.*** 1. Дождь. 2. Экономный. 3. Радость; недовольство. 4. Грустить/печалиться. 5. Взял. 6. Спокойно. 7. Юмор. 8. Восстания/мятежа/выступления. 9. Кричать. 10. Любовь. 11. Маленькая. 12. Период. 13. Лентяй/бездельник. 14. Не бросайся. 15. Удивился.

***Упражнение 22.*** конференция, темнота, съесть, упасть, хозяин/повелитель, недостаток, встать/прыгнуть, глупость, гнев, унижаться, обожать/очень любить, неприязнь/нелюбовь, злой, обвинять/осуждать.

***Упражнение 24.*** 1. Конференция. 2. Злое. 3. Обожают. 4. Упала. 5. Гнев. 6. Глупость. 7. Неприязнь. 8. Темноте. 9. Прыгнула/залезла. 10. Съела. 11. Недостаток. 12. Осуждает. 13. Повелитель/господин. 14. Унижающихся.

***Упражнение 29.*** 1. 1-2-3. 2. 2-1. 3. 3-1/2-1/2. 4. 3-1/2-1/2. 5. 1/2-1/2-3. 6. 1-2. 7. 1-2. 8. 2-3-1. 9. 2-1-4-3- 10. 1-2 11. 2-3-1. 12. 1-2.

**Упражнение 30.** 1. 3-5-1-4-2. 2. 1-3 4-2-3/4. 3. 1-2-3. 4. 3-1-2. 5. 1-3-2-4. 6. 2-3/4-1-3/4. 7. 2-1-4-3. 8. 2/3 1-2/3. 9. 4-1-2-3. 10. 1-2-3.

***Упражнение 31.*** 1. 1-3-2. 2. 2-1-3. 3. 1-2-4-3-5. 4. 1-2. 5. 1-2-4-3. 6. 2-3-1. 7. 1-2-3. 8. 4-1/2-1/2-3. 9. 3-4-2-1-5-6. 10. 2-5-6-4-3-1.

***Упражнение 32.*** 1. 2-4-1-3-5. 2. 2-3-4-1. 3. 4-3-5-2-1-6-7. 4. 3-4-2-1-5. 5. 3-6-2-5-7-1-4. 6. 5-2-3-4-1-6. 7. 1-2-3. 8. 2-1-3. 9. 2-1-3. 10. 3-2-1.

# ИНОСТРАННЫЕ СЛОВА

***Упражнение 1.*** советовать, проверять, машина, тайна, совсем, просто, собирать, снимать, напечатать, образец, показывать, слова.

***Упражнение 3.*** 1. Новой машине. 2. Новые слова. 3. Посоветуешь. 4. Проверять. 5. Показывали. 6. Тайна. 7. Снимать. 8. Совсем. 9. Образец. 10. Напечатать. 11. Просто. 12. Собирает.

***Упражнение 4.*** Предложение, приставка, часть (отрывок), картина, мысль, больница (военная), быстро (и активно), экскурсовод, лучший, постоянный, опыт, выходные.

***Упражнение 6.*** 1. Лучший. 2. Экскурсоводом. 3. Больнице. 4. Опыт. 5. Мысли. 6. Быстрое. 7. Отрывок. (Часть). 8. Картин. 9. Постоянна. (Неизменна.) 10. Выходные. 11. Приставок. 12. Предложений.

***Упражнение 7.*** приставка, — [*нет русского эквивалента*], окончание, новое слово; устаревшее слово, устаревший; неопределённая форма глагола, повелительное наклонение, действующее лицо (герой), содержание (развитие действия), преувеличение, крылатое выражение, сокращение, происхождение, разновидность языка.

***Упражнение 9.*** 1. Преувеличение (резкий контраст). 2. Приставка. 3. — 4. Новым словом. 5. Устаревшим словом. 6. Происхождению. 7. наречий (Территориальных разновидностей). 8. Сокращение. 9. Крылатое выражение. 10. Окончание. 11. Содержание. (Действие.) 12. Действующие лица. (Герои.) 13. Повелительного наклонения. 14. Неопределённую форму.

***Упражнение 10.*** спор, разумный, точный, общий (общественный), товарищ по работе (сослуживец), снимок, естественный, складывать, изменять, спиртные напитки (выпивка), градусник, перевозка.

***Упражнение 12.*** 1. Небольшой спор. 2. Градусник. 3. Спиртных напитков. 4. Общественные. 5. Точный (аккуратный). 6. Сложить. 7. Естественный. 8. Разумный. 9. Товарищей по работе. (Сослуживцев.) 10. Изменять. 11. Перевозкой. 12. Снимок.

***Упражнение 13.*** 1. Проверяет. 2. — 3. Показывает. 4. Демонстрировали. 5. — 6. — 7. Совсем. (Совершенно.) 8. Совершенно. 9. Спиртным. (Спиртными напитками.) (Выпивкой.) 10. Спиртное. (Спиртные напитки.) 11. — 12. — 13. Научный спор. 14. — 15. — 16. (Товарищ.)

***Упражнение 14.*** необязательный (дополнительный), действовать, существующий, воображаемый, новичок, перемещение (переселение), представление, доказательства, связь, знающий, развитие (движение вперёд), зрители.

***Упражнение 16.*** 1. Зрителям. 2. Дополнительные. 3. Переселение. 4. Действуют. 5. Представление. 6. Доказательств. 7. Движение вперед. (Поступательное движение. Развитие.) 8. Существующая. 9. Воображаемом. (Вымышленном.) 10. Новичок. 11. Знающий. 12. Связи.

***Упражнение 17.*** насмешка, запас, подлинник, столкновение, движение назад, положительный, второе (вымышленное) имя, возмещать, недовольство, соглашение, поручиться (обещать), отрицательный.

***Упражнение 19.*** 1. Усмешкой. 2. Вымышленное имя. 3. Запас. 4. Возместить (отдать). 5. Подлинник. 6. Замечаний. 7. Столкновений. 8. Соглашение (соглашательство). 9. Обещаем. 10. Движение назад (упадок). 11. Отрицательное. 12. Положительные.

***Упражнение 20.*** связь (сообщение), природа (вид), воображение (вымысел), неприятный случай (происшествие), область, преувеличивать, руководящая роль (почин), зачинатель, начитанность (знания), развитие, размеры, обстоятельства, приятные слова (преувеличенная похвала), краткое содержание доклада или статьи.

***Упражнение 22.*** 1. Руководящую роль. 2. Преувеличенные приятные слова. 3. Областях. 4. Природой. (Видом природы.) 5. Краткое содержание. 6. Преувеличиваю. 7. Начинает. 8. Вымыслы. (Домыслы.) 9. Размерами. 10. Знания. (Начитанность.) 11. Неприятное происшествие. 12. Обстоятельства. 13. Развитием. 14. Сообщением.

***Упражнение 23.*** чрезвычайный, волшебство, нравственность (или вывод), запасы, отклик, мерило, срочный, заразный, очарование, приспосабливаться/приспособиться (упрощать/упростить), цениться (оцениваться), самоубийство, подобный случай (раньше бывший), выступление без подготовки.

***Упражнение 25.*** 1. Запасы. 2. Волшебство. 3. Без подготовки. 4. Заразные. 5. Чрезвычайная. 6. Очарование. 7. Упрощать. 8. Вывод. 9. Нравственности. 10. Срочный. 11. Самоубийства. 12. (Подобного случая) не было ранее. 13. Не ценятся (не стоят ничего). 14. Отклик. 15. Мерило.

***Упражнение 26.*** 1. — 2. Доказательства. 3. Запасные. 4. (Запас.) 5. Возместить. 6. Общение. (Связь.) 7. — 8. — 9. Срочный. 10. — 11. (Волшебный. Колдовской.) 12. —

## ОФИЦИАЛЬНАЯ ЛЕКСИКА

***Упражнение 1.*** побывать (быть, сходить, съездить), сделать (быть), надо (нужно), надо (нужно), быть, сделать, быть, купить (получить), время (период), приехать, жить, платить, показывать, дать.

***Упражнение 3.*** *срок действия до 28 февраля* = купон до 28 февраля; *совершая покупку* = если купите; *в первую очередь* = сначала; *предъявите* = покажите; *а затем* = потом.

***Упражнение 4.*** быть, не быть, есть (быть), значит, какой, сравнить, -то (-нибудь), сначала, потом, тоже, как, так, в конце, много.

***Упражнение 6.*** лучше; хуже; то, что получаем; то, что тратим; можно; нельзя; больше; меньше; больше (лучше); меньше (хуже); помогать; мешать.

***Упражнение 7.*** 1. Улучшается. 2. Ухудшается. 3. Расширяется. 4. Сужается. 5. У фирмы большие доходы. 6. Значительные расходы. 7. Разрешено. 8. Запрещено. 9. Усилить. 10. Ослабить. 11. Способствует. 12. Препятствовать.

***Упражнение 8.*** значить, тратить, быть, последний, больше (главным образом), использовать, увидеть (заметить, найти), небольшой, передавать (писать, говорить), много, дать, понимать.

***Упражнение 9.*** 1. Означает. 2. Расходовать. 3. Произошло. 4. Завершающий. 5. Преимущественно. 6. Применили. 7. Обнаружили. 8. Незначительные. 9. Не осознают. 10. Многочисленные туристы. 11. Не сообщили. 12. Обеспечить.

***Упражнение 10.*** *температура воздуха* = — ;*северного направления* = северный; *кратковременный* =небольшой (мелкий); *в вечернее время* = вечером; *температура понизится до девяти градусов* = (будет) девять градусов.

***Упражнение 11.*** можно, делать, есть (быть), делать; конечно; я думаю, что ...; наверное.

***Упражнение 12.*** 1. Разрешите. 2. Производят. 3. Изготовляют. (Вырабатывают.) 4. Осуществляет. 5. Безусловно. (Вне всякого сомнения.) 6. На мой взгляд. (С моей точки зрения.) 7. Очевидно. (Вероятно.) 8. Безусловно. 9. По моему мнению. 10. Очевидно. (Видимо.)

***Упражнение 13.*** *действителен в течение...* = действует (можно пользоваться); *указанного срока* = это время; *обязан предъявить* = должен показать; *по первому требованию* = сразу же; *сотрудника* = работника; *категорически запрещается* = совсем (никак) нельзя; *передача билета другому лицу* = нельзя никому давать свой билет; *в течение пребывания* = пока вы в библиотеке; *в случае утери* = если потеряете; *заявить* = сказать; *категорически запрещается* = совсем (никак) нельзя; *произведения печати* = печатные тексты (книги, газеты и т. д.); *за нарушение правил* = если нарушите; *лишается права посещать* = нельзя ходить в ... .

***Упражнение 14.*** *при обнаружении объектов* = если найдёте что-то; *взрывоопасные предметы и взрывные устройства* = бомба (то, что может взорваться); *необходимо сообщить* = надо (нужно) сказать; *немедленно* = сразу же; *находящихся рядом* = которые рядом; *взрывоопасный предмет* = то, что может взорваться (бомба).

***Упражнение 15.*** *при применении* = если используете; *данного* = этого; *лекарственного препарата* = лекарства; *следует* = надо (нужно); *соблюдать меры предосторожности* = быть осторожным.

***Упражнение 16.*** «через» (переходить, переезжать и т. п.); больше, больше, говорить (писать), (становиться) больше, некоторые, главный; вещи (то, что у меня есть); уровень жизни; каждый день; мало; а ещё; есть (быть), главный.

***Упражнение 17.*** 1. Пересекли. 2. Выше. 3. Заявил. 4. Моё имущество. 5. Материальный уровень. 6. Ежедневно. 7. Недостаточно. 8. Кроме того. (А также.) 10. Отдельных. 11. Ведущий. 12. Предусматриваются.

***Упражнение 18.*** потому что; иначе (по-другому); награда, больше, меньше, прийти, больше, меньше, поэтому, только, есть (быть), сильно (много), — (давать).

***Упражнение 19.*** 1. Явиться. 2. Поскольку. (Так как.) 3. Выше. 4. Ниже. 5. Ограничимся северными регионами. 6. Существенно. 7. Иными словами. 8. Менее. 9. Более. 10. Оказывали помощь. 11. Содержатся. (Имеются.) 12. Вознаграждение. 13. По причине чего.

***Упражнение 20.*** *прибывают* = прилетают; *далее* = дальше; *в неограниченном количестве* = очень много; *имеются* = есть; *кроме того* = а ещё; *около трёхсот* = почти триста; *расстояния между станциями небольшие* = станции недалеко; *какую-либо* = какую-нибудь; *находился* = был; *также* = тоже; *достаточно доступно* = недорого; *огромное количество* = много; *круглосуточно* = 24 часа; *пункты обмена валюты* = (где можно) поменять деньги; *в основном* = обычно (больше, чаще); *до 19 часов* = до семи вечера; *наиболее выгодный курс обмена* = лучше всего менять; *в районе* = около; *сосредоточены* = — *основные* = главные.

***Упражнение 21.*** — ; по; кроме; — (как); по; тоже; — ; о; с (вместе); о; потому что; потому что.

***Упражнение 23.*** *оплата* = плата за... ; *предоставляются* = есть (действуют); *имеются* = есть; *средства* = деньги; *отсутствие средств* = если нет денег; *ведёт к приостановлению оказания услуг связи* = отключат телефон (связи не будет); *до следующего пополнения счёта* = пока не заплатите; *информация о состоянии счёта доступна* = узнать, сколько у вас там денег можно; *позволяет* = можно; *осуществлять контроль* = следить за (контролировать); *за расходами* = сколько вы тратите; *в любой удобный для вас момент* = когда хотите; *получить информацию* = узнать; *об остатке денежных средств на счёте* = сколько осталось денег; *следующими способами* = так; *с помощью автоматической службы сервиса абонента* = по автоматической службе; *с помощью интернет-системы сервиса абонента* = по Интернету (через Интернет); *обратившись в службу финансового контроля* = в финансовом контроле.

***Упражнение 24.*** *в случае невозможности выхода* = если не выйти; *в связи с возникшей неисправностью* = если (потому что) лифт сломался; *необходимо* = надо (нужно); *нажать кнопку вызова* = нажать на кнопку «Вызов».

***Упражнение 25.*** *по уходу за ...* = как ухаживать (следить) за ... ; *ювелирными изделиями* = украшениями; *следует* = надо (нужно); *регулярно* = всё время (постоянно); *негативное воздействие оказывают* = плохо для ... (портят их); *на ювелирные изделия* = украшения; *моющие средства* = когда моют (мыло, паста, порошок и т. д.); *загрязнённые ювелирные украшения* = грязные украшения; *следует* = надо (нужно); *из расчёта* = — ;*затем* = потом; *особого внимания требуют* = особенно внимательно (аккуратно) нужно... ; *изделия* = украшения; *поскольку* = потому что; *от воздействия* = — *косметических средств* = косметики; *либо* = или; *солнечного света* = солнца.

***Упражнение 26.*** *показания к применению* = когда (надо) принимать; *профилактика* = чтобы не заболеть; *лечение гиповитаминоза и авитаминоза* = как лечить ... ; *недостатка* = не хватает; *противопоказания* = нельзя принимать; *повышенная чувствительность* = не переносит(ся); *из компонентов препарата* = составных частей лекарства; *меры предосторожности* = осторожно (быть осторожными); *не превышать рекомендуемую дозировку* = не больше, чем ... ; *не рекомендуется* = не надо; *применять* = использовать; *совместно* = вместе; *с другими препаратами* = лекарствами; *содержащими* = в которых есть; *способ применения и дозы* = как и сколько принимать; *срок хранения* = (сколько) хранить; *по окончании срока годности* = после даты; *указанного на упаковке* = который написан.

***Упражнение 27.*** *предоставляются* = даются (можно взять); *следующие* = такие; *на пополнение* = чтобы пополнить; *для приобретения* = чтобы купить; *выплаты заработной платы* = чтобы платить зарплату; *путём оформления* = если оформить; *платёжное средство* = ими можно платить; *при недостатке средств* = если мало денег.

***Упражнение 28.*** 1. Наблюдается. 2. Составляет. 3. Является. 4. Состоит. 5. Заключается. 6. Ограничимся. 7. В течение. 8. В возрасте. 9. Имеется. 10. Так. 11. Насчитывается. 12. Представляет собой. 13. Представляется. 14. В случае.

***Упражнение 29.*** потому что; конкретно (точнее); говорит о чём-либо; нельзя; наш; — (делать); только; обычно; уйти (бросить); иностранный; есть (быть); подходящий (правильный).

***Упражнение 34.*** 1. *Оказали помощь* = помогли; *в результате* = —. 2. *Наносит существенный вред* = очень вредно для ... . 3. *Осуществилась* = сбылась; *приносит пользу* = помогает. 4. *Не подлежит сомнению тот факт, что ...* = конечно; *человеческой личности* = человека; *возможно* = может быть; *лишь* = только.

5. *Предоставляет всевозможные кредиты* = даёт разные кредиты (в банке можно брать разные кредиты); *а также* = и; *частным лицам* = людям. 6. *Лекарственные препараты* = лекарства; *оказывать действие* = действовать; *спустя 10–20 мин. с момента их принятия* = через 10–20 минут после того, как вы их примете. 7. *Каковы ваши* = какие у вас; *предъявить* = сказать (показать). 8. *Осуществляет доставку* = привозим; *на дом* = домой; *либо* = или. 9. *Приобрёл популярность* = стал популярен; *несмотря на то что* = хотя. 10. *В настоящее время* = сейчас; ***применяются*** = используются; *различные* = разные.

***Упражнение 35.*** 1. Прибыл с официальным визитом. 2. Глава администрации ; имел беседу с ... . 3. Оказывать помощь. 4. Заявили протест. 5. Наносят значительный ущерб. 6. Главы правительств провели встречу. 7. Запрещено вести агитацию. 8. Изменение курса; оказывает влияние на ... .

***Упражнение 37.*** метрополитен; объявляет прием; желательно; до 35-летнего возраста; имеющие прописку; в рядах вооруженных сил; по состоянию здоровья; срок теоретического и практического обучения; за время обучения; начисляется заработная плата; заработная плата; при вводе в штат; составляет ... ; в зависимости от; вознаграждения за.

***Упражнение 38.*** насчитывали; около 600 000; численность; возросла; более чем; составляет; более; в основу положен; разместились; также; в зданиях; позднее; количество; увеличилось; служебные помещения; для размещения; отреставрированный; построенном; размещена; посвящённая; намечено; дальнейшее расширение Эрмитажа.

***Упражнение 39.*** организован, составляющие, получив, в дальнейшем, подобные.

***Упражнение 40.*** первоначально; входили в состав; существует; со дня открытия музея; была привезена; в дальнейшем; в ходе раскопок; на территориях; насчитывается более; порядка 15 000; а также; богатейшая; ювелирных изделий.

***Упражнение 41.*** существует; со дня основания; отличаются полнотой; содержат; насчитывающая более 2000; в том числе; имеющее мировое значение; включает произведения.

***Упражнение 42.***

ЗАЩИТА ОТ СТРЕССА

Если вы общаетесь с людьми, надо быть спокойным, вежливым. Это защищает вас от стресса.
Ещё надо смеяться. Так считают учёные. Это полезно для здоровья.

***Упражнение 43.***

РОБОТ-ЭКСКУРСОВОД

Первый в мире робот-экскурсовод работает в Италии. Его рост 1 м 70 см. Он весит 150 кг. У робота есть аудиосистема и лазеры, а ещё — карта музея. Он может двигаться и следить за своим движением.

***Упражнение 44.***

КОНЬ-ОГОНЬ

В Японии появился новый робот. Это лошадь, на которой можно ездить дома. Такая «лошадь» может двигаться как настоящая лошадь. Учёные считают, что это поможет тренироваться дома и хорошо для здоровья, особенно для тех людей, у кого диабет или был инсульт.

***Упражнение 45.***

ВАЖНО НЕ ЧТО ЕШЬ, А ГДЕ

Учёные считают, что одно и то же блюдо может быть вкусным или невкусным. Это зависит от того, где вы едите. Учёные провели эксперимент. Разные люди в разных местах ели обычное блюдо — крылышко цыплёнка с рисом. Вкуснее всего это блюдо было в дорогих ресторанах. Затем — в обычных ресторанах. Потом — в кафе. А уже потом — в столовых. Самым невкусным это блюдо было у военных в лагере.

Учёные считают, что часто важнее место, где люди едят, чем сама еда. Учёные советуют есть (обедать или ужинать) в приятном месте с хорошими друзьями. Это очень важно.

***Упражнение 46.***

СОВЕТУЮТ КАРДИОЛОГИ

Сейчас у многих людей больное сердце. Учёные считают, что нельзя есть жирное, нельзя курить, надо больше заниматься спортом. А ещё надо есть чеснок, пить хорошее вино и контролировать свой вес.

Смех также помогает быть здоровым, он может быть лекарством. Надо смеяться каждый день по 30–40 минут, это полезно. Даже немного вина полезно, так как помогает не получить инфаркт. Не следует пить много! Мужчинам надо пить два-три бокала, женщинам — в два раза меньше. Вино нужно пить красное, с хорошей едой и в хорошей компании.

***Упражнение 47.***

ЦВЕТ КАК ЛЕКАРСТВО

Учёные считают, что цвет действует на человека: или положительно, или отрицательно. Еще в Древнем Китае врачи использовали цвет, чтобы лечить многие болезни.

Известно, что красный цвет действует на психику, стимулирует её. В Древней Индии человека после тяжёлой болезни клали в красную комнату. Красный цвет лечит сердце, сосуды, почки, желудок. Но у него сильная энергия, поэтому нельзя долго смотреть на красное.

Оранжевый цвет также укрепляет организм, положительно влияет на интеллект. Он хорош для аппетита. В древности даже верили, что оранжевый цвет отводит от вас все неудачи и беды. Но врачи советуют им не злоупотреблять.

Жёлтый цвет повышает работоспособность, интеллектуальную деятельность и улучшает настроение. Еще в IV веке до н.э. им лечили болезни желудка и желчного пузыря. Жёлтый цвет также очищает организм от токсинов, укрепляет нервную систему, избавляет от депрессии. Это цвет энергичных людей.

Зелёный цвет хорошо действует на сердце, расслабляет организм. Зелёный цвет также лечит головную боль и успокаивает нервы. Это успокаивающий цвет.

Голубой цвет помогает при стрессах, снижает давление, останавливает кровотечение и снимает боли в желудке. При бессоннице рекомендуется спать под голубым абажуром. Голубой цвет — расслабляющий.

Синий цвет — наиболее сильный болеутоляющий цвет спектра. Он прекрасно помогает при бронхитах, астме, заболеваниях почек. Синий цвет помогает справиться с эмоциональными потрясениями, способствует вдохновению.

Фиолетовый цвет — тяжёлый цвет, им нужно пользоваться осторожно, так как он может вызвать депрессию. Он помогает при внутренних воспалениях, при травмах головы, успокаивает нервную систему, снимает усталость и боль в глазах. Кроме того, этот цвет подавляет аппетит — следовательно, полезен, когда необходимо снизить вес.

***Упражнение 48.***

ФИЛОСОФСКИЙ СЛОВАРЬ

Материал настоящего издания; обновлён, уточнён и приведён в соответствие с ... ; данными; дополнен; рядом.

***Упражнение 49.***

РУССКИЕ ПИСАТЕЛИ, XIX ВЕК

Представляет собой; включены; около 300; фактами биографии; характеризует; наиболее значительные; в первую очередь; те, что; адресован; безусловно.

***Упражнение 50.***

АКТУАЛЬНЫЕ ТЕМЫ РУССКОЙ ГРАММАТИКИ

Предназначено для; изучающих; представлены; наиболее; подаётся в рамках; внимание обращает; также; и более; подобная организация материала; позволяет использовать; как на ... , так и на ... .

Помимо; представлены; а также; составленные в соответствии с ... ; снабжены; даёт возможность; учащимся; в значительной мере.

Данное пособие; рассчитано на... .

***Упражнение 55.***

МОНОГРАФИИ О ЕВРОПЕЙСКИХ ПРОБЛЕМАХ

В сборнике статей; предпринята попытка анализа; основных направлений развития; не претендуя на полноту; вопросы, которые ставит; авторы книги; под редакцией; сумели проследить тенденции; при оценке; исследователи придерживаются точки зрения; отмечая, что ... .

Авторы сборника; представляет собой.

Глава книги посвящена; вопросам, связанным с ... ; отмечают, что ... .

Подробно анализируется в книге; рассказывается об ... .

Уделяя внимание; автор приводит ... .

Постарался избежать крайних точек зрения на ... ; принятых в; с одной стороны, ... , с другой стороны, ... .

Учебник предназначен для ... .

Другое издание представляет собой; анализ взаимосвязи ... ; исследование затрагивает широкий круг вопросов, связанных с ... а также актуальных проблем ... .

Представленный автором анализ; может оказаться полезным для ... .

***Упражнение 57.***
В статье особое внимание уделяется вопросу ... .
В статье анализируется ... (= исследуется, = рассматривается) .
В статье обращается внимание на то, что ... (= указывается на то, что ...).
В статье отмечается, что ... (= подчёркивается, = показывается).
В статье раскрывается ... .
В статье даётся характеристика ... .
В статье особое внимание уделяется вопросу ... .
В статье утверждается, что ... (= констатируется).
В статье критикуется ... .
В статье сравнивается ... .
В статье приводится ... .
В статье вводятся новые ... .
В статье делается вывод, что ... .

***Упражнение 61.***
Уважаемые коллеги!

Тема моего доклада: «Проблемы трудовой занятости молодёжи». В своем выступлении я хочу остановиться на следующих основных моментах: радикальные изменения в труде, образовании, материальном положении и досуге молодёжи.

По мнению многих исследователей, велика роль молодёжи в сфере занятости, её трудовой потенциал остается высоким: около 3/4 занятых в народном хозяйстве молодых людей получили профессиональное образование.

В первую очередь следует обратить внимание на то, что значительная часть молодых людей работает в государственном секторе. Однако это не исключает нарастающей безработицы среди молодёжи. Конфликт между потребностью молодёжи в трудоустройстве и дефицитом рабочих мест на рынке труда является наиболее актуальным сейчас.

Кроме того, необходимо отметить, что материальное положение молодых людей мало зависит от результатов труда, уровня образования, квалификации.

Обратимся к конкретным примерам. Так, например, в 1990 году в частном секторе работало менее 5 % молодых людей. В настоящее время в нём занят почти каждый пятый и каждый десятый подрабатывает.

Таким образом, как мы видим, эта тенденция будет нарастать, поскольку за последние пять лет оценки престижа работы на государственных предприятиях снизились вдвое.

Хотелось бы ещё раз подчеркнуть, что опасным следствием подобной ситуации является уход молодёжи из сферы материального производства в сферу распределения и обращения (около 25 % молодежи за последние годы перешло в сферу распределительных отношений).

На мой взгляд, исследования в области молодёжной проблематики в настоящее время являются особенно актуальными.

Благодарю за внимание.

# 2. СОСТАВ СЛОВА

***Упражнение 1.*** Машинка — машиночка, программка — программочка, тетрадка — тетрадочка, морковка — морковочка, дочка — дочечка, лошадка — лошадочка, неделька — неделечка, собачка — собачечка, подружка — подружечка, книжка — книжечка, ручка — ручечка, ножка — ножечка, речка — реченка, конфетка — конфеточка.

***Упражнение 2.*** Сумочка, улыбочка, открыточка, карточка, водочка, лампочка, кружечка, картошечка, подушечка, кошечка, книжечка, ложечка.

***Упражнение 3.*** Билетик, диктантик, словарик, текстик, карандашик, самолётик, глазик, носик, ротик, зубик, автомобильчик, стульчик, бокальчик, костюмчик, альбомчик, лимончик, апельсинчик, ресторанчик, базарчик, трамвайчик.

***Упражнение 4.*** Городок — городочек, номерок — номерочек, островок — островочек, разок — разочек, пирожок — пирожочек, дружок — дружочек, денёк — денёчек, часок — часочек, месяцок — месяцочек, чаёк — чаёчек, кофеёк — кофеёчек, сахарок — сахарочек.

***Упражнение 5.*** Артистка, аспирантка, магистрантка, пианистка.

***Упражнение 7.*** Университетский, факультетский, невский, российский, финляндский, финский, японский, английский, украинский, философский, пассажирский, городской, морской, русский, Советский, датский, болгарский, чешский.

***Упражнение 8.*** Банановый, абрикосовый, продуктовый, садовый, дворцовый, годовой, часовой, рублёвый, световой, носовой, розовый, классовый, берёзовый, еловый.

***Упражнение 9.*** Контрольный, архитектурный, минутный, шоколадный, конфетный, сахарный, яблочный, молочный, рыбный, мясной, субботний, летний, зимний, весенний, осенний, проблемный, модный, системный, библиотечный, книжный, интересный, глагольный.

***Упражнение 10.*** Исторический, политический, экономический, физический, химический, математический, дипломатический, астрономический, астрологический, биологический, географический, филологический.

***Упражнение 12.*** Краснеть, чернеть, темнеть, зеленеть, синеть, стареть, молодеть, умнеть.

***Упражнение 13.*** Учить, преподавать, писать, работать, любить, жить, играть, мыть.

***Упражнение 14.*** Сестра мамы, сестра папы, мама Вани, словарь Тани, дом кошки.

***Упражнение 15.*** Читать, смотреть, слушать, говорить, знакомиться, делать, играть, фотографировать, есть, пить, учить, писать, рисовать, готовить, платить, ждать, сказать, видеть, слышать, знать.

***Упражнение 17.*** Дать, открыть, закрыть, встать, забыть, рассказать, спросить, рассмотреть, решить, получить, повторить, понять, начать, запомнить, собрать, выбрать, заболеть, отдохнуть.

***Упражнение 18.*** Старый, умный, бедный, здоровый, молодой, красивый, высокий, добрый.

***Упражнение 19.*** Быстрый, медленный, хороший, плохой, трудный, лёгкий, простой, правильный.

***Упражнение 20.*** Английский, китайский, испанский, итальянский, французский, немецкий, финский, шведский, корейский, арабский.

***Упражнение 21.*** Утро, вечер, ночь, весна, зима, лето, осень, дом, дом, время.

***Упражнение 23.*** Жить, просить, преподавать, мечтать, смотреть, мыслить, создать, слушать, спасать, двигать(ся).

***Упражнение 24.*** Шутить, собирать, учить(ся), работать, путешествовать.

***Упражнение 25.*** Танцевать, разносить, обидеть, обмануть, мыть, летать, носить, курить, чистить, платить, холодить, будить, морозить, умывать(ся).

***Упражнение 26.*** Продавать, жить, кормить, лежать, бегать, говорить, молчать, знать, играть, стрелять, заработать, катать(ся).

***Упражнение 29.*** Рисовать, читать, петь, доигрывать, задать, курить, волновать(ся), уважать, путешествовать, прибыть, предпринять, окончить, веселить(ся), родить.

***Упражнение 30.*** Дружить, просить, ходить, бороться, служить, жаловаться, бегать, инструктировать, платить, звонить, прыгать, поступать, жаловаться, дурить, ненавидеть, удаться, дать, передать, выиграть, проиграть.

***Упражнение 31.*** Молодой, красивый, старый, глупый, счастливый, мёртвый, безумный, любимый.

***Упражнение 32.*** Орловский, вологодский, божеский, семейный, отчий, тихий, белый, жёлтый, великий, юный, левый, молодой, молодой, новый.

***Упражнение 33.*** Пустой, отчий, добрый, будущий, готовый, общий, молодой, знаменитый, больший, меньший, братский, знакомый, студенческий, реальный, идеальный, различный, здоровый, спокойный.

***Упражнение 34.*** Безработный, разный, тёмный, красный, чистый, быстрый, вкусный, жёлтый, новый, дешёвый, дорогой, великий, широкий, высокий, низкий, синий, тёплый, злой.

***Упражнение 35.*** Чай, колхоз, справка, полдень, медведь, двойка, трава, водопровод, рыба, море, земля, дурь, цирк, скрипка, сила, Москва, Иван, царь.

***Упражнение 36.*** Киев, Волга, Англия, слово, библиотека, аптека, буква, архитектура, скульптура, бокс, идеал, трактор, история, электро.

***Упражнение 37.*** Журналист, гитарист, тракторист, танкист, футболит, велосипедист, коммунист, таксист.

***Упражнение 38.*** Химик, ботаник, физик, критик, политик, техник, академик, аналитик.

***Упражнение 39.*** Городок, чаёк, кофеёк, листок — листик, месяцок, годок — годик, денёк, голосок, словарик, дождик, рублик, арбузик, зайчик.

***Упражнение 40.*** Практика, лаборатория, магистр, миллион, касса, хлеб, сахар, суп, салат, кофе, свинья, коммуна, Ленин, герой, террор, патриот, царь, большевик.

***Упражнение 42.*** Свинья, баран, низ, верх, сердце, курица, космонавт, электрон, журналист, педагог, биолог, дипломат, астроном, поэт, драматург, кинематограф, ректор, декан, Одесса, Грузия.

***Упражнение 48.*** 1. Названия городов пишут с большой буквы. 2. Квартиру продают. 3. Этот суп варят очень быстро. 4. Этого артиста снимают во многих фильмах. 5. Этот столик не обслуживают. 6. Мальчика воспитывали в детском доме. 7. Некоторые полезные ископаемые в Европе не добывают. 8. Связь между этими явлениями легко обнаруживают. 9. Эти изделия у нас не выпускают. 10. Эту работу выполняют очень просто. 11. Ожидают кратковременный дождь. 12. Победителя награждают золотой медалью.

***Упражнение 49.*** Данные глаголы без постфикса «-ся» не употребляются.

***Упражнение 50.*** Десять, девять, сто, пять, десять, зелёный, дальний, примитивный, ультрафиолетовый, играть, работать, добрый, злой, тёплый, делать, контрольный, кашлять, ходить, отдыхать, входить, выходить, есть, заменить.

***Упражнение 51.*** Помогать, переговорить, выбрать, родить, уговорить, весить, печь, торговать, проводить, считать.

***Упражнение 53.*** Немецкий, французский, итальянский, испанский, китайский, японский, корейский, английский, португальский, турецкий, чешский, словацкий, польский, татарский, финский, шведский, норвежский, арабский.

***Упражнение 55.*** Библия, полиция, усы, борода, волосы, камень, пена, фальшь, счастье, талант, правда, дождь, жалость, кокетство.

***Упражнение 56.*** Заметить, записать, проездить, разводить, складывать, привыкнуть, стирать, читать, купать(ся), влюбиться, улыбаться, доверять, отзываться, устоять, забывать, обидеться.

***Упражнение 58.*** Неотложка, маршрутка, «Комсомолка», «Литературка», «Вечёрка», Третьяковка, Гостинка, тушенка, сгущёнка, комиссионка, публичка, читалка.

***Упражнение 59.*** Серый, сладкий, дорогой, глупый, малый, богатый, злой, великий, ужасный, лёгкий.

***Упражнение 60.*** Больше, меньше, лучше, ближе, здесь, дома, вчера, три, четыре, пять, шестнадцать, двадцать, двести, две тысячи.

***Упражнение 62.*** Гр**у**стно, в**е**село, **я**сно, х**о**лодно, ж**а**рко, тепл**о**, тяжел**о**, легк**о**, далек**о**, бл**и**зко, высок**о**, н**и**зко, ч**и**сто, гр**я**зно, умн**о**, гл**у**по, темн**о**, светл**о**.

***Упражнение 64.*** Очиститель, потребитель, вредитель, проигрыватель, увлажнитель, производитель, наниматель, предохранитель, отражатель, излучатель.

***Упражнение 65.*** Прыгать, врать, хвастать, петь, скакать, ходить, поплавать, кипятить, отпечатать, подрастать.

***Упражнение 66.*** Печь, звонить, пахать, лечить, врать, экзаменовать, организовать, аккомпанировать, репетировать, вентилировать, дирижировать, дублировать, инвестировать.

***Упражнение 67.*** Абонировать, ассистировать, конкурировать, симулировать, рецензировать, оппонировать, аттестовать, греть, зажигать, открывать, парить, заколоть, лить, болтать.

***Упражнение 68.*** Послать, расти, наказать, издать, дышать, нападать, спасать, падать, жить, заморозить, развивать, доказывать, воровать.

***Упражнение 69.*** Утренний, ежегодный, рыжий, черновой, воспитанный, купальный, дождевой, тайный

***Упражнение 70.*** Честность, робость, сухость, медлительность, замкнутость, низость, искренность, обидчивость.

***Упражнение 71.*** Дворник, помощник, виноградник, цветник, вопросник, задачник, ледник, ценник, градусник, сонник.

***Упражнение 72.*** Христос, Молдавия, Египет, интрига, политика, глава, печь, врата, бунт, юбилей, шахта, сенат, визит, скандал, сценарий, фанат, теория.

***Упражнение 75.*** Виноградинка, картофелинка, картошинка, макаронинка, чаинка, снежинка, дождинка, пылинка, жиринка, льдинка.

***Упражнение 77.*** Отец, Иван, крокодил, Беринг, Евклид, дядя, государь, ласточка, Магеллан.

***Упражнение 78.*** Собака, лиса, птица, рыба, рыбак, девица (девушка), старуха, ребята, комар, хлеб, морковь, книга, интеллигент, друг.

***Упражнение 79.*** Лабораторная работа, рыбные консервы, массажный кабинет, картофельное пюре, колокольный звон, яблочный пирог, парусное судно, научный руководитель, футбольный мяч, праздничное платье, ночные страхи, зубной врач, военное положение, зимняя стужа.

***Упражнение 80.*** Белка, телёнок, поросёнок, лебедь, черепаха, овца, кролик, крыса, туберкулёз, ювелир, польза, пять миллионов, профсоюз, комплекс.

***Упражнение 81.*** Письмо, обед, болезнь, индивидуум, спорт, день, нация, конституция, образование, душа, врач, суд.

***Упражнение 82.*** Ум, жена, телевизор, экзамен, инстинкт, молекула, восторг.

***Упражнение 83.*** Песок, шарик, клён, сосна, шёлк, толк, хрен, оркестр, Олимп, Альпы, рожь, овёс, дерево, стекло, комфорт, коммуникация, квалификация, эрудиция, вишня.

***Упражнение 84.*** Лёд, кожа, серебро, апельсин, берег, подросток, питьё, голос, отец, Ленин, канцелярия, Африка, республика, коммунист, экономика, краеведение, марсианин, герой.

***Упражнение 85.*** Влюбчивый, обидчивый, доверчивый, молчаливый, болтливый, задумчивый, разборчивый, ревнивый, лживый, надоедливый, бережливый, выносливый.

***Упражнение 86.*** Жить, устать, уметь, отстать, варить, жарить, морозить, крыть, рвать, красть, воровать, красить, чистить, печь, солить, пьянеть.

***Упражнение 87.*** Крестить, съесть, лечить, шить, спать, родить, очаровать, дышать, повелеть, предусмотреть, страховать, торговать, жалеть, терпеть, изменять, взрывать, летать, ходить.

***Упражнение 88.*** Слабоватый, солоноватый, великоватый, темноватый, грубоватый, розоватый, крепковатый, глуповатый, бледноватый, красноватый.

***Упражнение 89.*** Гость, соль, перец, смех, стыд, мусор, рыбак, бомба.

***Упражнение 90.*** Белить, глупить, хитрить, разнообразить, холодить, молодить, старить, чистить, бодрить, фальшивить.

***Упражнение 92.*** Ночь, день, зима, план, конспект, копия, экран, финансы, группа, программа, праздник, критика, пустота, адрес, марш, пломба, совет, расход.

***Упражнение 93.*** Бездельник, секрет, осторожный, вредный, жадный, нервный, кокетливый, домовой.

***Упражнение 94.*** Бездельничать, лентяйничать, лодырничать, нахальничать, жульничать, мошенничать, попрошайничать, сплетничать, подхалимничать, ябедничать.

***Упражнение 95.*** Привет, безумие, власть, соответствие, герой, свидетель, мудрец, учитель.

***Упражнение 98.*** Ахать, мяукать, кричать, глядеть, шептать, чихать, дуть, совать, махать, толкать, рисковать, кидать, трогать, зевать, плевать, трясти.

***Упражнение 99.*** Доиграть, послать, забрать, отобрать, загореть, заболеть, обмануть, оторвать, отработать, напомнить, высмеять, выздороветь,

***Упражнение 100.*** Коротко, широко, узко, средне, сильно, слабо, крупно, мелко, глубоко, горячо, тайно, явно, зло, любопытно, кратко, полно, пусто, внезапно, доброжелательно, молодо.

***Упражнение 101.*** Черным-черно, давным-давно, полным-полно, зеленым-зелено, светлым-светло.

***Упражнение 103.*** **1.** 4.**2.** 6.**3.** 25.**4.** 49.**5.** 64.**6.** 81.**7.** 100.**8.** 32.

***Упражнение 112.*** Логичный, моральный, фашистский, человечный, билетный, людный, радостный, государственный, военный, революционный, океанский, народный, звёздный, водный, лучший, большой, плохой, весёлый, опасный, земной.

**Упражнение 114.** Что, кто, какой, чей, сколько, где, куда, откуда, когда, как.

**Упражнение 115.** Кого, чего, где, куда, откуда, когда, зачем.

***Упражнение 124.*** Анти + грипп; без + ветер; без + деньги; без + дело; без + работа; без + цена; без + отец; без + дело; за + Кавказ; за + Байкал; за + Волга; меж + сезон; на + пара; на + уши; на + берег; пере + улица; пере + мир; пере + лес; по + берег; по + Волга; под + окно; под + Москва.

***Упражнение 125.*** Пред + чувство; при + море; со + беседа; со + курс; после + слово; пред + слово; со + время; со + чувство; со + звезда; не + было; за + полюс; при + Азов.

***Упражнение 126.*** Не + знать; не + хватит; о + курить; по + ходить; по + вести; за + морозить; пере + стрелять; за + бегать; за + ездить; по + искать.

***Упражнение 128.*** Стол, дом, смысл, дети, голос, город, город, земля, Москва, город.

***Упражнение 129.*** Результат, граница, земля, Волга, сила, Новый год, море, стена.

***Упражнение 130.*** Вина, вина, дар, гроб, изменить, забыть, узнать, земля, мера, луна, счастье, плакать, грязнить, вместить.

***Упражнение 131.*** Считать, устать, делить, доказать, ждать, ожидать, спать, победить.

***Упражнение 133.*** Ясный, трудный, секрет, низ, высокий, полный, сытый, скучный, глава, здоровый, хлад (холод), сложный, лёгкий, новый, глава (голова), граница.

***Упражнение 138.*** Банкрот, счастье, луна, вина, погода, говорить, звонить, писать, шутить, шептать, спать, блуждать.

***Упражнение 145.*** Верх, низ, бок, даль, конец, серьёзный, шутка, ничья, круг, прыжок, муж, менять.

***Упражнение 146.*** Верх, бок, дом, встреча, конец, половина, верх, смерть, начало, верх, низ, даль, муж, середина, близость, верх, низ, бок, верх, низ, ход (ходить), лёт (летать), перёд, зад.

***Упражнение 147.*** Двое, трое, четверо, пятеро, шестеро, семеро, десятеро, двое, трое, четверо, пятеро, десятеро, двое, трое.

***Упражнение 157.*** Ловкий, поздний, кошель (кошелёк), жаль, хитрый, слеза, штраф, летучий, крик, стук, стрелять.

***Упражнение 159.*** Разнобой, половина, сухомятка, придача, одиночка, век, истина, присесть, разбить, приглядеть.

***Упражнение 160.*** Редкость, грех, удача, показ, прокат, последствие, заём, зарез(ать), верх, ход, день, утро, начало, неволя, истина, наслышка (наслышаться), одиночка, размах, разбег, охотка.

***Упражнение 161.*** Догонять, наклониться, вид(еть), вес (висеть), не мочь, переваливаться, прикусывать, проснуться, торопиться, умолкать, перегонять, распахивать, просыпаться, отвалиться, упасть, голодать, хватать, повалить, перечесть, зарезаться, запастись, угадать.

***Упражнение 162.*** Нарочно, кривой, косой, довольный, ровный, старый, скользить, приткнуть(ся), плавать, скакать, перебить, ощупать, проворачивать, терпеть, мочь, отмахнуть(ся).

***Упражнение 164.*** Север + запад; лес + парк; хлеб + завод; птицы + фабрика; лес + заготовки; звук + режиссёр; кино + театр; полу + остров; полу + круг; радио + любитель; Волга + град (город); пол + час; пол + день; авиа + билет.

***Упражнение 169.*** Море + плавать; машины + строить; работа + дать; скоро + варить; кофе + варить; рыба + ловить; море + плавать; общий + жить; новый + селиться; авиа + строить; дружный + любить; десятый + класс; второй + год; полу + год; один + любить; сам + летать; тепло + ходить.

***Упражнение 170.*** Коньки + бегать; первый + проходить; себя + любить; зубы + чистить; мыши + ловить; чисто + писать; сам (себя) + чувствовать; дальний + восток; полная + луна; молодые + жениться; старый + жить; секунда + мерять; Луна + ходить; ковёр + самолёт; диван + кровать; вагон + ресторан; новый + город; тепло + возить.

***Упражнение 171.*** Голова + кружиться; земля + трястись; единый + мыслить; белые + руки; босые + ноги; пустое + слово; белая + кровь; свобода + мыслить; среди + земли + море; полу + шуба; один + год; иная + планета; скоро + ходить; везде + ходить; новый + селиться; искусство + ведать; лёд + ходить; премьер + министр.

***Упражнение 174.*** Мясо + молоко; лес + парк; физика + математика; звук + буква; Африка + Азия; электро + механика; медик + биолог; светлый + зелёный; много + значить; весь + российский; весь + народный; сам + писать; сам + уверен; сам + влюблён; фото + графика; яркий + зелёный.

***Упражнение 175.*** Десять + метров; сто + процентов; много + серий; мало + облака; много + значить; пять + комнаты; поли + техника; еже(каждый) + минута; еже(каждый) + неделя; еже(каждый) + месяц; еже(каждый) + год; еже(каждый) + день.

***Упражнение 178.*** Полу + лежать; полу + сидеть; сам + определиться; взаимный + действовать; труд + устроить; радио + фицировать; электро + фицировать; интенсивный + фицировать.

***Упражнение 179.*** Полу + лежать; полу + сидеть; мимо + ходить; пол + силы; пол + неба; пол + роста; пол + голос; пол + ухо.

***Упражнение 182.*** Лес + степь; трагедия + комедия; главный + командующий; мир + воззрение (воз + зрение); корабль + крушение; взаимный + понимание; ложь + наука; аграрный + техника; велосипед + гонки; зоологический + магазин; изобразительная + студия; метеорологическая + станция; радио + физика; стерео + эффект.

***Упражнение 185.*** Снег + чистить; полк + водить; пять + бороться; авиация + носить; газ + сварить; мясо + рубить; здоровье + охранять; одна + каша; фальшивые + монеты; иная + вера; голый + лёд; разный + вид; дым + ходить; дома + сидеть; звук + записать; тяжёлый + вес; нос + рог; яхта + клуб.

***Упражнение 186.*** Груз + получать; басни + писать; асфальт + укладывать; воду + качать; суда + ходить; всех + прощать; сто + лет; один + полк; поли + графо; вертеть + летать; людей + есть; воду + пить; вода + падать; острое + слово; даром + есть; сапоги + скоро + ходить; чёрная + земля; листья + падать.

***Упражнение 187.*** Орден + носить; мусор + собирать; сено + косить; солнце + печь; сок + выжимать; масло + бить; един (один на один) + бороться; вольный + думать; человек + ненавидеть; хромая + нога; сам + учить; трубы + проводить; кругом + воротиться (повернуться); толстая + сума (сумка, кошелёк); пыль + сосать; жар + птица; глазом + мерить; два + лет (года); четыре + стиха; гром + отводить.

***Упражнение 188.*** Сам + пламя; сам + выразить; сам + чистый; зло + употребить; вид + изменить; газ + фицировать; русский + фицировать; благо + рассудить.

***Упражнение 189.*** Полу + шутить; полу + серьёзный; мимо + лететь; сам + ходить; пол + оборотиться; пол + накалить(ся); пол + глаз; пол + пьяный; три + дорогой.

***Упражнение 191.*** Газ + нефть; грек + латин(янин); агитация + массы; общий + обязательный; мороз + стоять; лёгкий + атлетика; круглый + год; сам + доволен; рослый + стоять; общий + принять; новый + прибыть; достойный + примечать; сам + очи + видеть; два + спать; полу + шерсть; много + опыт; радио + управлять; много + каналы.

***Упражнение 193.*** Много + образы; разные + образы; быстро + ходить; левый + берег; много + цветы; много + языки; много + дети; Новый + год; иной + город; семь + часов; пять + лет; много + слова; иная + земля; одно + имя; первая + очередь; короткие + волны; средние + века; чёрное + море; северное + море; общий + город.

***Упражнение 194.*** Любовь + обилие; полу + прозрачный; хлеб + заготовить; скоро + спеть; сырой + коптить; уголь + добывать; душу + раздирать; труд + ёмкий; энергия + ёмкий; много + тираж; иной + мыслить; псевдо + народный.

***Упражнение 195.*** Единый + образ; фото + гений; тяжёлый + груз; средний + возраст; свежий + выбрить(ся); микро + волны; хлеб + соль; два + смысла; Англия + язык; много + язык; две + стороны; чужой + земля; милый + вид; шар + вид.

***Упражнение 196.*** Дружбу + любить; сам + делать; рыбу + ловить; мимо + лететь; гости + принимать; любить + знать; дальний + видеть; человек + любить; вагон + строить; пиво + варить.

***Упражнение 197.*** Благо + желать; всё + есть; зло + рад; малый + мощь; сам + любить; себя + любить; сам + надеяться; победу + носить, скоро + течь; суда + ходить; огонь + стрелять; дальний + бить.

***Упражнение 198.*** Дорого + стоить; глубоко + уважать; низко + оплачивать; много + обещать; долго + играть; с + ума + сошёл; мало + исследовать; Белые + зубы; один + глаз; чёрные + брови; четыре + ноги; мало + значить; мало + знакомый; мало + исследованный; вечно + зелёный.

***Упражнение 199.*** Широкие + плечи; круглое + лицо; длинная + шея; ума + лишиться; выше + стоять; скоро + портиться; трудно + выполнять; слабо + развить(ся); быстро + развиваться; быстро + растворить(ся); густо + населить; всё + видеть; всех + побеждать; всё + поглощать; тяжело + ранить; трудно + до + ступить(ся).

***Упражнение 201.*** 1. столовую. 2. больному. 3. ванную. 4. красивое. 5. младшая. 6. старших.

***Упражнение 202.*** 1. каждый. 2. взрослых. 3. левые. 4. правые; левыми. 5. новое; старое. 7. шашлычную. 8. приёмную. 9. сладкого. 10. первое. 11. второе. 12. булочную

***Упражнение 204.*** 1. заведующий. 2. отстающими. 3. учащиеся. 4. пройденное. 5. ведущий. 6. командующий. 7. убитых; раненых. 8. случившемся. 9. арестованного. 10. трудящихся. 11. тестирующий. 12. тестируемый.

***Упражнение 206.*** 1. близких. 2. слепой. 3. операционную. 4. неизвестными. 5. зимнем. 6. мучного. 7. заливного. 8. снотворное. 9. спиртного. 10. курсовая. 11. свои. 12. военным.

***Упражнение 208.*** 1. жаропонижающее. 2. военный; штатском. 3. похоронные. 4. цитрусовых. 5. пернатые. 6. больной; перевязочную. 7. докладную. 8. подоходный. 9. Лебяжьем. 10. млекопитающих. 12. наружное.

***Упражнение 210.*** 1. факультете. 2. отделении. 3. число. 4. работой. 5. ручку. 6. врачу. 7. дни. 8. инструментах. 9. проспекту. 10. мать. 11. песню. 12. деньгами.

***Упражнение 211.*** 1. побеждённые. 2. подчинённые. 3. успокаивающее. 4. пресмыкающиеся. 5. осуждённого. 6. подсудимого. 7. пострадавших. 8. подозреваемые. 9. служащий. 10. военнообязанный.

***Упражнение 213.*** Российская Федерация; Союз Советских Социалистических Республик; Соединённые Штаты Америки; Европейское экономическое сообщество; Организация Объединённых Наций; Московский государственный университет; Санкт-Петербургский государственный университет; общество с ограниченной ответственностью; средства массовой информации.

***Упражнение 215.*** Государственная дума; детский сад; районный центр; стенная газета; сберегательный банк; Ленинградская область; заместитель декана; драматический театр.

***Упражнение 217.*** Содружество независимых государств; министерство внутренних дел; отряды милиции особого назначения; запись актов гражданского состояния; Российская академия наук; Театр юного зрителя; Государственная инспекция безопасности дорожного движения; Центральный парк культуры и отдыха; министерство иностранных дел; Федеральная служба безопасности; военно-морской флот; Высшая аттестационная комиссия; Международная организация преподавателей русского языка и литературы; профессионально-техническое училище; неопознанный летающий; Центральный спортивный клуб армии.

***Упражнение 219.*** Высшее учебное заведение; Министерство финансов; Министерство здравоохранения; Государственный комитет по статистике; террористический акт; молочный завод; Военный комиссариат; подводная лодка; Внешний экономический банк; техническое обслуживание; родильный дом; детский дом; Коммунистический союз молодежи; заместитель министра; заведующий кафедрой; части специального назначения.

***Упражнение 222.*** Хозяйственные товары; строительные товары; промышленные товары; спортивная площадка; универсальный магазин; сельский совет; хлебный завод; коллективное хозяйство; мотоцикл-велосипед; запасные части; отдел социального обеспечения; районный магазин; эскадренный миноносец; полномочный представитель; торговое представительство; городской отдел народного образования; уголовный розыск.

# 3. ТЕМЫ ДЛЯ ИЗУЧЕНИЯ ПРИ ВЫСОКОМ УРОВНЕ ВЛАДЕНИЯ РУССКИМ ЯЗЫКОМ

## БЛИЗКИЕ ПО ЗНАЧЕНИЮ СЛОВА

***Упражнения 1–11:*** Значения слов смотрите, пожалуйста, в толковых словарях или уточняйте с преподавателем. Вариантов комментариев много, поэтому мы их здесь не приводим. В трудных случаях обращайтесь к контекстам, они вам помогут: это упражнения с 12 и далее.

***Упражнение 12.*** 1. Белый хлеб — белую булку. 2. Государственная Дума. 3. Название. 4. Царица. 5. С булочкой. 6. Короля. 7. На метро. 8. Гольфы. 9. Трудную задачу. 10. Документ. 11. Шапку. 12. Значительная эпоха.

***Упражнение 13.*** 1. Ездить — путешествовать. 2. Ездим. 3. Известный — знаменитый. 4. Поликлинику. 5. Картины — живопись. 6. Трудную задачу. 7. Образование. 8. Больницу. 9. С парнем — (с юношей). 10. Картину. 11. Сдать. 12. Решать.

***Упражнение 14.*** 1. Девушка. 2. Парни — молодые люди. 3. Приехал. 4. Напечатали — опубликовали. 5. Девочка. 6. Муж. 7. Задавайте. 8. Уборщица. 9. Название. 10. Дворник. 11. Разные. 12. Старшему.

***Упражнение 15.*** 1. Опечатки. 2. Постирать. 3. Мыть. 4. Мыть. 5. Маршруту. 6. Карнавал. (Праздник). 7. Пир. 8. Делом. (Работой.) 9. Некрасиво. 10. Рынке — Базаре. 11. Осёл. 12. Начал — стал.

***Упражнение 16.*** 1. Бросил. (Перестал.) 2. Перестал. 3. Перестали. 4. В киоске. 5. Водитель. 6. Мифы. (Легенды.) 7. Сказки. 8. Успел. 9. Схватил. 10. Любопытно — интересно. 11. Взял — занял. 12. Теперь. (Сейчас.)

***Упражнение 17.*** 1. Грипп. 2. Грипп. 3. Произошла. 4. Речка. 5. Ручей. 6. Есть. 7. Кушайте. 8. Какая красивая поляна. 9. Тащили. 10. На огороде. 11. Сад. 12. Облака — тучи.

***Упражнение 18.*** 1. Эры. 2. Смеяться. 3. Смеялись — хохотали. 4. Вдруг — случайно — неожиданно. 5. Смелый — храбрый — решительный. 6. Храбрый. 7. Сражаться. 8. Бороться. 9. Мне нравится — я обожаю. 10. Люблю. 11. Пасмурный. (Дождливый.) 12. Диплом.

***Упражнение 19.*** 1. Глава. 2. Шефом — Боссом. 3. Казнить. (Убивать.) 4. Отремонтировать — починить. 5. Поспал — подремал. 6. Ограбили. 7. Похитили. (Украли.) 8. Украли. 9. Роет. 10. Вырыл — выкопал. 11. Славе — Известности. 12. Туман.

***Упражнение 20.*** 1. Пар. 2. Выкопай. 3. Вытащили. 4. Нюхает. 5. Чувствую — слышу. 6. Починить. (Отремонтировать.) 7. Дыма. 8. Главарями. 9. Питаются. 10. Поел. 11. Рой. 12. Детёныши.

***Упражнение 21.*** 1. Птенцов. 2. Забросил — зашвырнул. 3. Вывески. 4. Объявлений. 5. Представление. 6. Шоу . 7. Пираты. 8. Авария. 9. Катастрофа. 10. Горюй — Унывай — Грусти. 11. Горюй — Унывай — Грусти. 12. Установили. (Заметили.)

***Упражнение 22.*** 1. Спектакли. 2. Афиши. 3. Увидел — заметил. 4. Машинист. 5. Извозчик. 6. Мазью. 7. Запри — закрой. 8. Автограф. 9. Выключи. 10. Теплоходе. 11. Пароме. 12. Яхту.

***Упражнение 23.*** 1. Очевидцев — свидетелей. 2. Очевидец. 3. Потушить — погасить. 4. Тушите — гасите — выключайте. 5. Противники — соперники. 6. Гнева. 7. Сказочное. 8. Трусливый. 9. Крохотный — малюсенький. 10. Катерах. 11. Хранить. 12. Беречь.

***Упражнение 24.*** 1. Драгоценные. 2. Драгоценное. 3. Ценные. 4. Комфортно. 5. Комфортно. (Уютно.) 6. Крепкие. 7. Прочный. 8. Личный. (Индивидуальный.) 9. Персональную. 10. Съел. 11. Гонорары. 12. Стричь.

***Упражнение 25.*** 1. Крепкая — прочная. 2. Чудесный — сказочный. 3. Ценные. 4. Уютно — удобно. 5. Робкий — нерешительный — застенчивый. 6. Крошечный — маленький — малюсенький. 7. Сказочные — вымышленные. 8. Хранить. 9. Свой — личный — собственный — персональный; свой — личный — собственный — персональный 10. Съела — сожрала. 11. Подстричь — подрезать. 12. Лодка, катер, яхта.

***Упражнение 26.*** 1. Волшебник — колдун. 2. Старая традиция — старый обычай. 3. Обряд. 4. Слуга — лакей —прислуга. 5. Производят — вырабатывают — изготовляют. 6. Производят. (Изготовляют.) 7. Старый — древний — дряхлый. 8. Старый — древний. 9. Суть. 10. Уважение — честь. 11. Последователя. 12. Качаешь.

***Упражнение 27.*** 1. Весь обслуживающий персонал. 2. Стаю. 3. Границей — Рубежом. 4. Вырабатывают. 5. Пределами. 6. Волшебник. 7. Недостатки — пороки — изъяны. 8. Порок. 9. Наследникам — потомкам. 10. Задел — толкнул. 11. Тронул. 12. Тронула — задела.

***Упражнение 28.*** 1. Образец — эталон. 2. Образцу — Модели. 3. Чудесные — прелестные. 4. Чудесный — великолепный — прикольный — супер. 5. Кричать — орать. 6. Заорал — завопил — завизжал. 7. Визжит. 8. Повздорили — поспорили — поссорились. 9. Скрипит. 10. Стучите — шумите. 11. Пищей. 12. Корм.

***Упражнение 29.*** 1. Спорить. 2. Бил — порол — шлёпал. 3. Наказывали. 4. Ударил. 5. Куча — кипа. 6. Щепотка. 7. Горсть. 8. Пешком — верхом. 9. Вплавь — вброд. 10. Сорт. 11. Порода. 12. Болтали — разговаривали — трепались.

***Упражнение 30.*** 1. Самолюбие. 2. Себялюбие. 3. Стыд — срам. 4. Позор. 5. Отопление. 6. Один обогреватель. 7. Её ревнует. 8. Завидуй мне. 9. Обвенчаться. 10. Вступающие в брак. 11. Уверен в себе. 12. Самоуверен.

***Упражнение 31.*** 1. Любознательный. 2. Любопытный. 3. Помощник. 4. Ремнём. 5. Пояс — ремень. 6. Вспыхнул — загорелся. 7. Вспыхнула. 8. Загорелся. 9. Пособником. 10. Мотив — мелодию. 11. Песнопения. 12. Вспыхнул.

***Упражнение 32.*** 1. Тлеет — горит — полыхает. 2. Полыхает. 3. Горят — полыхают. 4. Девушка. 5. Поженились — обвенчались — расписались. 6. Кошелёк — бумажник. 7. В косметичку. 8. Кошелёк — бумажник — портмоне. 9. Была Полтавская битва (был Полтавский бой — было Полтавское сражение). 10. Куликовской битве (Куликовском бою — Куликовском сражении). 11. Развелись — разошлись. 12. Раскладушка.

***Упражнение 33.*** 1. Замечательная люстра — замечательное бра. 2. Искренним — честным — правдивым. 3. Искренне. 4. Техники. 5. Приборов. 6. Вращается. 7. Крутится — вертится. 8. Различной техники — различной аппаратуры — различных приборов. 9. Военную технику. 10. Огрызок. 11. Наугад. 12. Хлопотно — сложно.

## ПАРОНИМЫ

***Упражнение 1.*** 1. Называется. 2. Драматическом. 3. Гуманитарные. 4. Цветной. 5. Дружная. 6. Бытие. 7. Длинные. 8. Называют. 9. Долгой. 10. Жителей. 11. Мировой. 12. Экономическом.

***Упражнение 2.*** 1. Экономным. 2. Надел. 3. Одеть. 4. Основал. 5. Короткие. 6. С заглавной. 7. Длительную. 8. Мирового. 9. Кожаное. 10. Дружескую. 11. Дружелюбный. 12. Ледовом.

***Упражнение 3.*** 1. Единый. 2. Ёлочные. 3. Дождливое. 4. Ледяной. 5. Осудил. 6. Обсуждали. 7. Старинные. 8. Голосовая. 9. Гуманным. 10. Дипломатичные. 11. Душевно. 12. Практический.

***Упражнение 7.*** 1. Дружная. 2. Дружеская. (Дружественная.) 3. Старинный. (Старый.) 4. Долгой. (Длительной.) 5. Единственная. 6. Цветочный. 7. Жильцов. 8. Ледяной. (Ледовый.) 9. Долгие. 10. Духовной. (Душевной.) 11. Дождевой. 12. Еловые.

***Упражнение 8.*** 1. Духовной. 2. Дружеский. 3. Военную. 4. Вдохнуть. 5. Жёсткая. 6. Жильцы. 7. Жители. 8. Эффективные. 9. Цветочный. 10. Цветовая.

***Упражнение 9.*** 1. Жестокая. 2. Болотистом. 3. Эффектная. 4. Разноцветном. (Цветном. ) 5. Вздохнула. 6. Впечатлительный. 7. Впечатляющий. 8. Вражеская. 9. Воспоминания. 10. Напоминания.

***Упражнение 10.*** 1. Впечатляющее. 2. Болотная. 3. Враждебный. 4. Вспомнить. 5. Напомни. 6. Запоминаю. 7. Понятливым. 8. Опасливым. 9. Далёкий. 10. Дальняя.

***Упражнение 11.*** 1. Понятным. 2. Опасное. 3. Далёкие. 4. Понятлив. 5. Понятны. 6. Вспомнить. 7. Жилищные. 8. Жилое. 9. Долгосрочное планирование. 10. Удачная планировка.

***Упражнение 12.*** 1. Опасным. 2. Планирование. 3. Человеческое. 4. Человечный. 5. Шутливый. 6. Экономичный. 7. Экономной. 8. Жилищная. 9. Рыбьи. 10. Рыбный.

***Упражнение 16.*** 1. В шуточной. (В шутливой.) 2. К воинской. (К военной.) 3. Далёкие. (Дальние.) 4. Высокий. (Высотный.) 5. Высокий. 6. Рыбьи. (Рыбные.) 7. В цветастом. (В разноцветном.) 8. Правдивая. 9. Запомнить. (Вспомнить.) 10. Экономичный. (Экономный.)

***Упражнение 17.*** 1. Заплатить. 2. Оплачивайте. 3. Националистические. 4. Национальную. 5. Поэтичная. 6. Реалистический. 7. Правдивой. 8. Высокое. 9. Высокие. 10. Высотным.

***Упражнение 18.*** 1. Ледниковый. 2. Национальное. 3. Высокое. 4. Водяные. 5. Водный. 6. Грузов. 7. Нагрузку. 8. Добротная. 9. Информационная. 10. Информационный.

***Упражнение 19.*** 1. Доброе. 2. Добрая. 3. Информативная. 4. Кожное. 5. Наследство. 6. Последствие. 7. Обидное. 8. Обидчивый. 9. Обычный. 10. Обыкновенная.

***Упражнение 20.*** 1. Наследственность. 2. По доброй. 3. Наследие. 4. Обидчивый. 5. Особое. 6. Особенной. 7. Предоставляет. 8. Предоставьте. 9. Разных. 10. В разных.

***Упражнение 21.*** 1. Представляешь. 2. Разный. 3. Основы. 4. Основаниях. 5. Обоснование. 6. Рыболовные. 7. Самоуправление. 8. Самоуправством. 9. Скрытный. 10. Скрытая.

***Упражнение 25.*** 1. Информативная. (Информационная.) 2. Наследием. (Наследством.) 3. Обыкновенный. (Обычный.) 4. Особенное. (Особое.) 5. Основанием. 6. Разных. (Разнообразных.) 7. Разные. (Различные.) 8. Большая нагрузка. (Большой груз.) 9. Национальной. (Националистической.) 10. Деловой. (Деловитый.)

***Упражнение 26.*** 1. Спасательные. 2. Убедительных. 3. Шумная. 4. Шумовое. 5. Дарёному. 6. Даровая. 7. Дельный. 8. Деятельный. 9. Дымной. 10. Дымовые.

***Упражнение 27.*** 1. Действенное. 2. Убеждённый. 3. Дымящийся. 4. Дымчатый. 5. Мирской. 6. Одинокие. 7. Красочный. 8. Драматичные. 9. Недостатки. 10. Орудием.

***Упражнение 28.*** 1. Одиночным. 2. Одиночные. 3. Красящие. 4. Сердечной недостаточности. 5. Оружие. 6. Освоила. 7. Усвоили. 8. Отборное. 9. Редкие. 10. Смертны.

***Упражнение 29.*** 1. Отборочный. 2. Редкостные. 3. Смертельной. 4. Смертных. 5. Рекомендательное. 6. Рекомендованный. 7. Требования. 8. Излишняя требовательность. 9. Царский. 10. Царственным.

***Упражнение 33.*** 1. Факторов. 2. Факты. 3. Хлопотливые. 4. Показаниями. 5. Сигналили. 6. Эстетическому. 7. Тематика. 8. Невежа. 9. Служению. 10. Нарушать.

***Упражнение 34.*** 1. Эстетическое. 2. Невеждой. 3. Аварийную службу. 4. Разрушил. 5. Рисковый. 6. Рискованный. 7. Глубокое. 8. Героическая. 9. Гордость. 10. Гордыня.

***Упражнение 35.*** 1. Глубинные. 2. Нарушили. 3. Гуманистические. 4. Двуликий. 5. Двуличный. 6. Действенное. 7. Двухгодичные. 8. Показ. 9. Демонстрационном. 10. Динамическое.

***Упражнение 36.*** 1. Демонстративным. 2. Добровольческая. 3. На добровольных. 4. Домашнее. 5. Домовая. 6. Домовитым. 7. Житейское. 8. Максимальная. 9. Конструкторское. 10 . Конструктивистская.

***Упражнение 39.*** 1. Недостаточность. (Недостаток.) 2. Орудие. (Оружие.) 3. Орудием. 4. Усвоить. (Освоить.) 5. Редкостной. (Редкой.) 6. Царственной. (Царской.) 7. Хлопотное. (Хлопотливое.) 8. Героический. (Геройский.) 9. Жизненный. (Житейский.) 10. Служба. (Служение.)

***Упражнение 40.*** 1. Коренные. 2. Каменный. 3. Конный. 4. Медлительная. 5. Мелочных. 6. Служению. 7. Моложавый. 8. Молодецким. 9. Игорный. 10. Двойную.

***Упражнение 41.*** 1. Медленные. 2. Мелкие. 3. Игровой. 4. Двойное. 5. Двойственное. 6. Раздвоенный. 7. Виновным. 8. Виноват. 9. Повинную. 10. Ветреное.

***Упражнение 42.*** 1. Рассудительная. 2. Двойная. 3. Виновен. 4. Ветреный. 5. Ветряными. 6. Пугливые. 7. Ветровое. 8. Непуганых, непуганых. 9. Рассудочному. 10. Нетерпимый.

***Упражнение 43.*** 1. Памятный. 2. Пуганая. 3. Нестерпимую. 4. Костлявая. 5. Костистая. 6. Личное. 7. Личностное. 8. Очарованные. 9. Очарованный. 10. Непоправимый.

***Упражнение 47.*** 1. Медленными. (Медлительными.) 2. Мелкий. (Мелочный.) 3. Молодой. (Моложавый.) 4. Игровые. (Игральные.) 5. Виноват. (Виновен. Повинен.) 6. Молодецкий. (Моложавый.) 7. Двойственное. (Двоякое.) 8. Двойным. (Двояким.) 9. Непоправимая. (Неисправимая.) 10. Личные. (Личностные.)

## ЛЕКСИЧЕСКАЯ СОЧЕТАЕМОСТЬ

***Упражнение 13.*** 1. Ровно. 2. Общественный. 3. Коммунальной. 4. Общая. 5. Естественный. 6. Натурального. 7. Фотографии. (Фото.) 8. Снимки. 9. Перевозкой. 10. Разумный. 11. Совсем. (Совершенно. Абсолютно.) 12. Совсем. (Совершенно.) 13. Контролировать. (Проверять.) 14. Проверять. 15. Факультативные. (Дополнительные.) 16. Дополнительные.

***Упражнение 14.*** 1. Сдавать. 2. Передавай. 3. Сдать. 4. Запиши. 5. Записаться. 6. Подписали. 7. Просматривает. 8. Выглядишь. 9. Зарабатывает. 10. Проживает. 11. Приготовить. 12. Подготовить. 13. Доделать. 14. Договорились. 15. Говорится. 16. Взгляни. 17. Пересказать. 18. Заговорил.

***Упражнение 16.*** 1. Сырые. 2. Сырой. 3. Дождливая. 4. Неприготовленное. 5. Незаконченная. 6. прекрасные. 7. Туристический маршрут по старинным городам в центре Европейской части России. 8. Умелые. (Хороший мастер.) 9. Доброе. 10. Правильные. 11. Незамороженная. 12. Несолёные. 13. Неквашеная. 14. Новое. 15. Чистая. 16. Сегодняшняя. 17. Остывший. (Негорячий.) 18. Чёрствая.

***Упражнение 17.*** 1. Жаркий. (Интенсивный.) 2. Нехолодный. 3. Бешеная. 4. Активное. 5. Напряжённые. 6. Очень тёплые. 7. Активный. 8. Очень тёплое. 9. Несердечная. 10. Чёрствый. 11. Худощавая. 12. Музыкальные. 13. Изящная. 14. Хороший. 15. Деликатный. 16. Верное. 17. Следы зайца. 18. Трусливая.

***Упражнение 18.*** 1. Крепкий. 2. Окончательное. 3. Точный. 4. Немягкая. 5. Немягкий. 6. Немягкие. 7. Хороший. (Достойный.) 8. Большая. 9. Важный. 10. Крепкое. 11. Крепкие. 12. Крепкие. 13. Не медленный. 14. Не медленный. 15. Быстрая. 16. Быстрый. 17. Некрупные. 18. Десертная.

***Упражнение 27.*** 1. Есть. 2. Пасмурно. 3. Машиниста. 4. Представление. 5. Беречь. 6. Хранит. 7. Вывеска. 8. Потушили. 9. Потушить. (Погасить.) 10. Самоуверен. 11. Перейти. 12. Роет. 13. Вырой. (Выкопай. 14. Уютно. (Приятно.) 15. Уютно. (Приятно. Комфортно.) 16. Вдруг.

***Упражнение 28.*** 1. Твёрдый. 2. Жёсткая. (Твёрдая.) 3. Временами. 4. Иногда. (Время от времени.) 5. Брось. (Кинь.) 6. Бросить. 7. Сдохла. (Умерла.) 8. Холост. (Не женат.) 9. Неаккуратно. (Неряшливо.) 10. Возникли. (Появились.) 11. Возникает. 12. Прячутся. 13. Мелочи. 14. Защищаться. 15. Сильный. (Мощный.) 16. Сильная.

***Упражнение 29.*** 1. Личные. (Собственные.) 2. Личный. (Собственный.) 3. Собственная. 4. Индивидуальные. 5. Битва. 6. Любую. (Всякую.) 7. Каждым. (Любым.) 8. Каждая. 9. Гостеприимные. (Щедрые. Хлебосольные.) 10. Гостеприимство. 11. Произошла. (Случилась.) 12. Открыла. 13. Свидетели. 14. Украл. (Взял.) 15. Пощады. 16. Показывает.

***Упражнение 30.*** 1. Надень. 2. Дружескую. 3. Дождливая. 4. Единственная. 5. Мирным. 6. Главная. 7. Длительный. 8. Жёсткий. 9. Понятный. 10. Жилой. 11. Вспомнить. 12. Дальнего. 13. Напомните. 14. Эффективно. 15. Впечатляющий. 16. Планировка.

***Упражнение 31.*** 1. Псевдоним. 2. Столкновения. (Конфликты.) 3. Этот конфликт. 4. Возместит. (Компенсирует.) 5. Компенсирует. 6. Запасе. 7. Запаса. 8. Отрицательный. (Негативный.) 9. Отрицательный. 10. Претензии. 11. Жалобу. 12. Красивая природа. 13. Этих обстоятельствах. (Этой ситуации.) 14. Инцидент. (Неприятный случай.) 15. Ирония. 16. Обещала.

***Упражнение 32.*** 1. Выписал. 2. Записываться. 3. Выписывается. 4. Описывает. 5. Прописал. 6. Выписал. 7. Подписаться. 8. Передумал. 9. Заговорились. 10. Наговориться. 11. Подсказывать. 12. Заглянуть. 13. Разрабатывает. 14. Отработать. 15. Послушай. 16. Подслушивать.

***Упражнение 33.*** 1. Передумала. (Раздумала.) 2. Задумал. (Выдумал. Надумал.) 3. Придумывает. (Выдумывает.) 4. Продумать. (Обдумать.) 5. Подумать. (Вдуматься. Задуматься.) 6. Выписал. (Прописал.) 7. Перепишем. (Спишем.) 8. Разработать. (Выработать.) 9. Подрабатывает. 10. Подготовить. (Приготовить.) 11. Переделали. 12. Поделать. (Сделать.) 13. Пережить. 14. Расслышал. (Слышал. Услышал.) 15. Вычитал. (Прочитал.) 16. Выслушай. (Послушай.) 17. Уговорили. (Отговорили.) 18. Заговорил. (Разговорился.)

***Упражнение 36.*** 1. Заточенный. 2. Критический. (Быстрый.) 3. Актуальная. 4. Критический. 5. Злая. 6. Перчёный. 7. Частый. 8. Частые. 9. Не жидкий. 10. Частые. 11. Плотный. (Сильный.) 12. Важный. 13. Заглавной. 14. Серьёзные. 15. Свежая. 16. Выразительные. 17. Сердечное. 18. Кровные.

***Упражнение 37.*** Радоваться, волноваться, страшиться, проголодаться, нуждаться, заболеть, стыдиться, ужасаться, наслаждаться, блаженствовать, негодовать.

***Упражнение 38.*** Помогать, влиять, поддерживать, содействовать, значить, влиять, весить, заботиться, терпеть, милосердствовать.

***Упражнение 41.*** Реализовать — новые идеи. Использовать — метод, новые идеи, новые слова, грубые слова, просторечие, методику. Применять — метод, методику. Употреблять — новые слова, грубые слова, просторечие. Пользоваться — методом, вилкой и ножом.

***Упражнение 43.*** 1. Разговаривать. (Болтать.) 2. Корм. (Еду.) 3. Чудесный. (Великолепный.) 4. Обряд. 5. Стучит. 6. Шумят. (Скрипят.) 7. Искренний. (Честный.) 8. Искреннюю. 9. Поспорили. 10. Мелодию. 11. Подстригает. (Подрезает.) 12. Подстригите. 13. Любопытной. (Любознательной.) 14. Какая порода. 15. Небольшой гонорар. 16. Колдун.

***Упражнение 44.*** 1. Благополучно. 2. Успешно. 3. Прямо. 4. Перевязать. 5. Открыто. 6. Чистосердечно. 7. Пища. 8. Метко. 9. Точно. 10. Потушить. 11. Поднимемся. (Залезем. Взойдём.) 12. Залезть. 13. Разгадывать. 14. Решить. (Разгадать.) 15. Следить. 16. Ухаживать. (Следить.)

***Упражнение 45.*** 1. Цветную. 2. Цветочный. 3. Вдох. 4. Опасным. 5. Жёсткие. 6. Душевный. 7. Высотные. 8. Оплатить. 9. Рыбные. 10. Правильное. 11. Реальная. 12. Ледяной. 13. Ледяная. 14. Обидные. 15. Обидчивый. 16. Необыкновенный.

***Упражнение 46.*** 1. Экстремальных. 2. Чрезвычайным. 3. Волшебство. (Магию.) 4. Морали. (Нравственности.) 5. Мораль. 6. Экстренную. 7. Срочную. 8. Ценятся. 9. Котировку. 10. Запасы. (Ресурсы.) 11. Ресурсы. 12. Адаптироваться. 13. Приспособиться. 14. Инфекционное. 15. Заразная. 16. Самоубийство. (Суицид.)

***Упражнение 47.*** 1. Выслушал. 2. Присмотреть. 3. Присматривай. 4. Предусматривается. 5. Приделать. 6. Заживает. 7. Перерабатывается. 8. Заготавливают. 9. Сказывается. 10. Приговорил. 11. Выговорить. 12. Не проговорись. 13. Отчитайся. 14. Зачитал. 15. Читается. 16. Расписывает.

***Упражнение 48.*** 1. Выслушали. (Дослушали.) 2. Слушаться. (Слушать. Выслушивать.) 3. Смотрелась. 4. Перевидал. (Видел. Увидел.) 5. Предвидел. (Видел.) 6. Проделали. (Сделали.) 7. Проделать. (Сделать. Заделать.) 8. Уговорили. (Подговорили.) 9. Проговорить. 10. Вычитать. 11. Пишет. 12. Исписал. 13. Припиши. (Напиши.) 14. Впишется. 15. Выдумал. 16. Надумала.

***Упражнение 49.*** 1. Потерпеть — аварию, катастрофу, крушение, кораблекрушение. 2. Попасть в — аварию, катастрофу, крушение, кораблекрушение, грозу. 3. Произошел/произошла/произошло/произошли — авария, катастрофа, крушение, кораблекрушение, революция. 4. Свидетельство о — рождении, смерти, браке. 5. Пособие по — безработице, инвалидности, уходу за ребёнком. 6. Вступить в — дискуссию, брак, разговор. 7. Вред — нанести, причинить. 8. На днях — приехал, приедет, поговорим. 9. Наслаждаться — музыкой, отдыхом, едой, общением, работой. 10. Любоваться — природой, пейзажем, её фигурой, видом из окна. 11. Развлекать себя — разговором, беседой, играми. 12. Сорт — яблок. 13. Марка — сигарет, машины. 14. Порода — собак, кошек. 15. Вид — птиц, растений. 16. Наносить — краску, лак, крем, вред, ущерб, урон.

***Упражнение 51.*** 1. Обвенчаемся. 2. Тронула. (Задела.) 3. Дряхлая. 4. Вспыхнул. 5. Бить. 6. Наследниками. 7. Щепотку. 8. Кипа. (Куча.) 9. Большая честь. 10. Качал. 11. Предел. 12. Суть. 13. Обслуживающий персонал. 14. Производят. 15. Орать. 16. Стыд.

***Упражнение 52.*** 1. Слишком. 2. Родинки. 3. Обнажённую. 4. Кручусь. (Верчусь.) 5. Вращается. 6. Взобраться. (Залезть. Вскарабкаться.) 7. Хмурое. 8. Башмаки. 9. Сломалась. 10. Испортилась. 11. Сломалась. 12. Враг. 13. Друг. 14. Мороз. (Холод.) 15. Премию. 16. Подарок.

***Упражнение 53.*** 1. Водными. 2. Водного. 3. Наследство. 4. Особенная. 5. В основании. 6. Предоставить. 7. Обоснование. 8. Скрытое. 9. Информационное. 10. Тяжести. 11. Грузы. 12. Большая нагрузка. 13. Национальную. 14. Убеждённым. 15. Убедительная. 16. Действенными.

***Упражнение 54.*** 1. Спасательный. 2. Деловое. 3. Деловой. (Дельный.) 4. Мирской. 5. Смертельное. 6. Смертны. 7. Смертельный. 8. Одиночном. 9. Единичные. 10. Красочные. 11. Отборным. 12. Царский. 13. Царская. 14. Рекомендательное. 15. Дымчатые. 16. Скрытый.

***Упражнение 55.*** 1. Орудием. 2. Нарушил. 3. Нарушают. 4. Отменить. 5. Сменить. 6. Завязать. 7. Завяжем. (Перевяжем.) 8. Сгорела. 9. Стая. 10. Действительный. 11. Двухгодовалый. 12. Показ. 13. Демонстрационном. 14. Двуликий. 15. Служении. 16. Тематика.

***Упражнение 56.*** 1. Зачитываются. 2. Отчитал. 3. Надпиши. 4. Предписывает. 5. Приписывай. 6. Расписываться. 7. Высказаться. 8. Послышались. 9. Оговорился. 10. Ослышался. 11. Предвидится. 12. Приглянулась. 13. Оглядывайся. 14. Додумался. 15. Заготовили. 16. Сработала. 17. Проработать. 18. Отжил.

***Упражнение 57.*** 1. Прописал. (Предписал.) 2. Списывай. (Переписывай.) 3. Выговориться. 4. Оговорили. (Обговорили.) 5. Слушаться. (Слушать.) 6. Слушал. (Послушался. Прислушался.) 7. Присматривается. (Осматривается.) 8. Проглянули. (Выглянули.) 9. Надумали. (Вздумали.) 10. Наготовила. (Приготовила.) 11. Изготовить. 12. Наработались. (Заработались.) 13. Обработать. (Подработать.) 14. Поработали. (Заработали. Подработали. Сработали.) 15. Проработал. (Работал. Отработал.) 16. Отделали. 17. Выжил. 18. Оживает.

***Упражнение 58.*** 1. Добровольческую. 2. Домовитая. 3. Конструктивное. 4. Динамичный. 5. Максималистская. 6. Гордыня. 7. Сигналят. 8. Рисковый. 9. Коренная. 10. Гуманитарную. 11. Каменистой. 12. Медленные. 13. Медлительный. 14. Мелких. 15. Игральные. 16. Повинную.

***Упражнение 59.*** 1. Неисправимый. 2. Непоправимый. 3. Двойственное. 4. Двойной. 5. Двойной. 6. Костлявая. 7. Очаровательные. 8. Очарованный. 9. Конной. 10. Ветреный. 11. Ветряную. 12. Освоил. 13. Пугливая. 14. Рассудительный. 15. Рассудочностью. 16. Моложавый.

***Упражнение 60.*** 1. Ужиться. 2. Сжилась. 3. Прижилась. 4. Приживаются. 5. Сживает. 6. Выжили. 7. Подделал. 8. Разделал. 9. Выделывает. 10. Отделался. 11. Разделаюсь. 12. Возделывают. 13. Разделывает. 14. Сработаемся. 15. Нарабатывает. 16. Заработать. 17. Усматривает. 18. Зачитал.

***Упражнение 61.*** 1. Зажились. 2. Наживаются. 3. Сделался. (Заделался.) 4. Отделаешься. 5. Заработались. (Уработались.) 6. Проработать. 7. Уготовила. 8. Наслышаны. (Слышали. Прослышали. Наслушались.) 9. Удумал. (Надумал. Придумал.) 10. Одумался. (Передумал. Раздумал.) 11. Ослушался. (Послушался.) 12. Выглядывает. 13. Присматривать. (Надсматривать.) 14. Заговаривать. 15. Договаривались. (Уговаривались.) 16. Приговаривает. 17. Почитать. (Отчитать.) 18. Уписывает.

***Упражнение 62.*** Как по маслу — 1) идёт, 2) пойдёт.
Со скрипом — 1) идёт, 2) пойдёт, 3) работает, 14) движется, 15) выиграл.
Как рыба в воде — 10) чувствует себя.
Не мытьём, так катаньем — 9) возьму.
Ни к селу ни к городу — 5) сказал, 6) рассказывает, 13) предложил.
Под горячую руку — 4) попал, 5) сказал, 12) отругал, 16) побил.
С лёгким сердцем — 1) идёт, 2) пойдёт, 3) работает,11) уезжаю.
С лёгкой руки — 1) идёт, 2) пойдёт, 3) работает.
С открытой душой (сердцем) —7) пришёл.
Тише воды, ниже травы — 8) сидит, 17) живёт.
Через/в час по чайной ложке — 1) идёт, 3) работает, 6) рассказывает,14) движется.

# ИДИОМЫ

***Упражнение 1.*** без билета; проблема, об этом неприятно говорить; самое модное; очень похожи внешне; разумный, знающий, думающий человек; без крайностей, оптимальный вариант; хороший мастер; не злоупотреблять чем-либо; грустить, расстраиваться; овладеть собой, не расстраиваться; очень хочет есть; (по)обещать; некогда сделать что-либо; без дела, ничего не делая; непохожи, очень различаются; иди сделай это, и пусть тебе повезет!

***Упражнение 2.*** легко, без труда; совсем мало, недостаточно; больше не могу терпеть, хватит; чувствует себя свободно, комфортно, разбирается в этом; ничего нового, неизвестного; бесценный, дорогой; хватит шутить, будем серьёзно делать дела; не могу забыть, всё время думаю об этом; скоро будет, скоро уже наступит; так нельзя делать, это никуда не годится; это твоё призвание, твоё место в жизни; без этого (без него, без неё, без них) никак не могу; добиться двух целей одновременно; трудно, с большим трудом даётся; всегда рядом, поэтому можно использовать; усердно работать, трудиться без устали.

***Упражнение 3.*** страстно, безоглядно влюбиться; переставать контролировать свои чувства, свои эмоции; быть внимательным, остерегаться; перестать думать, запретить себе думать об этом; оценить с другой позиции, с другой точки зрения; не уважать других, считать себя умнее других; не думая, не переживая о чём-либо; не понять, что человек хочет, всё время меняет своё решение; ничего не сделать, ничем не помочь; не относится к делу или к теме разговора, бесполезно; без прикрас, нелицеприятно называть что-либо или кого-либо; не уметь говорить, рассказывать, выступать; возгордиться, хвастаться; виноват и очень стыдно; давно уже известно, давно уже существует, все это знают; не получится, не позволим нас обмануть.

***Упражнение 4.*** очень медленно, слишком медленно; это безнадёжно; собрались, готовы ехать, собрали вещи; не хочет никуда выезжать, выходить, домосед; не забывай, что сказал, выполняй; много проблем, все перемешались, их не разрешить; большой выбор, трудно выбрать что-либо; давно знакомы, друг друга хорошо знаем, доверяем друг другу; заставить вести себя прилично, в рамках приличий или норм морали; не расслышать по невнимательности или специально не слушать; нет запаса продуктов, ничего нет, нечего есть или взять; не гордится, ведёт себя скромно; совсем рядом, близко находится; это этот человек научил или предложил что-либо сделать; натренироваться, научиться, приспособиться; это имеет как положительную, так и отрицательную сторону.

***Упражнение 5.*** сильно потратиться, обанкротиться; легко всё делает, всё получается у этого человека; выражение крайнего удивления: «Почему не знаешь, не понимаешь того, что сейчас здесь происходит?»; больно смотреть на что-либо или наблюдать что-либо; откровенно, без утайки, без задней мысли, с симпатией к кому-нибудь; ни то ни сё, человек нерешительный, невыразительный; больно, неприятно, горько, обидно; когда кто-нибудь сердится, может обидеть и невиновного человека — случайно; «похоронить» кого/что-либо, то есть забыть о ком/чём-либо, не думать об этом и не надеяться ни на что; достаточно, больше не хочется проблем и неприятностей; эксплуатировать кого-либо совершенно беззастенчиво; нечаянно подвести кого-либо, совершить что-нибудь во вред этому человеку; бесполезно говорить или делать что-либо для кого-либо — не воспринимают; что ты слушаешь то, что здесь говорят — это не для тебя!; абсолютно бездельничать, намеренно бездельничать; всё забываю — как жаль!

***Упражнение 6.*** Открыть Америку — Старо как мир (давно известно всем); Со скрипом — Как по маслу; Светлая голова — Дырявая голова (бестолковый, всё забывает); Как небо и земля — Как две капли воды; Не выходит из головы — Выбросить из головы; Как рыба в воде — Белая ворона (человек, сильно отличающийся от других, поэтому другие его не хотят принять); С открытой душой — Подложить свинью; Вылететь в трубу — Денег куры не клюют (богатый, очень богатый, может тратить деньги сколько угодно); Засучив рукава (работает охотно, много, усердно) — Спустя рукава (работает неохотно, кое-как); Как дважды два (ясно, понятно, просто, легко в этом разобраться) — Заколдованный круг; Не за горами — Когда рак (на горе) свистнет (практически: никогда, не дождёмся, вряд ли это будет).

***Упражнение 7.*** Махнуть рукой (ничего не делать, так как это безнадёжно) — Поставить крест на ком/чём-либо (перестать надеяться и действовать); Сидеть сложа руки (бездельничать) — Палец о палец не ударить (ничего не сделать, ничем не помочь); Потерять голову (не владеть собой) — Влюбиться по уши (безумно влюбиться); Капля в море (слишком мало) — Кот наплакал (слишком у ж мало); Два сапога пара (оба не такие хорошие, друг друга стоят) — Одного поля ягода (одинаково плохие); Под носом (рядом) — В двух шагах (рядом, близко); Не покладая рук (работать с утра до вечера) — Засучив рукава (усердно работать);

Повесить нос (грустить, расстроиться) — Опустить руки (расстроиться, отказаться от чего-либо, бросить); Стреляный воробей (опытный, бывалый, привыкший к трудностям) — Тёртый калач (многое испытал); Как собак нерезаных (более чем достаточно) — Тьма-тьмущая (очень-очень много); Как дважды два (просто и понятно) — Ясно как день (понятно всем).

***Упражнение 8.*** 1. Он едет зайцем. 2. Ни пуха ни пера! 3. Экзамены не за горами. 4. Это капля в море. 5. Он со скрипом сдаёт экзамены! 6. У него золотые руки. 7. Мне не нравится, когда на меня смотрят сверху вниз. 8. Я сыт(а) по горло командировками. 9. Ты светлая голова, хорошо придумал! 10. Ты открыл(а) Америку! 11. Он дал слово приехать к нам в гости. 12. Надо бы пришить пуговицу, да всё руки не доходят.

***Упражнение 9.*** 1. Я голодный (голодная) как волк. 2. Надоело сидеть сложа руки. 3. Музей Пушкина в двух шагах. 4. Не вешай нос, дружок! 5. Теория и практика — иногда как небо и земля. 6. Как тебе мой костюм — последний писк моды? 7. Ты знаешь, он мне такую свинью подложил! 8. Эти сестрички — близнецы, и они похожи как две капли воды. 9. Ты что-то совсем задрал нос! 10. У меня украли мобильник, а я без телефона как без рук! 11. Хватит плакать, возьми себя в руки! 12. Он провалился на экзаменах и махнул рукой на университет.

***Упражнение 10.*** 1. Он в неё влюблен по уши. 2. Это моё больное место. 3. Они уже сидят на чемоданах. 4. Мы поможем твоим родителям, ты можешь ехать с лёгким сердцем в командировку. 5. У меня не выходит из головы эта девушка-инвалид. 6. Это просто ни на что не похоже! 7. Это последняя капля! 8. Она себя чувствует в новой компании как рыба в воде. 9. Когда к нам пришёл новый начальник, работа сразу же пошла как по маслу. 10. Выступив на конференции, аспирант сразу убил двух зайцев: и апробировал свою диссертацию, и получил возможность опубликовать ещё одну статью. 11. Ну, ладно, шутки в сторону, пора работать серьёзно! 12. Это замечательный сотрудник, ему цены нет!

***Упражнение 11.*** 1. А ты можешь посмотреть другими глазами на эту проблему? 2. Я не буду писать за тебя курсовую, этот номер у тебя не пройдёт! 3. Ты сам ещё палец о палец не ударил! 4. Надо сказать, что она прекрасный дизайнер, она нашла себя в этой профессии. 5. Ни к селу ни к городу ты начал рассказывать о нашем музее. 6. Ты с луны свалился! За общежитие нужно платить! 7. Я попал отцу под горячую руку, и он меня отругал. 8. Сердце разрывается смотреть на нищих! 9. Это как дважды два (четыре)! 10. Есть хочется, а денег у студента — кот наплакал! 11. В холодильнике — хоть шаром покати! 12. Он стреляный воробей и не растерялся в сложной ситуации.

***Упражнение 12.*** 1. Они работают спустя рукава. 2. Мы работаем засучив рукава. 3. Не надо опускать руки! 4. Она потерять голову (от любви). 5. Надо поставить крест на этом человеке! 6. На него не действуют наши уговоры: как об стенку горох! 7. Эти два парня — два сапога пара, оба ужасные лентяи! 8. Если мы будем каждый день покупать дорогие вещи, мы вылетим в трубу! 9. У него денег куры не клюют! 10. Я до сих пор чувствую себя белой вороной в этой компании. 11. Заколдованный круг! 12. Господи! Дырявая голова: опять забыл дома студенческий! 13. Когда рак (на горе) свистнет!

***Упражнение 13.*** информация перепуталась, хаотична; число 13; ни за что, всё равно; не обидеть, не бить; по тебе всё видно; жизнь тяжёлая; не так, так по-другому добьюсь своего; честно, откровенно; ничего не боюсь и не опасаюсь; друг друга понимаем; исчез куда-то; убежал(и), скрылся (скрылись) от кого/чего-либо; стало легче от чего-либо после чего-либо; и хорошо, и плохо; счастлив(а); наконец-то образумиться; обожает, боготворит кого-либо; жаловаться.

***Упражнение 14.*** Белый — свет, снег, зависть, флаг; Красный — свет, девушка, строка, словцо; Чёрный — зависть, дело, «Ворон»; Зелёный — свет, улица; Тёмный — ночь, делишки; Жёлтый — пресса; Оранжевый — ?; Розовый — очки; Голубой — кровь; Бледный — вид; Серо-буро-малиновый — что-либо.

***Упражнение 15.*** главный помощник; рядом; бездельничать; некогда; договориться; из первоисточника; не передумаю; не смогу обидеть; не буду больше в этом участвовать; за меня кто-то сделает то, что я хочу; ты хозяин ситуации; хороший мастер; очень плохо; кто-то подсказал идею; трудно обойтись без чего-либо; управлять кем-либо; владеть собой; откровенно; не могу ничего делать; освободить от обязательств; завладеть чем-либо; прошло быстро; недоумевать.

***Упражнение 16.*** умный, умница; забывчивый, рассеянный; озадачиться чем-либо; быть разумным; навязчивая идея; не могу разобраться; совершенно забыл(а); ничего не соображаю; ты ошибаешься, а не я; умный, думающий; умнее, более развитый человек; «Боже мой!»; «Не глупи!»; хвалить, когда не за что хвалить; неожиданно приехать, прийти; обратиться не по инстанции; не могу забыть.

***Упражнение 17.*** вырастить, воспитать; окрепнуть, получить хорошую работу; вырастить; приятели; неудачный день; медленно; не могу идти, устал(а); падаю от усталости; убегать; книга перевёрнута; мёртвый; крепко спать; жить богато, много тратить; быстро убегай.

***Упражнение 18.*** добрый, прекрасный человек; сердечно, искренне; спокойно; неспокойно; больно смотреть; не нравится; посвататься; честно; не спокоен; испугался; без энтузиазма; вдохновитель; поговорить начистоту; признаться; надсматривать; обожать; никого; единомышленники; дружно; без радости, без инициативы; с радостью, с энергией, с инициативой.

***Упражнение 19.*** в пределах видимости; сейчас заплачет; большой выбор; захотелось чего-либо; присмотреть себе кого/что-либо; смотреть не переставая; всё равно куда; чтобы не видеть этого, подальше; по-другому; при человеке; в отсутствие кого-либо; точный, приметливый; объяснить, показать, рассказать кому-либо; не хочу замечать, не вижу; хорошо зная; заметно; показуха; «Ужас!».

***Упражнение 20.*** представитель, эталон; лежать, перевернувшись; стоять, отвернувшись; не уронить себя, своё достоинство; уронить себя, своё достоинство; опозориться; с лучшей стороны; смотришь и слушаешь за меня, доносчик; не обращать внимания; очень; смеётся; осторожно, с опаской; никогда; не нравится; рядом; скоро; обманывать; недальновидный; встретиться; любопытный; любопытствовать; нельзя выходить, показываться; было моё, рядом; ни с чем; расстроиться; возгордиться, зазнаться.

***Упражнение 21.*** молчать; всё время улыбаться, смеяться; преклоняться, унижаться; язвительный человек; обидеться; замолчать; видит выгоду; отвлекать с какой-либо целью; наизусть или просто отлично; наизусть; прямо; заметно; остро сказать; горько жалеть о чём-либо, сокрушаться; страшно; слишком близко; абсолютно не беспокоиться ни о чём; почти вспомнил; болтун; заставлять рассказать секрет; говорить глупости; хранить тайну; не может говорить; не выговорить.

***Упражнение 22.*** отлично; не угадать; остро сказать; не обидеть; вкусно; ничего не делать; мало; без содержания; хозяин жизни; одинокий; хорошо видно сверху; сможет сделать это; резко судить; освободиться от проблем; не устрашусь; испугался; догонять; убегает; использовать в своих целях, эксплуатировать, слишком много.

***Упражнение 23.*** 1. Собака. (Лошадь.) 2. Лошадь. (Вол. Пчела.) 3. Волк. 4. Свинья. 5. Рак. 6. Пчела. 7. Осёл. (Козёл.) 8. Баран. (Осёл.) 9. Петух. (Индюк.) 10. Лиса. 11. Слон. (Медведь.) 12. Свинья. 13. Заяц. 14. Слон. 15. Мышка. 16. Соловей. 17. Воробей. 18. Обезьяна. 19. Лошадь. 20. Белка. 21. Рыба. 22. Индюк. 23. Свинья. 24. Лев. (Тигр.)

***Упражнение 24.*** много, тяжело; любимая тема; командует; очень устал; очень злой; очень голодный; сам не пользуется чем-либо и другим не разрешает; знать, разбираться; в чём суть; слишком мало; все равно; совершить подлость; неповоротлив; туда, где есть много чего-то, что мне нравится; не понимает ничего, глуп; рано, чуть свет; много; все насмехаются над этим; глупый.

***Упражнение 25.*** без билета; две цели; достичь двух целей; работа ещё не сделана; нет музыкального слуха; плохая услуга; много работы, забот; горе, тоска; преувеличивать; притворяться и не жалеть; медленно соображает, глупый; много вытерпел; первый опыт; труженик; тихо; никто не придерётся; перекусить; комфортно; тесно; трудно и безрезультатно; никогда; проучить.

***Упражнение 26.*** 1. Медвежья. 2. Лисья. 3. Волчий. 4. Собачий. 5. Куриные. 6. Собачья. 7. Крокодиловы. 8. Ослиное. (Козлиное.) 9. Волчий. (Зверский.) 10. Заячья. 11. Лебединая. 12. Лебединая. 13. Свинское. 14. Свинячий.

## ПОСЛОВИЦЫ И ПОГОВОРКИ

***Упражнение 1.*** начинай есть, тогда и захочется есть; надо собираться и ехать домой из гостей; всё плохое позади, слава богу!; можно эту работу сделать позже; дома или с родными или с друзьями легче всё делать; после работы можно и развлечься; хоть и с опозданием, но сделать; не всё сразу, постепенно можно что-либо сделать; жаль, но ты отказываешься, твоё решение твёрдое; друзья всегда помогут: хорошо, что они есть.

***Упражнение 2.*** красота — не всегда счастье; будет видно, посмотрим, потом решим; не надо торопиться; у нас одинаковые склонности, увлечения; нас много, собирайся быстрее, поторопись!; раз обещал, решил — надо сделать сразу же; как давно мы не виделись!; не плачь, успокойся, думай, что сделать; лучше промолчать; мы давние друзья, понимаем друг друга хорошо.

***Упражнение 3.*** не торопись, спокойнее — результат будет лучше; вдвоём мы больше обдумаем, решим, сделаем; достаточно, хватит; чем дальше, тем больше проблем; выбирайте из того, что у нас есть: больше ничего нет; уже всё забыли; каждый говорит о своём, о своих проблемах; ничего у тебя не выйдет, не допустим; надо спрашивать дорогу у людей; зачем я это сказал(а), не надо было этого говорить.

***Упражнение 4.*** 1. Язык до Киева доведёт. 2. Тише едешь — дальше будешь. 3. Ум хорошо, а два лучше. 4. Кончил дело — гуляй смело. 5. Работа не волк, в лес не убежит. 6. В гостях хорошо, а дома лучше. 7. Аппетит приходит во время еды. 8. Лучше поздно, чем никогда. 9. Язык мой — враг мой. 10. Всё хорошо, что хорошо кончается.

***Упражнение 5.*** 1. Чем богаты, тем и рады. 2. Дома и стены помогают. 3. Поживём — увидим. 4. Не родись красивой, а родись счастливой. 5. У кого что болит, тот о том и говорит. 6. Поспешишь — людей насмешишь. 7. Не имей сто рублей, а имей сто друзей. 8. Этот номер не пройдёт. 9. На нет и суда нет. 10. Старый друг лучше новых двух.

***Упражнение 6.*** 1. Сколько лет, сколько зим! 2. Час от часу не легче. 3. Слезами горю не поможешь. 4. Что было, то прошло. 5. Рыбак рыбака видит издалека. 6. Сказано — сделано. 7. Москва не сразу строилась. 8. Слово — серебро, молчание — золото. 9. У кого что болит, тот о том и говорит. 10. Семеро одного не ждут.

***Упражнение 7.*** несчастья часто следуют одно за другим; надо потрудиться, чтобы чего-либо добиться; места нам мало, но хорошая компания, приятные люди; надо учиться всю жизнь; не надо страшиться что-либо делать; надо беречь время, быстрее что-либо делать; не надо любопытничать; все стали копировать что-либо не слишком хорошее, удачное; наверно, есть основания так негативно судить (говорить); принимаю ваше молчание за согласие.

***Упражнение 8.*** у всех разные вкусы, пристрастия; будем довольствоваться малым, раз уж ничего больше нет, не из чего выбрать; никогда не знаешь, что тебя ожидает в будущем: плохое или хорошее; это не так хорошо, но можно увидеть в этом и что-то позитивное; не скоро еще будет, что кто-то обещал; здесь это хорошо, не надо ничего другого; есть хорошие люди, всегда помогут; жалко, сочувствую; быстрее никак; у пожилых много проблем и болезней.

***Упражнение 9.*** лучше эту проблему (работу) отложить на завтра, тогда лучше получится; надо просвещаться; рано подводить итоги, результат будет виден позже; самому тоже надо беречься, подстраховываться, быть осмотрительным; там это не нужно, потому что такого там много; вот и смогу узнать, кто мой настоящий друг; начинать что-либо всегда трудно; наконец-то добились заслуженного успеха; очевидно, нельзя ничего изменить, от человека это не зависит; когда начинаешь что-либо делать, начало не всегда удачно.

***Упражнение 10.*** «–», «+», «+», «–», «–», «–», «+», «–», «–», «+», «+/–», «–».

***Упражнение 11.*** 1. Скоро сказка сказывается, да не скоро дело делается. 2. Утро вечера мудренее. 3. Век живи — век учись. 4. Первый блин комом. 5. Друзья познаются в беде. 6. Дурной пример заразителен. 7. Всё будешь знать — скоро состаришься. 8. Волков бояться — в лес не ходить. 9. Время — деньги. 10. Свет не без добрых людей.

***Упражнение 12.*** 1. Ученье — свет, а неученье — тьма. 2. На безрыбье и рак рыба. 3. Беда не приходит одна. 4. Бережёного бог бережёт. 5. В Тулу со своим самоваром не ездят. 6. Конец — делу венец. 7. Лиха беда начало. 8. Старость — не радость. 9. Обещанного три года ждут. 10. От добра добра не ищут.

***Упражнение 13.*** 1. Не знаешь, где найдёшь, где потеряешь. 2. Нет худа без добра. 3. Молчание — знак согласия. 4. От судьбы не уйдёшь. 5. Сердце не камень. 6. Цыплят по осени считают. 7. На вкус, на цвет товарища нет. 8. В тесноте, да не в обиде. 9. Дыма без огня не бывает. 10. Без труда не вынешь и рыбку из пруда.

***Упражнение 14.*** 1. Кончил дело — гуляй смело. (Конец — делу венец.) 2. На безрыбье и рак рыба. (Чем богаты, тем и рады.) 3. Ученье свет, а неученье тьма. (Век живи — век учись.) 4. Час от часу не легче. (Беда не приходит одна.) 5. Язык мой — враг мой. (Слово — серебро, молчание — золото.) 6. Лиха беда начало. (Сказано — сделано.) 7. Поживём — увидим. (Цыплят по осени считают.) 8. Не имей сто рублей, а имей сто друзей. (Старый друг лучше новых двух.)

***Упражнение 15.*** там свои правила, их надо соблюдать; это всегда была моя проблема, моё слабое место; не должно быть много целей сразу; наряду с удовольствиями есть и заботы, проблемы; надо раньше вставать и больше трудиться; не надо гордиться среди слабых; можно и подождать, обойтись без чего-либо; стало больше единомышленников, друзей; не стоит, не надо заниматься не своим делом, брать себе то, что не положено; пожалуйста, сделай это для меня, не сочти за труд!

***Упражнение 16.*** уже поздно стараться что-либо делать, опоздал(а); важно иметь приличный вид, а в конце беседы видно, умный ли ты человек; надо стремиться что-либо делать самому, не ждать подарков от судьбы; так привык(ла) поступать, не может себя изменить; глупо так много работать; несколько раз следует проверить, подумать, а потом принимать решение; когда влюбишься — не можешь контролировать себя; у тебя всё это есть, ты не сможешь понять, как трудно без этого другим; не преувеличивай, это не так уж и страшно, опасно; если уж мы договорились — надо выполнять обещание.

***Упражнение 17.*** без хлеба в России нельзя жить; всякие бывают неожиданности; вряд ли что-то смогу изменить, пусть так и будет!; осознаёшь, что было что-то хорошее только тогда, когда этого лишаешься; долго прожить с человеком надо под одной крышей; это, к сожалению, ещё только начало неприятностей; не следует поучать старших; раньше надо вставать, тогда больше сможешь сделать; о чём-то говорили при нём (при ней), но он толком не разобрался в этом; сказать-то можно что угодно, болтать-то легко!; без приглашения некрасиво ходить в гости; хватит стоять, садись!

***Упражнение 18.*** 1. Мы с ним пуд соли съели. 2. Кто рано встаёт, тому бог подаёт. 3. Яйца курицу не учат. 4. Что имеем, не храним, потерявши, плачем. 5. В ногах правды нет. 6. Незваный гость хуже татарина. 7. Перед смертью не надышишься. 8. Это ещё цветочки, ягодки будут впереди. 9. Работа дураков любит. 10. За двумя зайцами погонишься — ни одного не поймаешь.

***Упражнение 19.*** 1. Не в службу, а в дружбу. 2. Нашего полку прибыло. 3. Где тонко, там и рвётся. 4. Много спать — добра не видать. 5. На всякое хотенье есть терпение. 6. Под лежачий камень вода не течёт. 7. Уговор дороже денег. 8. У страха глаза велики. 9. Чем чёрт не шутит. 10. Сердцу не прикажешь.

***Упражнение 20.*** 1. Хлеб всему голова. 2. Привычка — вторая натура. 3. Сытый голодного не разумеет. 4. Чему быть, того не миновать. 5. Язык без костей. 6. Слышал звон, да не знает, где он. 7. Не в свои сани не садись. 8. В чужой монастырь со своим уставом не ходят. 9. Любишь кататься — люби и саночки возить. 10. Молодец против овец (а против молодца и сам овца). 11. По одёжке встречают, по уму провожают. 12. Семь раз отмерь, один раз отрежь.

***Упражнение 21.*** «—», «+», «—», «—», «—», «+», «—», «—», «+», «—».

***Упражнение 22.*** ещё неизвестно, как всё будет, как сложится; надо быть аккуратным, осмотрительным во всём; не осуждай и не обсуждай то, что тебе подарили; можно и рискнуть в этот раз; скоро пройдёт, заживёт; всё хорошо вовремя; не надо провожать кого-либо, чтобы не расстраиваться; не отказывайся от подарка; ничего уж не поделаешь, не изменишь, таково прошлое; как сам относишься к людям, так и к тебе будут относиться.

***Упражнение 23.*** и сам не пользуется этим, и другим не разрешает; лучше владеть чем-то малым, но с гарантией; небольшой, но ценный; не плачь, а покажи, что умеешь делать; самому следует о себе позаботиться; не всем понравится то, что я делаю, но это не беда; не хочу никому навязываться; не всё красивое, яркое достойно внимания; торговцы часто обманывают; не порти отношения ни с кем, так как эти люди ещё могут тебе пригодиться.

***Упражнение 24.*** не так уж это и трудно, и страшно; надо попытаться, попробовать; пьяный ничего не опасается, не контролирует себя, не видит опасности; можешь уходить вон, видеть тебя больше никогда не хочу!; жаль, что сказал(а) что-то обидное, неправильное, уже поздно это исправить; когда общаешься с кем-либо, то невольно перенимаешь все его недостатки; свои интересы ближе, о других людях меньше думаешь; так много неприятностей, что будь что будет!; об этом уже все узнали; почему ссоритесь?; это записано, уже не исправишь, это как документ; потеряли что-либо или кто-либо ушёл от нас; не знаю, что у этого человека на уме, что он задумал.

***Упражнение 25.*** «—», «—», «—», «—», «—», «—», «—», «—», «—», «+».

***Упражнение 26.*** 1. Дорога ложка к обеду. 2. Слово не воробей, вылетит — не поймаешь. 3. Попытка не пытка. 4. Не так страшен чёрт, как его малюют. 5. Бабушка надвое сказала. 6. До свадьбы заживёт. 7. Не всё то золото, что блестит. 8. Семь бед, один ответ. 9. Что написано пером, то не вырубишь топором. 10. Что с возу упало, то пропало.

***Упражнение 27.*** 1. Что за шум, а драки нет. 2. Береги платье снову (а честь смолоду). 3. Дают — бери, а бьют — беги. 4. Дарёному коню в зубы не смотрят. 5. Дальние проводы — лишние слёзы. 6. Мал золотник, да дорог. 7. Как собака на сене. 8. Как аукнется, так и откликнется 9. Насильно мил не будешь 10. На всех не угодишь.

***Упражнение 28.*** 1. Лучше синица в руках, чем журавль в небе. 2. На бога надейся, а сам не плошай. 3. Москва слезам не верит. 4. Не обманешь — не продашь. 5. Двум смертям не бывать (а одной не миновать). 6. Из песни сло́ва не выкинешь. 7. Не плюй в колодец — пригодится воды напиться. 8. Пьяному и море поколено. 9. Слухом земля полнится. 10. Своя рубашка ближе к телу. 11. С кем поведешься, от того и наберёшься. 12. Чужая душа — потёмки.

***Упражнение 29.*** 1. Век живи — век учись. 2. Двум смертям не бывать, а одной не миновать. 3. Волков бояться — в лес не ходить. 4. Кончил дело — гуляй смело! 5. Это ещё бабушка надвое сказала! 6. За двумя зайцами погонишься — ни одного не поймаешь. 7. Как аукнется, так и откликнется. 8. Много будешь знать, скоро состаришься. 9. Дыма без огня не бывает. 10. Без труда не вытащишь и рыбку из пруда.

***Упражнение 30.*** 1. До свадьбы заживёт. 2. Дорога ложка к обеду. 3. Уговор дороже денег. 4. Слово не воробей, вылетит — не поймаешь! 5. У страха глаза велики. 6. Привычка — вторая натура. 7. Язык до Киева доведёт. 8. Чем черт не шутит! 9. Семь раз отмерь, один отрежь. 10. Рыбак рыбака видит издалека.

***Упражнение 31.*** 1. Хорошего помаленьку. 2. Слухом земля полнится. 3. Сытый голодного не разумеет. 4. Слезами горю не поможешь. 5. Своя рубашка ближе к телу. 6. Дурной пример заразителен. 7. Бережёного бог бережёт. 8. В чужой монастырь со своим уставом не ходят. 9. Язык без костей! 10. Что имеем, не храним... (потерявши, плачем.)

***Упражнение 32.*** 1. Чужая душа — потёмки. 2. Мы с ним пуд соли съели. 3. Это ещё цветочки... (Ягодки будут впереди). 4. Сколько лет, сколько зим! 5. Старый друг лучше новых двух. 6. Слышал звон, да не знаешь, где он. 7. Свет не без добрых людей! 8. Что было, то прошло. 9. Чему быть, того не миновать! 10. Тише едешь — дальше будешь.

***Упражнение 33.*** 1. Обещанного три года ждут. 2. Нашего полку прибыло! 3. Не всё то золото, что блестит! 4. Как собака на сене. 5. Первый блин комом. 6. Лиха беда начало! 7. Лучше синица в руках, чем журавль в небе. 8. Не родись красивым, а родись счастливым. 9. Не в службу, а в дружбу. 10. Оказалось, что не так страшен чёрт, как его малюют!

***Упражнение 34.*** 1. Не в свои сани не садись! 2. Попытка не пытка! 3. Поспешишь — людей насмешишь! 4. Нет худа без добра. 5. Не плюй в колодец... (пригодится воды напиться!) 6. На вкус, на цвет товарища нет. 7. Не знаешь, где найдёшь, где потеряешь. 8. Перед смертью не надышишься. 9. От добра добра не ищут. 10. Семеро одного не ждут.

***Упражнение 35.*** сначала сделал, а потом подумал, а уже ошибку не исправишь; этого человека не изменишь и его недостатки не уберёшь; ухудшение ситуации всегда начинается с начальника; кроме этого есть и другое, можно выбрать; не за что меня благодарить!; уходи, и без тебя обойдёмся; хочу что-либо сделать или получить, но не решаюсь, опасаюсь последствий; ну, вот: это не лучше того, что раньше было, а даже хуже!; хоть на что-то хочется надеяться, даже если не на что!; как ты относишься к людям, так и они к тебе.

***Упражнение 36.*** надо быть более решительным человеком; в конце концов постепенно можно переубедить кого-либо или уговорить на что-то; это и смешно, и грустно; надо попробовать так же ещё раз, переломить ситуацию; все могут ошибиться; попытать успеха можно; что-либо плохое (или кто-либо плохой) влияет на всё (на всех) негативно; это-то (или этот человек) как раз мне и нужно!; начал хорошо, а закончил вяло, неудачно; не желай зла другому человеку; никто не видел моего обмана, никто не докажет, что это я; не всегда и не долго всё будет удачно, благополучно; это трудно, но сам человек хочет этого, так пусть делает, как знает.

***Упражнение 37.*** раз уж начал делать что-либо, то доводи до конца; хотелось бы съесть (или взять, или получить), но не получается; каждый хвалит своё и своих, всем нравится своё, привычное; плохи мои дела; раз считаешь себя специалистом или кем себя назвал — делай что-либо соответствующее; не получится, поскольку есть сильное противодействие; не стоит на это тратить силы и стараться сделать это; поздно уже что-либо предпринимать и геройствовать; человеку не нравится откровенная характеристика, негативная оценка; дело неприбыльное, но хоть какая-то небольшая польза от этого может быть тоже; пьяный разболтает все секреты; это вряд ли может получиться в будущем!

***Упражнение 38.*** всё тайное станет явным, обнаружится; можно привыкнуть жить с нелюбимым человеком; много людей присматривает за ребёнком, но плохо; ты лучше помолчи!; отдыхать: зовём чай пить — это приятно!; даже умного можно провести, обмануть; не справиться с чем/кем-либо, не совладать, силы неравные; если кто-то попросил прощения — надо простить; не обращайте внимания, что муж с женой (влюблённые) ссорятся, они скоро помирятся сами; виновный человек как-то сам себя выдаст; этот человек настрадался, много вытерпел, он стал мудрым; пусть развлекает себя сам(а), чем хочет, пусть только нам не мешает.

***Упражнение 39.*** 1. Его не перевоспитаешь. 2. Даже самая малость может меня спасти. 3. Давайте попьём чаю и отдохнём. 4. Ну и уходи, не очень-то и хотелось тебя видеть! 5. Есть и другие девушки. 6. Ты сам можешь попасть в свою ловушку, которую подстроил другим. 7. Поздно уже что-то доказывать. 8. Они ругаются, но несерьёзно и быстро мирятся. 9. Сильное противодействие.

***Упражнение 40.*** 1. Если после вчерашней тренировки болят мышцы, надо сегодня ещё раз пойти в спортзал. 2. Удовольствия и беззаботная жизнь кончились. 3. Всё плохо. 4. Постепенно я достигну своего. 5. Я знаю, что ты любишь свой город. 6. Если один студент плохо учится, ругают всю группу. 7. Начал работу — так заканчивай! 8. Хотел бы поехать путешествовать, да денег нет.

***Упражнение 41.*** 1. Рискну! 2. Как ты относишься к людям, так и они к тебе. 3. Вдруг возникли проблемы. 4. Не трать столько сил на это, результат этого не стоит. 5. Раз ты решил, тебя не остановишь. 6. У тебя не хватит силы с этим бороться. 7. А я тебя как раз искал! 8. Если сказал, что это входит в твои обязанности, то и выполняй их!

***Упражнение 42.*** 1. Лес рубят — щепки летят. 2. Конь о четырёх ногах, да и тот спотыкается. 3. Авось да небось до добра не доведут. 4. Это ещё вилами на воде писано. 5. Шила в мешке не утаишь. 6. Чем бы дитя ни тешилось, лишь бы не плакало. 7. Хрен редьки не слаще. 8. Начал за здравие, а кончил за упокой.

***Упражнение 43.*** 1. Рыба гниёт с головы. 2. И хочется, и колется. 3. Видит око, да зуб неймёт. 4. С паршивой овцы хоть шерсти клок. 5. Правда глаза колет. 6. И смех и грех. 7.Чья бы корова мычала, а твоя бы молчала. 8. На всякого мудреца довольно простоты. 9. Свои люди — сочтёмся. 10. За одного битого двух небитых дают.

***Упражнение 44.*** 1. Первый блин комом. 2. Цыплят по осени считают. 3. Хрен редьки не слаще. 4. От судьбы не уйдёшь. 5. На всякого мудреца довольно простоты. 6. С кем поведёшься, от того и наберешься. 7. Дарёному коню в зубы не смотрят. 8. Плетью обуха не перешибешь. 9. Дураков работа любит. 10. Кто рано встает, тому бог даёт. 11. Двум смертям не бывать, а одной не миновать.12. Без труда не вынешь и рыбку из пруда.

***Упражнение 45.*** 1. Расплата. 2. Осторожнее! 3. С опозданием. 4. Доделывай свою работу. 5. Много такого же. 6. Всё плохо. 7. Хорошо. 8. Поторопись! 9. Изменится к худшему. 10. Подумай.

***Упражнение 46.*** 1. Не подумал. 2. Посмотрим. 3. Характер. 4. Это меня тревожит. 5. Получишь по заслугам. 6. Плохое влияние. 7. Не торопись! 8. Уходи. 9. Не подличай! 10. Это будет у тебя позже.

## ПРОСТОРЕЧНАЯ ЛЕКСИКА

***Упражнение 1.*** 1. Не мешай мне. 2. Не мешай, отойди (уйди)! 3. Прекрасный. 4. Пропустил. 5. Расстроился (расплакался). 6. Болтать. 7. Надоедаешь мне. 8. Уйдите, не надоедайте! 9. Лежать долго. 10. Сбегай.

***Упражнение 2.*** 1. Обижаться. 2. Не пропускай ничего, будь внимательнее. 3. Уходите! 4. Быстрее! 5. Понял(а). 6. Перекусим. 7. Тратить своё время на него. 8. Разоделась. 9. Замечательный. 10. Не пытайся меня задобрить и выпросить прощение.

***Упражнение 3.*** 1. Быстро говорит. 2. Не насмехайся надо мной, не пытайся меня вывести из себя. 3. Съел. 4. Выпил. 5. Напились. 6. Уйти, убежать. 7. Пропустили. 8. Зайдём. 9. Жалуется. 10. Умерли.

***Упражнение 4.*** 1. Желудок. 2. Уходите быстро! 3. Испачкался. 4. Руку. 5. Трогай. 6. Ударю. 7. Уходи. 8. Быстро идёт. 9. Съездить. 10. Сказал.

*Упражнение 5.* 1. Сказал. 2. Важничай, заносись. 3. Идти. 4. Ударить по лицу. 5. Разобьют в кровь. 6. Упустил. 7. Украл. 8. Убежал. 9. Донесёт. 10. Получить.

*Упражнение 6.* 1. Смеяться, насмехаться. 2. Спать. 3. Есть. 4. Пройдёмся, прогуляемся. 5. Играли. 6. Проиграл. 7. Гуляли. 8. Замолчи. 9. По лицу. 10. Живот болит.

*Упражнение 7.* 1. Не сдал. 2. Не сдал экзамен. (Оконфузился.) 3. Не сдал экзамен. 4. Шпаргалкой. 5. Списал. 6. Списал. 7. Задавать трудные вопросы, делать так, чтобы студент не сдал экзамен. 8. Плохо знал материал экзамена и не сдал экзамен. 9. Учил. 10. Не получилось, не удалось. 11. Идиот. 12. Его выгонят. 13. Деньги. 14. Не волнуйся.

*Упражнение 8.* не сдал; плохо знает материал экзамена; его выгонят; списать, скопировать; не вышло; шпаргалки; прекрасный; ужасный; хватит смеяться; учить; никак не удалось; прекрасно (ужасно; трудно).

*Упражнение 9.* тратить время на что-либо, сказал глупость; сходить, сбегать; пропустить, уйти откуда-либо; мешать; не мешай, уйди! ; перекусить; съесть; выпить; лежать в постели.

*Упражнение 10.* быстро говорит (быстро идёт); ходить, гулять; убежать; убегать, убежать; жаловаться; сказать глупость (выдать секрет); замолчи; проиграть; смеяться; есть.

*Упражнение 11.* болтать; лицо; ударить по лицу; живот, желудок; руки; трогать; зайти; идти (нести), прийти; выгнать; разбить в кровь лицо; расстроиться, заплакать; разоделся; в наряде (одежде).

*Упражнение 12.* он понял; медленно соображает; льстить, добиваться чьего-либо расположения; скопировали; поняли, что у него на уме; украли; выпили много алкоголя; торопись; нажаловаться, доносить; рассказать, разболтать; получишь по заслугам; не важничай, не заносись.

*Упражнение 13.* намучились; много работы, нет времени, не успеваем; съели; затеваешь ссору, хочешь поссориться; драться; трогать, хватать, щупать; пустая болтовня; пропустить, упустить; глупец, неумёха, простофиля; ненормальный, идиот, негодяй.

*Упражнение 14.* 1. Приколы. 2. Шевелитесь. 3. Не задирайся. 4. Плавал. 5. Пузо (Брюхо). 6. Сморозила. 7. Дошло до тебя? 8. Не раскисай!

*Упражнение 15.* 1. Прошляпил. (Проворонил.) 2. Сгонять. (Смотаться.) 3. Улизнули. (Удрали. Слиняли.) 4. Хватит ржать! 5. Выпендривается. 6. Жрать. 7. Отморозок. (Урод.) 8. У нас запарка.

*Упражнение 16.* 1. Схлопочет. 2. Перехватить. 3. Валяешься. 4. Заткнись. 5. Убери лапы. 6. Прекрати плакаться. 7. Треплются. 8. У тебя вышел облом?